JN262080

経済学にとって公共性とはなにか

公益事業とインフラの経済学

小坂直人

日本経済評論社

はしがき

　自由・平等が不足する社会では，その不足故に自由・平等が強く求められる．封建社会における身分制度に圧殺され続けた人々が，なぜ自由・平等を執拗に追い求めたのか，また，東西冷戦下，「社会主義体制」維持を大義名分とする「民主主義抑圧体制」が存在してきたソ連・東欧諸国において，1980年代末になぜ雪崩を打つように体制変革が始まったのか，その基本的原因はこの不足にあったと結論してよいであろう．さらに，2013年1月21日，2期目の就任演説で，アメリカ・オバマ大統領は，「人間はすべて生まれながらにして平等であり，生命，自由および幸福の追求を含む，他に譲渡され得ない確固とした権利を創造主から与えられている」という「独立宣言」の一節を引用し，アメリカ社会における平等の実現をうったえた．「オキュパイ（占拠）運動」に象徴されるように，経済格差の拡大がもはや放置することのできないレベルになっていることをオバマ大統領自らが認め，その克服を課題とすることを国民にアピールしたのである．これらのことから類推すると，今日，わが国において「公共性」の議論がちまたに広がっているのは，「公共性」が不足しているからだろうか．だが，そもそも「公共性」という概念自体が定まらないままでは，この立論も根拠薄弱の感は否めない．しかし，この「公共性」概念は曖昧模糊とはしているが，何故か人々の心を容易に，そして強く捉えることができるものである．この魅力はどこから来るのだろうか．本書はそのヒントを探るためのささやかな試みである．

　一般に，国家－市民－市場（企業）という3要素の鼎立関係あるいは拮抗関係によって近代社会は説明されてきたと言える．そして，「新しい公共」は，これら3要素の中間領域に成立するボランタリー組織と関連づけられることが多い．「新しい公共」議論の特徴については，後ほど検討することに

するが，これら3要素の鼎立あるいは拮抗という図式はそもそも成り立っているのであろうか？　この問いに本格的に答えることは容易ではないが，少なくとも，これら3要素のうち，どれひとつをとってみても，自然人を体現していないのではないか，と筆者には思われる．国家は一個の集合概念であり，国民という単位が構成メンバーとされているが，国民概念自体がまた「集合性」を帯びている．株式企業も，株主をはじめとするステークホルダーの集合体と考えることができる．国家であれ，株式企業であれ，これら集合体それ自体は意思決定の主体にはなれない．意思決定の主体になれない「集合体」に「意思表示」させる手続きが，たとえば株式企業における「法人制度」ということになる．この点，国家はこのための手続きをまるごと法律体系として定めていることになる．民主主義的ルールとはこれらの総称である．

　他方，市民は，それ自体で個人，それ故，自然人を表すことを期待されるのであるが，それは可能態としての自然人であって，自然人それ自体ではない．むしろ，自然人が文明社会の一員として承認される資格を表象化したものが市民であって，市民＝自然人ではない．ハーバーマスの著書『公共性の構造転換』は，現在，われわれが関わっている「公共性論議」の直接的きっかけを与えたと言ってよいものであるが，そこで前提されている公共性の担い手は，やはり市民である．逆に言うと，市民たり得ない者は公共性には関与できない存在とされる．しかし，市民になれる者となれない者を峻別する思想，社会の構成メンバーとしての人間に何らかの資格を求める議論は公共性とは相いれないと筆者は考える．むしろ，いかなる意味でも人間に対する無差別原則が貫徹する社会のあり方こそが公共性の目指す方向であろう[1]．

　本書では，序章で東日本大震災と福島原発事故の持つ意味を考察した後，第1章～第3章において，経済学が「公共性」をどのように考えているかを整理しながら，「公益事業」と「公共性」の接点を探ることにする．また，第4章～終章において，福島原発事故をきっかけとして提起されているわが国のエネルギー政策の見直し，とりわけ電気事業の再構築について検討する

中で，現代社会に生きるわれわれにとっての電気事業システムの意味，その本質について考えることにしたい．それは，とりもなおさず，電気事業システムが現代社会における「公共空間」であるということを再確認することにつながっているのではないか，という問題意識が背景にあることを意味している．

地震津波の被害からの復興も目途が立っているとはもちろん言えないが，形あったものの復興という意味では，ともかくも手がつけられ，資金と人手が投入されるならば，解決の度合いは別としても，時間とともに少しずつでも形をつけていくことが期待できる．復興が難しいのは，形あったものではなく，形のない，災害によって分断された被災者の心の闇の部分であろう．阪神淡路大震災から18年を経た現在，復興住宅等での孤独死が1,000人を超えたとの報に接し，この思いを一層強くする[2]．東北地方でも，孤独死を含む「3.11関連死」と言える事例が跡を絶たないからである．さらに，福島県における原発事故からの「復興」は，これとはまた異質の問題を抱えている．すなわち，「放射能」の問題である．廃炉工程に象徴されるように，汚染された中枢には生身の人間が近づけないからであり，そして，通常であれば，「放射線管理区域」とされる環境下，あるいはそれに近い条件下で普通の人々が日常生活を送ることを「強い」られているという「現実」があるからである．福島県民は日本国民でありながら，他の地域とは隔絶した空間に生きていくことを余儀なくされている．それは，第二次大戦後，アメリカによる占領支配と基地社会という空間に沖縄県民が生きてきたありようと重なっているように思われる．こうして，福島県民の多くが，未来への展望を持つ可能性すら奪われつつある現実に直面していることをわれわれがどう考えるか．この問いに，現代日本における「公共性」議論が正面から向き合うことなしに通り過ぎるとしたら，何のための「公共性」かと批判されるのは当然である．したがって，可能な限り，この問いに答えることも本書の役割であろう．

注

1) 筆者は，この観点から公共性を規定することを構想し，これまでいくつか試論を提起してきたが，まだ明確な筋道をつかんでいるとは言えない．森反［1999］で提起されている「公共性」は，筆者の想定する「自然人にとっての公共性」に重なっているのではないか，と現時点では考えているが，十分な確証は得ていない．たとえば，森反氏は，NPO言説（市民たりなさい）に対しては批判的であり，「さっちゃんの家」を担っているある女性の意志に注目しており，それは「制度にむかっては権利の享受の放棄ともいえる意志のあり方である」，と言う．興味深い指摘である（「朝日新聞」1999年5月8日参照）．

2) 阪神淡路大震災後2000年までの仮設住宅期（233名）とその後の復興住宅期（778名）の合計1,011名の方が2012年末までに孤独死したと見られている．3.11後の東北地域でも仮設住宅等で同様のケースが起こることが予想されていたが，不幸にも予想は的中している．震災からの復興を考えるとき，被災者の置かれた住宅環境への配慮はもちろんであるが，それに加えて，心のケアの問題がいかに重要であるかを，改めて示していると言えよう（「神戸新聞」2013年1月17日参照）．

目次

はしがき

序章　東日本大震災と福島原発事故が問うもの……………………………… 1

 （1）原発ゼロと大飯原発再稼働　1
 （2）北海道電力と「計画停電」　1
 （3）今冬の準備　2
 （4）供給予備率について　3
 （5）「ベストミックス」論　5
 （6）原発事故と福島県，そして沖縄　6

第1章　経済から見る公共性……………………………………………………… 11
　　　　―新しい「公共」の「新しさ」について―

 1.「日本経済新聞」経済教室の論調に寄せて　　　　　　　　　　　14
  （1）田中直毅氏の公共性　14
  （2）林敏彦氏の公共性　15
  （3）翁百合氏の公共性　16
  （4）八田達夫氏の公共性　18
  （5）小林陽太郎氏の公共性　19
  （6）若干の問題提起　20
 2.　間宮陽介氏の「公共性」論　　　　　　　　　　　　　　　　　26
 3.　アダム・スミスと公共性：久道義明氏の議論に寄せて　　　　　29
 4.　新しい「公共」のゆくえ　　　　　　　　　　　　　　　　　　34

第 2 章　共同体・国家および公共性 …………………………………… 43
　　　　　―政治経済学・経済史学会からみる公共性―

　　1.　共通論題からみる「公共性」把握（概観）　　44
　　2.　2007 年度秋季学術大会「地域再編過程における協同と公共性」　　47
　　3.　2008 年度春季総合研究会「自由と公共性―介入的自由主義
　　　　とその思想的起点―」　　52
　　　　報告 1　社会的連帯と自由（廣田明）　54
　　　　報告 2　ニュー・リベラリズムにおける「社会的なるもの」
　　　　　　　　（高田実）　57
　　　　報告 3　社会的包摂と自由の系譜（田中拓道）　60
　　4.　2008 年度秋季学術大会「現代化過程における日本の雇用
　　　　―企業と「公共性」―」　　65
　　5.　2010 年度秋季学術大会「都市の公共性」　　67
　　　　報告 1　「社会都市」における失業保険の展開――第二帝政期ドイツ
　　　　　　　　を事例として（森宜人）　68
　　　　報告 2　「生存配慮」と「社会政策的都市政策」――19 世紀末～20 世
　　　　　　　　紀初頭ドイツの都市公共交通を素材として（馬場哲）　69
　　　　報告 3　統合と自律をめぐる相克――イギリスの社会的企業の経験
　　　　　　　　から（今井貴子）　70
　　　　報告 4　都市という「世界」――社会的質と社会的プレカリティ概念
　　　　　　　　を中心として（福士正博）　70
　　6.　アジア諸都市における公共性　　71

第 3 章　公共性は私的空間をいかに取り込むか ………………………… 75
　　　　　―山田良治氏の所論によせて―

　　1.　社会資本と公共性　　75
　　2.　各章の要約とコメント［序章　ロック，マルクスから現代へ］　　77

[第1章　土地と空間] 78／[第2章　建造物の経済理論] 80／[第3章　土地価格の決定メカニズム] 86／[第4章　開発とは何か] 89／[第5章　空間公共性の理論的根拠] 90／[第6章　都市膨張時代の空間形成] 100／[第7章　都市膨張の終焉と都市構造の再編] 101／[第8章　景観形成と公共性] 102／[第9章　都市空間形成と公共性] 103／[第10章　都市と農山村——「分離・対立」から「融合・共同」へ] 112

 3.　むすびにかえて　　　　　　　　　　　　　　　　　　　115

第4章　福島原発事故と日本のエネルギー政策 …………………117
  —「原子力立国論」の虚構—

 1.　原子力発電の「経済性」：「原子力はコストが低い」は虚構である　　　　　　　　　　　　　　　　　　　　　　　122
 2.　原子力発電の「安全性」：「原子力は多重防護によって絶対安全である」は信仰である　　　　　　　　　　　　　129
 3.　原子力発電の「持続可能性」：「原子力がなければエネルギーが足りなくなる」は脅迫である　　　　　　　　　139
 4.　原子力は未完の技術か？　　　　　　　　　　　　　146

第5章　福島県と電源立地問題………………………………………157
  —遠距離送電技術の功罪—

 1.　福島第一原発と猪苗代湖：東京電力と福島県の歴史的関連性　158
 2.　電力広域連系と送電線開放問題：送電線は誰のものか　170
 3.　送電線問題のゆくえ　　　　　　　　　　　　　　　187

終章　3.11と再生可能エネルギー・ルネッサンス ………………201

 1.　3.11と公共性　　　　　　　　　　　　　　　　　　201
 2.　「脱石油」と省エネルギー　　　　　　　　　　　　207

3.	産業活動と省エネルギー	213
4.	コージェネレーションについて	216
5.	「原発ルネッサンス」から再生可能エネルギー・ルネッサンスへ	221

参考文献　237
あとがき　243
索引　247

序章
東日本大震災と福島原発事故が問うもの

(1) 原発ゼロと大飯原発再稼働

　2012年5月5日，北海道電力泊原発3号機が運転停止することによって，全国の原発はすべて止まり，原発ゼロ状態となった．そして，原発ゼロでも日本の電力供給には支障のないことが結果的に証明されてしまった．原発を推進する立場から見て，この状態が続くことは好ましいことではない．夏場の電力需給を理由とする，関西電力大飯原発3，4号機の再稼働は，原発を何としてでも動かしたいと考えている原発推進派にとって，突破口となるべく期待された措置であった．しかし，その後の検証によると，関西電力管内においては，大飯原発の再稼働は需給上必要なかったことが判明している．関西電力のこの夏の最大電力は8月3日の2,682万kWであったが，この日の供給力は2,999万kWで，差し引き317万kWの余裕である．ここから大飯原発分236万kWを引いても，81万kWとなり，供給予備率は3.0%あったことになる．さらに，同日，中国，四国電力など60ヘルツ地区の5社の余力が670万kWあり，いつでも融通できる体制にあった．しかも，関西電力は，原発再稼働によって余裕ができたとして，火力を一部休止したのである．もちろん，需要側で2010年度比11%の節電がなされたことも見逃せない．

(2) 北海道電力と「計画停電」

　北海道でも，この夏，泊原発が停止している状況下で，同様に供給力不足が懸念されるということで，「計画停電」実施の可能性が提示され，道民に

節電要請がなされた．北海道電力によると，「原発3基が停止した場合，2012年8月の供給力は474万kWに落ち込む．猛暑だった2010年8月の最大電力506万kWを32万kW下回り，平年並みだった2011年8月の485万kWにも達しない．今冬のように火力発電所の定期検査時期をずらし，運転を続ければカバーできる可能性があるが，老朽化が進む火発でのトラブル停止など不測の事態に備えて50～60万kWが必要とされる予備電力の捻出は難しい．北海道電力が1，2号機の再稼働を急ぎたいのもこのためだ」（「毎日新聞」2011年12月18日）と，報道されていた．しかし，「計画停電」は，「幸いに」実施されることなく秋を迎えた．北海道電力が供給力の確保に奔走し，また，道民が全体として9%の節電を達成したことがこの結果を生んだと言えよう．ちなみに，2012年夏，供給力はおおむね485万kWから507万kW程度を保持し，それに対して最大電力は8月22日の463万kWであった．したがって，予備率はこの日で9.5%ほどあったことになる．もっとも，北海道電力によると予備率が最も厳しかったのは8月27日の7.0%（これで十分である）であったが，これは苫小牧火力1号機25万kWの停止，伊達火力2号機の出力抑制17.5万kWのためであった．

(3) 今冬の準備

ところが，これにホッとする間もなく，来る冬シーズンこそ，電力需給が厳しくなるとの喧伝が始まる．北海道電力が7月末に出した見込みでは，2013年1月の供給力は584万kW（緊急設置電源17万kW，水力114万kW，火力（地熱含む）454万kW）となり，この時の最大電力を過去最大の579万kWと想定している．すると，予備率は計算上0.9%ということになる．確かに，北海道は本州とは異なり，年最大電力が冬場に記録されることが一般的である．ただ，この現象は，最近急に起きたことではなく，恒常的なことであるので，北海道電力はもともとこの冬季最大電力に備えて体制を整えてきた歴史がある．この夏の供給力対策として，緊急設置電源（苫小牧発電所内7.4万kW），知内発電所用燃料輸送増（70%から100%へ），音

別発電所も同様，自家発余剰電力購入（昼間約 16 万 kW，夜間約 19 万 kW）等が取られたが，冬季も同様の対策（南早来緊急設置電源 7.4 万 kW 等）をさらに強化することになろう．また，夏場にピークがあり，冬場に需給がゆるむ東北電力や東京電力等との連系があることを考えると，冬場に本州方面からの受電を当てにできることになる．というより，広域連系体制はこのためにあるのである．ちなみに，2012 年夏，北海道電力は最大で 17 万 kW を受電している（ついでにいうと，2000 年有珠山噴火の時は最大 35 万 kW の融通を受けている）．津軽海峡の海底ケーブル（北本連系 60 万 kW）の重要性がここにある．需要面については，もちろん節電が引き続き求められるが，大口需要家を中心に，計画調整契約 12 万 kW，随時調整契約 8 万 kW（未実施）の夏の実績をベースに対策を立てることになる．

(4) 供給予備率について

供給予備率とは，最大電力に対する予備電力の比率を指している．ピーク供給力と最大電力の差が一番問題となる供給余力（予備電力）であるが，他社へ融通すると供給力減となるし，逆に融通を受けると供給力増となる．重要なのは，供給力は固定された数字ではなく，基本的には，その時点で電気事業者（卸電気事業者を含む）が保持する電源設備に加えて電気事業者以外のものから恒常的に受電できる電源設備等（運転可能な最大値）のうち実際に供給力として稼働し得る電源の合計値であるという点である．定期点検や故障などによって臨時点検の対象となった設備などが電源から除外される．また，経営政策的に運転対象からはずれる電源もある．北海道電力は，2010 年度末の事業用設備として，他社受電分を含め，合計 826 万 kW を有していた（第 4 章注 34 参照）．すると，826 マイナス 207 の 619 万 kW が泊原発停止後の供給用基本設備となる．かりに，この供給力で最大電力 579 万 kW に対応するとすれば，予備率 6.9% となる．もちろん，実際には，この基本設備から供給力として除外される設備があるので，予備率は 6.9% を下回ることにはなるが，供給力離脱時期や期間を調整することによってピーク需要

に備えることが出来る．たとえば，厚真火力発電所4号機（70万kW）は，2012年5月20日から10月22日までの時期，改修のため停止しているが，夏場の需給逼迫期ではなく，前倒しで改修できなかったのか，疑問視されている．この点を問わないとして，冬場の需要増大期に間に合わせるべく，この時期に行ったということであれば，それなりに説明はつく．「日本経済新聞」2012年9月27日付によると，この4号機の出力をさらに4万kW高めて運転する方針を北電はもっている．

　予備率が何パーセントあればよいのかについても，確定した数字があるわけではない．電源設備を経済成長に応えられるだけ作るのがよいとされていた時代，8〜10%程度と電力会社は主張していたが，最近では3%程度ほしいという具合に，それなりに現実的なレベルになっている．また，供給力として稼働している電源のうち最大ユニットがダウンしても供給力を維持できる水準と説明されることがあるが，この基準からすると，泊3号機が動いている場合で90万kW，原発停止下では，厚真火力4号機70万kWが目安ということになる．2012年10月12日の北海道電力の会見時に，5.8%の予備率（33万kW相当）があっても，厚真火力4号機が万一ダウン（計画外停止）した場合供給力が不足する，と石井副社長が述べているのはこのことである[1]．逆に言うと，北海道電力のように総供給力が800万kW程度の管内で90万kWの泊3号機や70万kWの厚真4号機を設置すると，その1つが停止するだけで10%前後の供給力を失うことになる．こうしたリスクまで考慮するならば，発電所の1基当たりの出力が増大すると，それだけ余計な予備力が必要とされることになる．全国的に原発の建設が進むにつれて，他方で，火力発電所が増設されてきた理由の一端もそこにある．原発は他の電源に置き換わったのではなく，他の電源の稼働率を下げただけとも言える．

　また，本州地区と同様に，大口電力を中心に，需要側で節電することによって最大電力自体もおさえることが出来る．いずれにしても，供給力はもちろんのこと，最大電力さえも可動な数字であるということである．したがって，需要側は最大電力を出来るだけ小さくするために節電に努めること，そ

して，供給側は必要な設備増強とともに，運転予定の設備が故障など起きないように万全の準備をすることが求められている．以上の対応は，事業用電源についてのものであるが，これに236万kW（2011年7月現在）にのぼる自家用電源等の協力体制を構築することが出来れば，北海道における供給力はさらに盤石のものとなる．北海道電力は既に，このうち約60万kWの卸供給分を算入しているが，さらに余剰電力について売電済の20万kWに加えて3万kWの追加は可能と，資源エネルギー庁の調査（2011年7月）が指摘している．そして，現状では供給力にカウントされていない自然エネルギー（2010年度末で風力発電（24万5千kW）や太陽光発電（5千kW））については，中・長期的にはもちろんのこと，短期的にも，急速に拡大することによってこの不足分を埋めるのに貢献出来よう．また，既に報道されているように，北海道電力は石狩に大型の天然ガス発電所建設を計画しており，2018年度中に1号機50万kWの運転を開始する予定である（3号機まで完成すると総出力160万kWとなる）．また，京極水力（揚水）の1号機20万kWも2014年に運転開始予定（総出力60万kWの計画）である．

(5)　「ベストミックス」論

このような事情を考えるならば，福島原発事故の原因も解明できず，また，事故収束の見通しが立たないまま，目先の「需給逼迫」を根拠に原発の再稼働を拙速に目指すのは間違いであろう．2012年夏で実証されたように，むしろ，必要な電力を調達するというのであれば，火力，水力を中心とした既存の電源を活用することが，当面の電力供給を考える際の基本となる．供給力不足や計画停電，そして日本経済の発展阻害を理由に原発を再稼働させようとする原子力村と財界の中央突破組とは別に，原子力発電所を利用しないのはエネルギー安全保障論や「エネルギーベストミックス論」[2]からみれば間違いである，と主張し，結局は原発再稼働を目論む原子力村勢力に荷担する意見がある．単純な原発必要論に比べると，冷静かつ客観的理論の装いを呈してはいるが，原子力を他のエネルギーと同等に並べて議論すること自体

が既に国民の願いからはずれていると言うべきである．確かに，火力の比重を高めることが二酸化炭素排出量を増大させること，そして，化石燃料価格によってはコスト増となることには留意すべきではある．だからこそ，ここに再生可能エネルギーの開発普及の緊急性が生まれていると言えるのである（北海道経済産業局［2010；2011］参照）．

　関西電力が大飯原発の再稼働に固執したのも，原発依存度（2010年度）が供給電力量で約51％と高かったことがあり，他の電源の手当てが十分ではなかったという事情がある．原発依存度44％の北海道電力も似たような事情を抱えていた．浜岡原発停止で揺れた中部電力は原発依存度15％で影響が小さい．また，東京電力が17基の原発が止まっても，持ちこたえられるのはその依存度が28％であり，火力の比重が65％と高かったからである．いずれにしても，原発が動かなければ日本の電力はどうにもならない，というレベルではないということであり，これを出発点として次の一歩を踏み出すべきであろう．原子力については，いずれゼロか，少なくとも比重を限りなく小さくせざるを得ない，という前提で，次の一手を考える必要があるということである．

(6)　原発事故と福島県，そして沖縄

　東日本大震災と福島原発事故は，死者15,881人，行方不明2,668人という惨禍をもたらした（警察庁2013年3月11日）．特に，福島県は壊滅的な被害を受けた．県内避難者約9万8千人（仮設・借り上げ・公営等），県外避難者約5万8千人（福島県2012年12月）にのぼる．ちなみに，これらには，県内の自主避難者は含まれていない．また，総務省の人口移動報告（2013年1月28日）によると，震災後の県人口は転出超過が続き，2012年は13,843人が転出超過であった．とりわけ，0～14歳とその親世代の25～44歳の転出が目立っているという．成長期の子供を抱える家族の苦悩がうかがえる数字である．このように，放射能汚染の環境下で福島県民は，「去るも地獄，残るも地獄」状態に置かれ，「県外避難者＝裏切り者」とされ，経済的に余

裕のあるものだけが遠くに避難できるという,「避難格差」も生まれている.

被災地の復興と被災者の支援が一義的に重要であるが, 国の支援策は 2011 年 12 月の「事故収束宣言」以降先細りとなっている. 賠償については 2012 年 7 月にようやく政府の「財物賠償基準」が示されたが, 東電による賠償遅延も含め, 全体としての実効性には疑問が残る.

震災後, 2 つの原発を視察する機会があった. 東北電力東通り原発と北海道電力泊原発である. 両者とも津波に備え, 扉類を水密扉とし, 堤防をかさ上げし, そして, 非常用電源の確保のため, ディーゼル発電機(車)を設置するというように, 基本的には「再稼働」路線を進んでいるようである. 2012 年 9 月 14 日, 政府エネルギー・環境会議が「革新的エネルギー・環境戦略」を発表した. そこでは, 原発に依存しない社会, グリーンエネルギー革命, 安定供給という 3 つの柱が掲げられている. しかし, 原発に関しては, ①40 年運転規制, ②安全確認後再稼働, ③新増設不可・再処理事業続行, というように, 国民の意見公募等で示された「原発ゼロ 87%, 即ゼロ 78%」という意向に逆らう結果となっている.

震災後, 関心の高まっている風力発電についても視察した. 瀬棚町の洋上風力発電と寿都町風力発電である. また, 帯広市(環境モデル都市)や鹿追町バイオガスプラントを見る機会もあった. 全体として, まだ初歩的な段階ではあるが, 少しずつ進んではいる. 気になる点は, 巨大風車による騒音・振動, バードストライク, シャドー・フリッカーなど環境問題, そしてバイオを含めこれら自然エネルギーを電気等に変換する機械設備の多くがデンマーク製やドイツ製であったことである. したがって, 期待されている自然エネルギーを日本に定着させるためにも, 時間と技術と資金が必要であり, 抜本的な政策転換を急がなければならないであろう.

福島では, 除染によって住民を元の場所に復帰させることを目指す, という作業が続いている. 問題は, 除染の結果生まれる大量の汚染物質の仮置き場, そしてその後の中間貯蔵施設をどうするか, という点である. 国は, 双葉, 大熊, 楢葉の 3 町 12 か所を調査候補地として調整しているが, 難航してい

る．また，最終処分地をどうするかまで考えると，結局は原発から出る使用済み核燃料の処分と類似の問題にぶつかることになる．日本では，地層処分研究施設（幌延町，岐阜県瑞浪市）はあるが，最終処分地は決まっていない．

「放射線で直接死んだ人はいない」「放射線で病気になる確率は極めて低い」という発言を繰り返す人がいるが，この事故によって避難を余儀なくされた人，将来の生活のめどが立たなくなった人，つまり，人生を奪われた人が大勢いるという事実は否定しようがない．まして，「3.11関連死」に目を向けないのは問題である．

以上のことを踏まえると，われわれは，「3.11前に戻ることはないのではないか」，あるいは，「戻ってはならないのではないか」，との思いを強くする．明治維新を迎えた日本人の多くは，徳川幕藩体制に戻ろうとは思わなかったであろうし，太平洋戦争の惨禍を知った国民がそれまでの天皇制国家に戻ろうとは考えなかったように，「3.11」後のわれわれは，それ以前と同じ経済社会体制に戻る展望は持てないのではないか．原発については，原発ゼロ社会を目指すという声は多数派となっており，今や，この声を無視することは誰もできないであろう．

明治維新，太平洋戦争敗戦が大転機とすると，ニクソンショック・石油危機は小転機と言える．「3.11」は大転機となる可能性が大である．その意味は，「対米従属下の成長路線からの脱却」という点にあり，経済成長が豊かな社会をもたらすという考え方の見直し，そして，本当の豊かさとは何か，が問われる時代に入ったと言えるのではなかろうか．

福島県浜通りの原発立地地域は，今後，原発の廃炉作業と放射能汚染物質の処理や保管をベースとした作業を展開せざるを得ない．したがって，少なくとも，50年，100年単位でみて，この地域は元に戻れないのである．この地域が，元に戻れないということは，日本全体としてみても，元に戻れないことを意味する．ここで，為政者が発想することは，元に戻れない部分を切り捨て，「他の部分だけでも元に戻すことで」ある．これは棄民政策以外の何物でもない．ここに，沖縄と福島の同質性が浮かび上がってくることにな

る．移転先の決まらない普天間とオスプレイ配備に揺れる沖縄では米軍基地を現状のまま維持することはできないであろう．県の総人口140万人のうち10万1千人が参加した2012年9月9日「県民集会」で示された「オスプレイ配備反対」の声，それが，戦後一貫して棄民され続けてきた沖縄の意志なのであり，この声と意志に耳を傾けない政治はもはや存在することはできないことをわれわれは知るべきである．

とはいえ，歴史は繰り返すものであり，平らかに進んだためしがない．しかし，元の場所にそのまま帰ってくるわけでもない．元に戻ったかのように見えるその場所が，微妙にずれているものである．その「ずれ」の方向と力の大きさを確認することが社会科学の任務ということになる．本書は，2011年3月11日の前後におけるこうした「ずれ」を検証するにあたって，「公共性」を1つの指標とすることを提案したものであり，さしあたっては，電力を中心としたエネルギー問題を素材にして若干の考察を試みたものである．そして，電気など地域住民にとっての必需財を供給する事業とそのために必要とされる設備，すなわちインフラの本質が「公共性」にあることを，改めて確認するものである．

注

1) 2012年10月12日，北海道電力は改めて今冬の電力需給見通しを発表した．それによると，13年2月の最大電力想定が563万kW，それに対して供給力が596万kWとなり，予備率は5.8％になるという．ちなみに1月は予備率6.7％であるという．7月発表時の数字と異なるのは，需要側，供給側双方で数値が変わったからであるが，その変化の根拠を北海道電力としてきちんと説明する必要がある．積み上げられた結果数値だけを公表し，しかも，その数値が公表のたびに変わるのでは，一般の人にとって数値の信頼性を失わせる原因となる（「日本経済新聞」2012年10月13日参照）．

2) 水力，火力，原子力等の電源をどれか1つに偏ることなく配置するという考え方であるが，その本質は「エネルギー安全保障」に結びついている．たとえば，石油に頼りすぎると，中東有事の場合，窮地に陥る恐れがあるので，供給地の分散とエネルギー源の多様化をはかっておくべきだ，ということになる．この問題については，終章で今少し詳しく論じることにする．

第1章
経済から見る公共性
―新しい「公共」の「新しさ」について―

　ここ数年，恐らくは2000年代に入ってから徐々に広がっていたと思われるが，アカデミックな文献に限らず，一般の新聞や雑誌などでも「公共」ないし「公共性」という言葉が頻繁に現れている．今日，なぜ「公共性」が流行とも言える言辞となって社会的，文化的な検討対象として立ち現れているのであろうか．この言辞自体の曖昧性と普遍性故に，その原因なり背景を特定することは容易ではない[1]．確かに，社会科学や人文科学分野に関して言えば，ユルゲン・ハーバーマスの著書『公共性の構造転換』が1990年に新版として出版されたことに端を発しているように思われるが，言辞の広がりかたから考えると，さらに深い原因を探る必要に迫られることになるかも知れない．この点は，さしあたりおくとして，同著は，わが国でも直ちに翻訳出版され（1994年），アカデミックの世界を中心に広く読まれるようになっていた．同著の初版は1961年であり，この間の30年の社会変化を前提にして読み解く必要があるが，新版が日の目を見るきっかけとなったのが，いわゆる「東欧革命」であり，そこに新しい市民によるアソシエーションの可能性を発見したことにあることがハーバーマス自身によって語られている[2]．「公共性」問題を概念の発生史にまでさかのぼって議論するためには，ギリシア・ローマ時代をも視野に入れる必要があるという考え方もあり，実際，これまでの研究の中には，その検討を行っているものもある[3]．そこまで進めないまでも，少なくとも，今日の「公共性」問題をめぐる議論の直接的契機となっていると考えられるハーバーマスの「公共性」あるいは「公共圏」という概念自体を検討する作業が，まずは必要であろう．しかしながら，本

章ではこれを直接の課題とはしない．本章では，わが国において，ここ10年ほどの間に広がってきている「公共性」議論の特徴とその背景について考察し，若干の試論的見解をまとめることを課題としたい．とりわけ，経済分野ないし経済学において「公共性」がどのように考えられているかという点に焦点を当てたい[4]．

もちろん，この課題は，将来「公共性」を本格的に議論する際の準備という意味合いがあるが，筆者としては，視角こそ異なってはいるが，これまでもいくつかの論考において，こうした準備的考察を行ってきている（小坂［1999；2005］参照）．

また，事柄の性格上，「公共性」は，従来，政府または自治体等の，いわゆる「公共団体」の問題として語られることが一般的であった．たとえば，NPM（New Public Management），PPP（Public Private Partnership），PFI（Private Finance Initiative）等がわが国の自治体で本格的な検討が開始されて既に久しい．行政運営のあり方や手法として民間経営をモデルにした手法を取り入れることが1980年代以降，わが国では当然のこととして徐々に浸透しつつあったが，小泉内閣の下で推進された構造改革はこうした行政の民営化路線の集大成とも言える包括性とラジカル性を有したものであった．構造改革で設定されている，こうした民営化政策との関連で言えば，本章の課題は，そもそも，こうした民営化手法を取り入れる際に念頭に置かれている行政あるいは公共団体がいかなる存在として認識されているのか，さらには民営化を推進する思想の背後にある民と公共の関係性把握がどのようなものであるかについて考察することにつながっている．上述の，NPMとは「新しい公共マネジメント」という意味であるが，その際，Public「公共」という表現によって示されているのは国家または地方自治体といった行政が中心であり，その行政に民間企業的な管理経営手法を導入するという点にNPMの最大の特徴を見ることができる．そこでは，既存の行政が，行政＝公という関係の下に位置づけられているのが一般的である．したがって，公または「公共」の意味合い自体を検討するという問題意識は基本的には存在しない．

仮に問題にするにしても，行政に民間手法が取り入れられることによって惹起される行政の変質，これが，即ち「新しい行政（公共）」であるという脈絡においてである[5]．

本章では，以上述べた点を念頭に置きながら，行政＝公というとらえ方，あるいはそこで提起されている「公共概念」とはいかなる内容を持つか，したがって，「NP（New Public＝新しい公共）」は，なぜ，「新しい」とされるのか，その際の「公共」は何を指すかという問題関心から検討することとする．その際，留意すべきこととして次のことは確認しておかなければならないであろう．構造改革路線の最終局面とも言える21世紀に入り，上述の「新しい公共」という主張がとみに目立ってきたのは偶然ではなく，そこに一定の必然性を見ておかなければならないという点である．少なくとも，なぜ「新しい」公共が強調されるのか，そこに現出する新しい「公共」は旧い「公共」とどのように違うのか，正確に理解しておく必要があるということである．あえて，「経済分野」「経済学」の側面から「公共」を考察するという本章の視角設定の意味も，政治や行政の分野では，ある意味議論の余地のないような，その道では，いわば「当たり前」のことを今一度立ち止まって考えるということでもある．とは言え，政治・行政分野においても，「公」や「公共」についての再検討が行われている．それどころか，この分野における「公共性」見直し議論が他の分野に波及したというのが実際のところであろう．それでも，行政や政府，あるいは「国家」が「公」「公共」を体現しているという考え方は抜きがたいものがあり，とりわけ法律・政治分野にあっては，これを基軸に議論が組み立てられているのが一般的である．だからこそ，この分野から「公」「公共」に対して問題提起がなされることの意味が大きいのである．樋口陽一氏が，公法学会でなぜ「公共」が議論されてこなかったのか，それ自体が大きな論点であると指摘しているのは，その象徴的な現れである（樋口［1994］）．

まず，「日本経済新聞」（2005年5月10日から13日までの「経済教室―公共性を問う」および「経済教室―会社とは何か」2005年8月30日）に現れた「公

共性」論の中身を吟味してみよう[6].

1. 「日本経済新聞」経済教室の論調に寄せて

(1) 田中直毅氏の公共性

　田中氏の言う「公共性」は極めて限定的であり，あくまでも株主にとっての「公共性」である．したがって企業価値を増殖するという役回りを株主に対してどれだけ有効に示しうるか否かが「公共性」の程度を決める尺度となる．この点を，田中氏は「新しい公共性の芽ばえ」として議論を始める．そして，従来，政府との関係によって規定されてきた「公共性」ではなく，むしろ「公共性の政府からの解放」という観点が重要であると指摘する．公共と公益とは私生活と私益の対岸にあると見なされてきたのが戦後の民主主義の内実であり，公共と公益が私企業と私益の領域である市場経済を代替する分だけ，公平と安定が担保されると安心してきたのではないか，そして，自由，公平，安定という3つの社会目標が設定され，これが公共と公益に関する概念に裏打ちされてきたと言うのである．

　しかし，1985年プラザ合意以降の円高は，この3目標のうちの公平と安定を痛撃し，その後の日本経済の低迷へとつながっていく．田中氏は，ここで日本経済が問われているのは「世界最高水準の平均賃金」を日本企業が支払い続けられるか，という問題であり，不確かな明日への挑戦を通じてしか，高い賃金は払い続けられないという点を一人ひとりの国民が次第に理解し始めた，と指摘する．賃金低下と積み立てた年金基金の収益率悪化が続いたことから，企業価値の増殖と経済社会の安定が重なることを明らかにし，結局は，不確実性への挑戦によってのみ利潤の確保が可能であることが確認されるに至ったという．

　ここから，田中氏は「上場企業の公共性」を go public（株式公開），そして「市場のルール」の問題として説明する．とりわけ，企業価値，すなわち投資家にとっての収益の増殖こそが経済社会の安定の維持に不可欠であり，

買収の実践例が積み重なるなかで，新たな「公共空間（企業価値増殖の場）」が整備されようとしていると言う．

最後に，田中氏は企業価値をめぐる挑戦の過程においては，結果的に所得格差が生じるが，それは，社会の安定が企業価値の増殖によらざるを得ない以上避けられず，したがって，こうした格差を認めた上で安全網の整備が必要であるとする．しかし，それでも安全網整備の行政頼みは脱するべきであり，公共性に関する脱政府化の流れは確実であると結論する．

(2) 林敏彦氏の公共性

公共性の概念の本質を問い直す動きが今日本で盛んである．その柱は，これまで国家あるいは官が独占してきた「公共性」の民間開放とも言うべき問題意識であると，林氏は言う．まず，公共性が求められる活動領域を公共領域と呼んだ上で，国家の原理，市民の原理，市場の原理を表す三角図を示す．

この中で，公共の原理を最も強く体現したのが国家である．国家は法治主義に基づく公式の存在で，非営利に運営され，徴税権や警察権など強制力をもつ．私人や私企業も社会の構成員なので市民や企業市民という公共領域に存在している．NPO，NGO，地方自治への住民参加，裁判員制度等は中間領域の拡大あるいは公共性の民間への開放と言える．

このような整理を踏まえ，林氏は情報関連分野の公共性を論じる．まず，放送の公共性は「公共の電波（周波数帯域）」を利用するために発生すると考えられる．携帯電話で電波を利用してもコンテンツ（情報の内容）規制が存在しないのは，公共性の源泉が「公衆への送信」にある，と

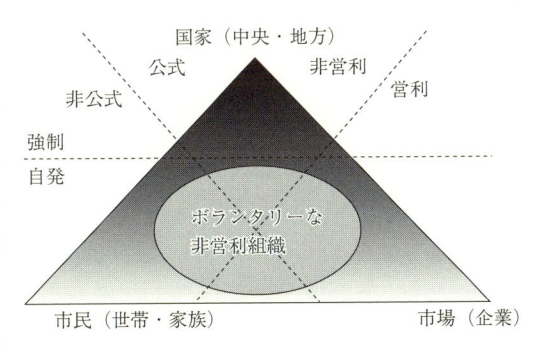

出所：「日本経済新聞」2005年5月11日．
注：色が濃いほど強制力が高いことを示す．

図 1-1 公共領域の概念

考えられているからである．大規模テレビ局でさえ年間3億円という低額の電波利用料は，この意味での公共性を担っているとされるからである．この点について，林氏は，放送産業の利益率の高さに貢献してきたと批判的である．今日提起されている，通信と放送の融合においても，公共性の根拠は不特定多数の受信者に対する社会的影響力にこそ求められるべきであると，林氏は述べる．

次に，インターネット社会についてである．国内的対応としては，個人情報保護法，著作権など，インターネット空間に対する国家レベルの働きかけはある程度法整備が進んではいる．しかし，林氏は，インターネット空間は国家主権の枠組みを超えた，強制力の及ばない空間であり，そこで「公共性」を確保するには新しい仕組みが必要であると言う．

たとえば，ドメイン名管理を行うICANN（アイキャン）という組織は，民間非営利団体であるが，ドメイン名などの混乱，通信障害の防止といった大きな公益の故に，あらゆる国の組織や個人がアイキャンのルールに自発的に従っている．そして，同組織に手数料を払っているのであり，これは見方によれば，事実上国境を越えた徴税権と言えなくもない．今ひとつの例が，ネットの技術標準を定めているIETF（インターネット技術タスクフォース）である．この組織も，世界中からのボランティアの集まりである．

国連の下部組織であるITU（国際電気通信連合）がデジタルデバイド解消のための連帯基金を創出しようとしたが，先進国の反対で頓挫し，結果的には自治体を参加単位とする自発的な基金が発足したに止まった．しかし，林氏はこの組織の可能性に注目している．林氏によれば，ユビキタス社会の公共性は，国家原理に基づく国内法や国際条約だけでなく，市民原理に基づくネット倫理，市場原理に基づくセキュリティなどの多様な対応によってのみ担保される，と言うのである．

(3) 翁百合氏の公共性

翁氏は，市場経済社会では，金融を含めて公共性の高い事業でも民間が担

うのが基本であり，政府の介入は，民間にはリスクが高すぎるといった「市場の失敗」がある場合などに限られるという，いわば，オーソドックスな経済学を前提に公共性を論じている．

　民間企業，特に株式会社に，病院や学校など公共性のある事業を担わせることを危惧する議論がしばしば見られるが，しかし，公共性は事業の目的ではなく性質に関わる概念である．株式会社による営利性の追求は，公共性の高い財・サービスをより顧客満足度の高い形で提供する方向に作用したり，経営者に対して必要な経営の規律付けを与える利点も存在する．現実にも，民間企業の提供するサービスには公共性があることが多い．電力，ガスなどの公益事業はもとより，地方のスーパーやバス会社も地域住民に不可欠の商品やサービスを提供しているという点で高い公共性をもつ，と述べる．しかし，ある財・サービスが「公共性」をもつことが直ちに政府による提供の妥当性につがるわけではなく，そのケースは「市場の失敗」がある場合などに限定されるとして，「行政改革委員会・官民活動分担小委員会」の報告書（1996年）の基準が紹介される．

　こうした議論を前提に，翁氏は金融業の問題を論じる．金融機関は，預金，貸し付け，決済などの業務を行っているが，こうしたサービスは，経済活動の根幹をなし，高い公共性をもち，各国で大きな金融危機に際して銀行に公的資金がしばしば投入されるのは，それ故のことである．また，政府は，規制や監督という形で関与し，この高い公共性のあるサービスの円滑な供給を支援している．こうしたなかで，政府（公的金融機関）の活動を考えるならば，民間ではどうしてもうまく機能しない条件がある（例えばリスク評価が極めて困難で不確実性が伴うなどの）場合にとどめるべきだ，と言う．したがって，今後の金融分野の公的関与のあり方としては，投融資という形態よりも，民間でとりきれないリスク（たとえば地震）に対する再保険や，部分保証といった信用補完の手法の方が市場をゆがめず民間に対して補完的な役割を担える点が望ましい，と結論している．

(4) 八田達夫氏の公共性

　少子高齢化時代に社会保障を維持するには，出生率や女性の就業率の向上など働き手の確保が重要となり，その面での市場の失敗を補う公共政策は大切だが，制度の歪みも多い．この分野も含め，公共性の観点から政府の市場介入が正当化できるのは，所得再分配の必要性，市場の失敗などが存在する場合に限られる，という前提で八田氏は議論を始める．

　終身年金は，長生きしすぎるという経済的リスクに対してかける保険である．このような年金を市場に任せておくと，長命を予測する人の多くは加入するが，短命を予想する人の多くは加入しなくなり，最終的には，通常の予想寿命の人が利用できる保険料の年金が市場から消えてしまう．「逆選択」（リスクの高い人ほど残る）現象である．年金市場（加入者の状況を保険会社は知ることがない）に存在する情報の非対称性が公共性の観点から公的年金を正当化する．

　厚生年金財政の赤字の原因は，積み立て方式で実施すべきだったのに賦課方式を採用したこと，配偶者控除など女性の実質賃金体系を歪めている制度が納税者数を過小化したこと，女性の労働市場における市場の失敗を補う政府の対策不足によって，やはり納税者数を過小化したこと，に求められる．企業が採用等に当たって女性差別するのは，辞める時期や意志をあらかじめ知ることができないという点に原因があり，逆に働き続ける意志のある女性だと知っていれば，企業もそれ相応の賃金で雇うはずである．情報の非対称性のため，企業は，女性一般を差別し，正当な賃金ならば，ずっと働き続けてくれる女性まで労働市場から追い出すという無駄を発生させている，と指摘する．

　以上のことから，女性が仕事を辞める大きな原因が子育てにあることを考えると，この無駄をなくす有効な対策は，働く女性にとって重要な保育所の拡充，低コスト化への支援を公的に行うことである．たとえば，株式会社の保育所事業への参入を促し，民間保育所への補助を拡充し，保育所を最も必要としている大都市へ十分な予算配分をすることなどである．しかし，育児

手当の拡充，出産一時金などは対象を働く女性に限定していないので，公共政策基準を満たしていない，と指摘している．

(5) 小林陽太郎氏の公共性

　小林陽太郎氏（富士ゼロックス会長，元経済同友会代表幹事）は，企業の社会的責任（CSR）との関連で「企業は新たな『公共』の一翼担え」と説いている．小林氏によると，企業は社会の一員として，社会から預かったお金，人，土地（場）などさまざまな資産を活用して新たな価値を創造し，広く社会に役立っている．CSR はそうした企業と社会の関係をベースに，経営を広い視野で見ようという考え方だという．したがって，企業の目的は利潤追求だという考え方があるが，それが唯一の目的とは言えないのではないか．あるいは最終目的ではない．CSR に立脚すれば，企業の目的は社会に役に立つことである．だが，個々の企業による社会への役立ち方は，それぞれ異なる．企業は組織力を利用して効率的，効果的な価値創造を行うことにより，理念に掲げた目的達成を目指すわけだが，企業が創造する価値は，経済的価値，社会的価値，人間的価値など多様である．誤解してならないのは，CSR の神髄は，あくまでもこれらの多様な価値，あるいは利害関係者のニーズへのバランスのとれた対応であって，そのためには，経済的価値は不可欠であって，ましてや経済性より社会性を重視するということではないという点である．また，コーポレートガバナンスも，CSR が持続的に保たれることを担保する仕組みである．CSR は「社会的」「責任」という語感から，本業の利益や自由度を圧迫する義務的，受動的な縛りとして誤解されやすい．しかし，その本質は，むしろ，社会の公器としての「企業のあり方」を問う考え方としてとらえるべきである．老舗の家訓などにあるような日本の商売道は，CSR の考え方と同一である．戦後の日本企業は，本来行政が提供すべき福祉のかなりの部分を肩代わりしてきた．しかし現在，「小さな政府」に向かう行政と「選択と集中」を志向する企業のはざまで，公共サービスの空洞化が進んでいる．今後必要とされる「公共」とは何か，それを誰がどうや

って担っていくか，従来とは違った新たな「公共」を打ち立てることが我々の課題となっている．そのなかで，企業が社会に対して何ができるかを考えることは，企業の存在意義を改めて見直す重要な一歩となる，と結論する．

(6) 若干の問題提起

以上，「日本経済新聞」のシリーズ「経済教室―公共性を問う」に登場した4氏と小林陽太郎氏の「公共性」論を簡単に見てきた．大手企業の経営者である小林氏はともかく，4氏は現行体制のメインストリームを行く識者であり，ジャーナリズムにしばしば登場することによって，大きな影響を与えていることは間違いないであろう．そのうち，林氏は電気通信事業分野の研究者でもあり，公益なり公共について最もアプローチしやすい位置にいる．また，八田氏も，公共経済学が専門だから，その名が示すとおり，公共を議論することを得意とする．ただし，それは租税や財政をベースとした政府の経済活動に理論的根拠を与えることを目的としたものである．田中氏は政府の各種審議会にしばしば登場する有名人だが，このシリーズでは，株式資本主義の真髄（投資家にとっての収益の増殖）を「公共性」でくくるという議論を展開しており，国家政府から解放された「公共性」が株式資本にとっての「公共性」まで「進化」することを示したという意味で注目に値する．翁氏は金融論が専門であり，金融機関の役割という観点から公共性を論じている．

一般的に，主流とされる経済学は私的領域あるいは市場原理が貫徹する領域についての学と理解されている．したがって，国家政府はこの私的領域に対して外部から干渉するという形でしか関連づけられていない．現実の国家が市場や私的領域に内部化されている場合は，市場への擬制的な一参加者として加わると理解されている．いずれにしても，主流と言える経済学においては，国家は市場の部外者であるか，あるいは例外的な参加者にすぎない．少なくとも，市場とは対立する「招かれざる客」的存在であり，「特別な客」であると考えられている．徹頭徹尾国家を排除しようとする傾向を持つ「新

自由主義」に対しては，これを「市場原理主義」と呼ぶゆえんである．これに対して，経済学の中で国家を重要な要素として理論的に体系化しようとしたのはマルクスである．ケインズは有効需要創出という政策理論から国家の役割の重要性を唱えたことになる．前者の国家論については，いわゆる「後半体系」論との関わりを中心に長い間議論されてきたものである[7]．後者については，言うまでもなく「福祉国家論」の基礎を与えた理論として第二次大戦後，西側世界の経済政策をリードしてきたものである．主流の経済学は，この両者の，いわば「対抗軸」として形成発展してきたものである．こうした，学説的流れについては，ここでは，これ以上深い入りしないことにする（間宮［2002］参照）．

経済学（以後，特に断らない限り，新古典派の流れをくむ主流派をさす）の中で，国家または公共が扱われるのは価値財（市場に任せては社会的に好ましくない結果をもたらす財，たとえば教育，医療，麻薬，血液などである）と公共財である．特に，公共財は名前からして「公共」がついているので，当然問題とされるべき財である．ただ，この経済学でいうところの「公共財」は公共性が高い財という意味ではなく，その財のもつ性質が次の2つあるものという意味である．すなわち，以下の2点である．

1）消費の共同性
街路，放送のように，消費者はすべて同一のサービスを享受しており，消費における排他性が働かないもの．

2）非排除性
お金を払わない人を排除できないという性質[8]．

したがって，こうしたサービスが必要である限りは誰かが供給しなければならないから，必然的に政府が税金によってこれらサービスを供給することになる．市場原理では供給が著しく困難な財・サービスであるがゆえに国家政府が登場せざるを得ないという論理であり，この論理で説明可能とされる

代表的な公共財は消防，警察，一般行政，外交，国防，そして社会資本[9]である．

　先の4人の論者のうち，翁，八田両氏は，こうした公共経済学の理論，とりわけ市場の失敗から国家政府の役割を持ち出すオーソドックスな理論に基づいて「公共」を論じている．中でも，翁氏は市場原理主義的主張を徹頭徹尾貫いている．金融分野に政府が関わるのは，まずは規制や監督という形であり，金融サービスが円滑に供給されるよう支援することである．公的金融機関の活動は，民間ではその活動が不可能な場合，典型的には民間ではリスクがとれないようなケースに限定されること，さらに，関与のあり方としては投融資よりも，再保険や部分保証という形態が望ましいと主張する．つまり，政府は，金融機関の活動がうまくいくように条件を整え，民間がやれない高リスク事業だけをやるか，万が一の時だけ救済的に登場することが期待されているに過ぎないことになる．そして，この救済が正当性をもつのは，金融サービスが「公共性」の高いサービスだからであり，その点は，電気・ガス等の公益事業，バス事業，そしてスーパーも同じであると言うのである．

　地域住民にとって，日々の買い物先としての小売店やスーパーが欠かせないのは当然であり，その役割の重要性は否定しないが，これらも含めて，民間企業の生産供給活動が電気・ガス，路線バス，あるいは金融機関の活動と並んで「公共性」ある財・サービス供給活動であると理解するのは，いささか拡散しすぎであろう．そこには，公益事業がなぜ「公益」という看板を掲げているかという問題関心はもちろんない．麻薬など社会悪につながる経済活動を別とすれば，人々の経済活動はすべからく必要不可欠であり大事なのであるが，だからといって「公共性」ある活動とは言わないのである．翁氏が，民間企業の活動も「公共性」ある活動だと言うのは，実は，「公共性」のない経済活動は存在しないと言うのと同じである．あるのは，せいぜい「公共性」の度合いであり，金融機関はことのほか「公共性」度合いの高い分野と言うことになろう．

　八田氏の議論の特徴は年金制度と育児制度の分野で明瞭に見られる．年金

についての八田氏の問題意識は,「火災保険などと同様に,民間が市場を通じて販売できるはずの保険をなぜ社会保障の1つとして政府がやらなければならないのだろうか」という点にある.そして,この背後には,加入者の状況を保険会社が知らないという情報の非対称性の存在があり,これは市場の失敗である.公的年金制度はこの失敗故に正当化される,と言う.

八田氏の次の議論は,こうして登場した公的年金の財政問題を解決する方策へと進む.1つは賦課方式から積み立て方式に転換することであり,今ひとつは女性労働の職場への誘導とそのための施策である.確かに,株式会社の保育事業参加や民間保育所への補助金拡充と大都市への保育所予算の拡充は力点の置き方によっては保育環境の拡充につながる可能性はある.しかし,保育の民営化や会社参入が元々保育制度を充実させるという発想からではなく,自治体が,自らの財政難を理由として保育事業から撤退し,その間隙を埋めるという発想から生まれてきたことを考えると,この可能性は小さいし,期待は出来ない.してみると,八田氏は,「市場の失敗」による政府等の「公共性」を論じながら,実際は,「政府の失敗」による「公共性」の限界を論じているとも言える.

林氏は,従来「公共」を担ってきた国家・政府から民間へ公共財的サービスの供給主体を移行させる筋道についてICANNなどを例にしながら極めて具体的に論じている.とりわけ,インターネットの発展に伴って生まれてきた自主的な民間団体による規制ルールの意味について議論している点が興味深い.

林氏によれば,こうした事態がインターネットの世界で徐々に進行しており,ネット社会の公共性の特徴となっていると言うのである.ここから垣間見えるのは,従来の国家・行政＝公・公共という図式を離れて,国家と市場・市民の間に中間領域を設け,そこでの新しい主体ともいうべき担い手を構築しようとする林氏の意図である.林氏は,これをボランタリーな非営利組織として示しているのだが,1つの国民国家内の非営利組織とアイキャンのような国境を越えたところに存在する非営利組織との関連をどう見るか,

まだまだ議論のつきない問題提起であると思われる．さらに注目したい．

田中氏の言う，新たな「公共空間（企業価値増殖の場）」は「公共財としての企業」の別称ということになる．林氏が企業・市場を営利組織の極に位置づけ，中間領域と距離を置いて考えているのとは異なり，企業自体が市場経済社会の中で広がりをもって存在していることを田中氏は主張していることになる．従来の企業は経済主体として外部からは1つの点として見られていたが，今や企業はその外壁が取り払われ，あたかも出入り自由な広場（それこそ公共空間）になったかのようである．もっとも，田中氏の言う「公共空間」がgo publicとの関連で，株式市場を指しているとすれば，企業は依然として点のままとも言える．その場合は，市場経済ないしは証券市場それ自体が「公共空間」ということになる．しかしながら，田中氏の言葉とは裏腹に，企業の外壁が低くなったり，透明性が高まったりしたという例を聞くことはあるが，外壁そのものが取り払われた例を筆者は知らない．田中氏の言う「公共空間」は国家から解放されたと言うよりは，ある意味，国家をも取り込んだ「市場空間」と言うべきであって，国家・市民・市場（企業）から距離を置いた「中間領域」などという生やさしい存在ではなく，むしろ，国家・市民・市場（企業）を含む全空間，すなわち，林氏の示した三角形すべてを「企業価値」が一元的に支配するモノトナスな世界の出現と考えるべきかも知れない．

小林氏は企業経営者でありながら，この田中氏とは異なり，企業の営利活動を，むしろ相対化した形で企業全体の社会的役割の中に位置づけている．小林氏の企業観は，「企業は社会の一員として，社会から預かったお金，人，土地（場）などさまざまな資産を活用して新たな価値を創造し，広く社会に役立っている」という主張，すなわち「企業は社会の公器である」という考え方に現れている．それ故，企業の目的は利潤追求だという考え方に対し，少なくとも，それは唯一の目的ではないと主張するのである．しかし，同時に，企業の社会的責任CSRについて言えば，「CSRの神髄は，あくまでもこれらの多様な価値，あるいは利害関係者のニーズへのバランスのとれた対

応であって，そのためには，経済的価値は不可欠であって，ましてや経済性より社会性を重視するということではない」と，釘を刺すことも忘れていない．また，一方で，戦後の日本企業が，本来，行政が提供すべき福祉のかなりの部分を肩代わりしてきた仕組みが，リストラクチュアリングの圧力にさらされ，変貌（解体）を余儀なくされているという条件の下，また，他方では，小さな政府が標榜されるなかで，従来の行政による公共サービスが次々と縮小されるという条件の下で，これからの企業が担いうる「公共」とは何かが問われていると指摘している．小林氏は，この新しい「公共」の担い手が誰であるかを明示的に示してはいないが，行政でないことだけは確かである．企業はその一翼を担うとしていることから考えて，NPOなど中間領域の組織と並んで企業を位置づけるか，あるいはそれを援助するものとして企業を措定していると考えるのが妥当のようである．

　企業が市民社会の一員であるという理解は，小林氏に限らず，かなり一般的なものになっていると思われる．しかしながら，企業は市民と同等な資格で市民社会のメンバーとなることはできない．理由の第1は，言うまでもなく，企業は自然人ではないことである．したがって，人格がなく，自ら意思決定する能力を持たない．制度としての法人格が与えられることによって，擬制的に自然人のように振る舞う形式を整えることはあり得るが，あくまでも，法形式の問題であって実態とは異なるという点である．企業を市民社会の一員とする考えは，それ自身意志を持たない人間の創造物に権利や責任を与えることになるが，意志を持たないものが権利を行使し，責任を果たすことは出来ないから，しかるべき人間が代行せざるを得ないことになる．これが代表権の意味である．そのような企業が市民と並んで権利行使の主体となることは1つの虚構である．第2に，企業は市民と同等どころか，その上に君臨し，市民を支配する1個の権力として振る舞っているという現実が存在することである．市民社会の熟度が低いとされるわが国にあっては，ことのほかこの企業権力が強大であり，市民社会より企業社会が優勢とさえ言えるのである．このような現実を等閑視したまま，市民と企業を市民社会の対等

なパートナーであると一面的に叙述することは，間違いであり，結果としての対応も方向違いになる可能性が大である[10]．

2. 間宮陽介氏の「公共性」論

　この間に出版された包括的な「公共性」研究に佐々木毅・金泰昌編による「公共哲学」シリーズ[11]がある．このシリーズへの参加者はかなりの数に上るし，公表されている成果も膨大である．したがって，現段階でその全貌を紹介することは筆者の手に余る作業となる．ここでは，さしあたって間宮陽介氏の議論[12]を紹介しつつ，経済学と経済にかかわる「公共性」論点を中心に取り上げるにとどめたい．それでも，議論は錯綜しかつ奥行きが深く，あくまでも，現時点での筆者の議論展開上必須と考えられる論点に限定されざるを得ないことをあらかじめお断りしておきたい．

　間宮陽介氏は上述のシリーズの中で，次のように述べている．
　経済学は私的領域の学として発展し，公共性についてはほとんど論じてこなかった．ただし，市場の内部と外部の関係，特に国家，政府が市場に対して持つ関係についてはアダム・スミス以来論じられてきた．ただ，市場内部のある意味での公共性は，いわゆる公共財の問題として論じられてきた．
　間宮氏は，最初にアダム・スミスを取り上げるが，その主旨は，新自由主義者が自説の正当性をアダム・スミスに求めていることの一面性を指摘することにある．まず，スミスの主張は重商主義的富（金銀）の批判であり，富は労働によって生産されるものであって，しかも，人々がそれを消費しなければ意味がない，と考えていたことが紹介される．スミスは，確かに「セルフ・インタレスト」と言ったが，それは自己の中で完結するものではなく，むしろ外側の世界と自分をつなぐ情動，感覚であるという．
　『国富論』の最後のほうで，スミスは国家・政府の役割について触れており，国家をかなり限定的に考えていることから，これが，いわゆる「小さな政府」論へとつながったと見ている．ただ，その場合でも『国富論』が書か

れた，18世紀という時期，したがって，階級的な対立がまだそれほど激しくない時期の著作であるということは見ておく必要がある．その後，リカードを経て，19世紀後半には新古典派へとつながっていく．いずれにしても，スミスの経済学を学ぶ場合，スミスが対峙していた時代がどのような時代であったか，その点の理解抜きに「都合の良い」言辞だけを恣意的に用いることの危険性を間宮氏は戒めていると言える．

ここで，間宮氏は，経済学で言うとメイントリームからははずれる，ドイツの歴史学派について触れる．フリードリッヒ・リストを先駆者とするこの学派は，社会，とりわけ経済の発展段階に即して経済政策を打ち出すべきであり，ドイツのような後進国にとっては保護主義が必要であるという主張になる．こうした考え方は，社会をすべて市場に委ねるのではなく，それがもたらす弊害については国家が上から社会政策として救済するという考え方につながっていく．これが，基本的には現代まで続いており，ドイツが市場経済に対して楽観一辺倒ではない理由になっているかもしれない，と言う．

だが，経済学の主流はやはり新古典派であり，ワルラス，ジェヴォンズ，メンガーがその代表である．ただ，間宮氏によると，彼らは純粋理論に凝り固まっていたのではなく，実践的素養も備えていたことが指摘される．たとえば，ワルラスの土地国有化論，ジェヴォンズの石炭問題などの主張にも注目する．その意味では，その後の，とりわけ第二次大戦後の新古典派は新自由主義としていっそう「純化」される．その最たるものが「合理的期待形成」学派の出現である．この学派自体は現実離れした理論ということで，今は見向きもされなくなった，と間宮氏は言う．そして，経済学は私的領域を中心に考える学問であり，私的領域の1つとしての「市場社会」を政府，国家という外部の領域と対立させ，この外部たる政府，国家が市場領域に介入してくることを避けよう，それは好ましくないと主張する．この背景には，市場は資源配分のうえで効率的であるという考え方がある．

この考え方をよしとする人は，「市場のことは市場に聞け」「株式市場のことは市場に聞け」と言う．要するに，市場に任せろということだが，そのよ

うな人も，株価が大きく落ち込むと，PKO（政府による株価維持政策）を実施せよと言ったりする．いかにも，ご都合主義な主張であると，氏は批判する．

次に，間宮氏は「公共財」に話題を移す．

市場社会の財というのは私的な財である．人間は合理的であるから，生産者であれば利益が一番大きくなるように，消費者であればユーティリティが一番大きくなるようにそれを処分し，結果として非常に望ましい状態をもたらすはずだという考え方に立っている．しかしながら，すべての財・サービスをこのやり方で供給できるかと言うと，そうではない．教育，医療などは市場に任せるのは好ましくない財（価値財）と考えられ，これらは政府や自治体が供給するようになった．これと類似の財が「公共財」である．

公共財（パブリック・グッズ）は社会的に非常に公共性が高い財という意味ではない．公共財は，1) 非競合性，2) 非排除性という性質をもった財である．

市場社会というものはパブリック・セクターを組み込まなければ成り立たないという考え方もある．ケインズがそうだ．市場社会というのは放っておけば資源の配分とか労働者の完全雇用を達成できるかというと，そうではない．市場が予定調和的な結果，とりわけ完全雇用を満たさないとすれば，政府が何らかの形で経済政策を行わなければならない．すると，パブリック・セクターはプライベート・セクターと一対になって，市場社会を作っていく．つまり，パブリック・セクターは市場経済の外部ではなくて，むしろ内部である，とケインズは考えた．

最後に，間宮氏はコモンズ，「資源の共同利用地」について説明する．間宮氏自身は，入会地や漁場と同じような意味でコモンズを考えており，したがって，市場経済とは異なる原理による人間の社会的関係としてこれを位置づけようとしているのだが，元々の「コモンズの悲劇」の主張者であるガレット・ハーディンに沿ってコモンズを説明しているために，かえって問題をややこしくしている面はあるが，市場経済一辺倒の経済学のあり方に警鐘を

3. アダム・スミスと公共性：久道義明氏の議論に寄せて

　経済学における「公共性」問題を論じる際，スミスの『国富論』や『道徳感情論』にまでさかのぼって検討することがしばしば行われる．既に紹介した文献においてもスミスを検討した論考が多数存在する[13]．以下では，久道義明氏によるスミス理解を紹介し，問題の基本点を押さえることとしたい（久道 [2009；2010]）．

　現在の国際関係にあっては，グローバル化の進展とともにいっそうの協調行動が必要とされるにもかかわらず，逆に自国本意のミーイズム的傾向が支配的であり，各国間の紛争の多くもそこに起因しているように思われる．ひるがえって国内の状況を見ても，自分本位の行動に走ることで社会的に好ましくない影響を与える個人主義的傾向が強まっているのではないか，と久道氏は見ている．とりわけ，経済分野にあっては，市場の調整機能に全幅の信頼を置き，できるだけ自由な競争によって自己利益の拡大に資することができる市場を中心とした社会的仕組みが最善であるという思想が前世紀末から主流となり，経済と経済学の領域を支配してきた．その際，スミス的「自由競争」が常に思想的根拠とされてきた経緯があったが，スミスの利己心と新自由主義者が言う利己心は，同じものと言えるのか，この点が久道氏の公共思想研究にきっかけを与えている．そして，スミスの言う利己心は，他者との関係を断ち切ったところに成立するものではなく，むしろ，フェア・プレイを前提とした互恵的な交換の場としての市場を支える協力的な社会，すなわち公共的な社会の構成要素としてこそ規定されるべきではないか，と問うのである．この問いに答えるべく，久道氏はスミスに当たることになる．

　スミス研究に具体的に着手する前に，久道氏はハーバーマスやアーレントを参照しながら公共性が歴史的にどのような概念として扱われてきたかを確認し，「個人が他者と関わりを持つ中で，何らかの動機や方法で相互に協力

することで生じる一般的利益」を公共性の集約的表現として採用する．このような「一般的利益」に到達するために，人々は自己の利益を放棄すべきなのだろうか，その場合，自己利益と一般的利益は二律背反的に捉えられていることになるが，スミスもそのように考えていたのだろうか，と久道氏は問うのである．久道氏は，これに対して，個人の自己利益に従った利己的な行動が，一見すると公共性に対立するように見えるものの，自己利益を長期的な視点から理性的に追求するならば，短期的な利益を得ようとする強欲な行動ではなく，むしろ他者との互恵的な関係を築き，協力することを選ぶようになる．自己の利益を大きくしようとする理性的な利己心は，無分別にすべてのものを手に入れようとする強欲さとは異なるのであると考え，この主張こそがスミスの主張なのではないかと言う．

　しかし，現実の人々の行動はスミス的な利己心による理性的な行動としては現れていない．その原因はどこにあるか，久道氏は，行動経済学あるいはゲームの理論による公共性研究によってこの課題を果たそうとする．久道氏は，最初に人間の本質が利己的であることを，生物学や動物行動学など社会科学以外の研究にも触れながら解明していく．そして，利己心と対立すると考えられている利他的行動も，結局は自己の利益につながるからこそ採用される行動であると考えるのが合理的であるという．それでは，なぜ人間は長期的な利害ではなく短期的な，それ故目先の利害にとらわれやすいのか．そこには，理性的な人間ではなく感情的な基準で行動選択しがちな人間の存在があるというのである．

　このような人間行動を端的に表現しているのが「囚人のジレンマ」モデルであり，そこでは，お互いに協力することができれば最大の利益が得られるにもかかわらず，相互に背信することによって，双方がこの利益から乖離した点で均衡する結果を招くことになる．こうした結果を避ける道は，基本的にゲーム参加者が繰り返し遭遇する機会を作ることで，将来を重視せざるを得ない行動を引き出すことであり，その結果として協調行動が可能となる，と久道氏は指摘している．そして，このような協調行動を導き得る人間は，

自分の行為の将来的帰結と得失を的確に予想できる優れた理性と理解力，そして将来のより大きな快楽のために現在の快楽を放棄し，苦痛を堪え忍ぶことのできる自己規制の能力という2つの資質，すなわち，スミスの「慎慮の徳」を備えていると考えられる，と結論している．久道氏は，協力より背信が優位な社会においても，相互に協力し合える個体が十分な頻度で出会えるコミュニティが形成できれば，協力的な社会構築は可能である，としている．

最後に，久道氏は，これまで見てきた「協力的な社会」，すなわち久道氏が規定する「公共的な社会」につながるケースとして，パットナムのソーシャル・キャピタル論を紹介し，協力的な社会は福祉や教育など生活面においても，また雇用や経済面においても良好なパフォーマンスを実現しているという，パットナムの議論を支持する．そして，こうした結果を導く基本的背景に，当該社会の構成メンバーたる市民が十分な「公共性」を備えているという条件があると指摘しており，逆に，この条件が欠けるが故にフリーライダーなどの背信行為が生まれる，という．新自由主義的な政策が短期的な利益を求める強欲を前提としている限り協力的な社会へとつながることはない．スミスが主張していたのは，市場経済の前提として他者への共感をもとにした胸中の公正な観察者の是認，すなわち公共性が必要であるということである，と久道氏は結論する．

ここから，久道氏は，従来の公共経済学が財の性質上市場では最適な形で供給できない財を公共財とし，これを国家公共によって供給するという論理を導き出したのに対し，市場それ自体が公共性を備えた市民による協力の場となることによって，協力的な「公共的社会」が実現されるという，国家を前提としない公共的な市場経済を導く論理，すなわち「新たな公共経済学」を提起するに至る．

以上，久道氏の「公共性」理解をその論旨に沿って要約紹介した．経済学分野においては，「公共経済学」における「公共財」理論を別とすると，「公共」あるいは「公共性」に関わる叙述が体系的に展開されることは従来ほとんどなかったと言って良い．既に見たように，「公共財」理論においても，

市場においては最適分配がなされないため，国家政府がその分配主体となることを要請されるという文脈の中で「公共財」が登場すると考えられており，いわば，「市場財」との対比の中で設定される形となっている．したがって，国家政府が民間とは異なる「公共性」を備えていることについては暗黙の合意があり，国家の公共性とは何かを追求する内在的動機は存在していない．

　しかし，近年，経済学においても公共性を取り扱う文献が多く見られるようになってきた．その取り上げ方は必ずしも統一的なものではないが，経済学における公共性を問題とせざるを得ない背景について探求する意味は大きい．久道氏の論考も出発点はそこにある．そもそも，なぜ，経済学において「公共性」が考察される機会が少なかったのか，という問題からして1つの考察対象であるが，それには恐らく次の点が大きく関わっているように思われる．社会科学一般において，市場（民間経済）と国家政府あるいは市民社会と国家政府という二項対立的図式が根強く存在し，「公共」は国家政府の側に引きつけられて理解されることが多かったという事情である．上述の公共財理論も，市場からはじき出される，特殊な財としての公共財が国家政府によって引き受けられるという構図からなっており，国家と市場という二項対立を前提とした議論であることは明瞭である．

　久道氏の主張は，このように従来の経済学において国家政府の側に引きつけられる形で理解される「公共」を市場の側に取り込む試みであり，きわめて斬新な発想に基づいている．市場は，「公共性」を備えた構成員によってこそ最もよくその機能を発揮し得るものであり，しかも，その結果として社会的生産性も最大限増大し得ると考えるのである．

　久道氏は，経済学の歴史を顧みることによって，経済における「公共性」という思想が，スミス以来の経済学が本来具備していたものであった点についても言及している．その意味では，経済学説的にも「公共性」が大きなテーマとなり得ることを示唆している．新自由主義的な経済学における経済主体は，自らの欲求に忠実で，その利己心を徹底して体現する存在であり，それ故，新自由主義全盛期においてはスミス的自由主義市場が理想としてもて

はやされてきた観があった．しかし，久道氏によれば，その理解は一面的に過ぎるし，多くの誤解を含んでいるという．スミスの考える利己心は，単なる強欲とは異なり，フェア・プレイのルールを心得た，すなわち「慎慮の徳」を備えたものであり，むしろ強欲を否定したところに成立するとされる．したがって，目先の利益にとらわれることなく，長期的な将来利益を見通すことのできる「慎慮の徳」が利己心の背骨たる位置にある，と久道氏は言う．この久道氏の議論は，近年強まっている自由主義的経済学批判の論調に照らすとき，大いに説得的である．

　久道氏の議論は，ここから国家による公的規制やNPOなど中間組織による，いわゆる新しい「公共」による社会規制に向かわない点にも特徴がある．すなわち，強欲による市場の攪乱を防ぐためには，結局，国家または政府による規制を再度要求することになるか，あるいは，国家的公共をよしとしない風潮のなかでは，国家と市場，あるいは政府と民間経済の間に中間的な「公共空間」を設定して，そこに「公共機能」を委ねるとする，いわゆる「新しい公共」理論を打ち出すことが一般的となっている．しかし，久道氏はこの「新しい公共」理論に対して，現在までのところ必ずしも積極的に言及していない．そうではなく，社会と市場の構成メンバーたる個人のもつ資質，すなわち「慎慮の徳」を兼ね備えた個人の出現こそが公共性ある社会の実現にとって不可欠な条件であると主張するのである．都留重人氏は「市場には心がない」と新自由主義を批判した（都留［2006］）．久道氏は「慎慮の徳」ある個人が「心ある人間」となることによって「市場に心がある」状態を実現できると主張するのである．そして，経済学は，このような意味の「心ある個人」が主体となる世界として描かれる必要があり，それこそが新しい「公共経済学」であると結論している．

　既に見てきたように，従来の「公共経済学」は市場の失敗からその論理を出発させるものである．したがって，市場の失敗が存在しなければ「公共経済学」も不用となる類いのものである．しかし，現実的には市場の失敗が常に存在しているので，「公共経済学」が必要とされるのであるが，市場経済

が基本的には有効であるという建て前が優先されるので,「公共経済学」はいつでも二義的に,いわば「裏番組」としてしか位置づけられてこなかったと言える.国家の経済活動と経済政策がことのほか大きな役割を果たしていた時代,ケインズ経済学が主流であった時代においてさえも,国家の経済活動は必要悪的存在であったのかもしれない.その意味では,経済学にとって,市場はどこまでもフレキシブルな機構であり,その柔軟度が維持されている限りは,他からの干渉を一切排除しようする傾向を持ち続けるのである.久道氏の議論は,こうした市場の柔軟度が最終的には市場の構成メンバーたる個人の資質によって規定されることを主張したことになる.しかし,その場合でも,経済学的に国家をいかなる存在として位置づけるのかという問題は依然として残っていると言うべきであろう.市場に心を取り戻し,市場自体が「公共性」を持ち得たとしても,なお国家・公共の問題が存在しているからである.

4. 新しい「公共」のゆくえ

民主党鳩山内閣の時代,新しい「公共」は政策スローガンの1つとなった.確かに,定着したとは評価できそうもないが,ともかくも,時の政府が「公共」を前面に掲げたという事実は注目に値する.そこで言われている新しい「公共」は,鳩山首相の所信表明によれば,「人と人が支え合い,役に立ち合う」こと,「これまで国や自治体が提供してきた教育や防犯,福祉などの公共サービスを,市民一人ひとりが力を出し合ってやりましょう」という考え方だと,説明されている.早い話が「お役所任せをやめましょう」ということであるが,これを,「新しい」公共と呼んで施策を具体化すべく,有識者による「円卓会議」を招集し議論することになった.この新しい「公共」の主体あるいは「受け皿」として期待されているのが,市民が社会貢献活動をするために組織するNPO法人である[14].

鳩山首相の提起する新しい「公共」が,自治体など行政がこれまで進めて

きた外部委託や民間委託の延長で理解される限りは，これを，ことさら「新しい」公共と呼ぶ理由は見あたらない．とりわけ，いわゆる「公益法人」として行政の別動部隊のごとく立ち回ってきた団体に従来の公共的業務を外部委託するということだけでは新しい「公共」にはつながりにくい．しばしば指摘されるように，主要な外部委託先が行政の外郭団体であり，これがまた官僚の天下り先となって行政不透明化の温床となってきたからである．それ故，現在進められている外部委託が「新しい」公共とされる所以は，外部委託される機関・組織がこうした団体ではなく，市民によるNPOだからである．してみると，NPO法人制度の整備と「新しい」公共に基づく政策作りは表裏一体のものであるということになろう[15]．

以上の指摘からも明らかなように，従来，行政によってもっぱら行われてきた「公共サービス」の提供が，次第に行政以外の組織や団体によって提供される事態が現実に進んできている．そして，こうした変化を指して，「新しい」公共と呼ぶことが増えている．しかも，政権党たる民主党に止まらず，野党勢力の側からも「新しい」公共が積極的に提起される現実があり，さながら「新しい」公共の大合唱とも言える状況が作り出されているのである．もちろん，主張者それぞれの強調点やニュアンスは微妙に異なっており，一律に論じることは出来ないかも知れない．ただ，少なくとも次の点は共通の認識となりつつあるように思われる．

第1に，従来，公共の担い手は政府・自治体など，いわゆる「公共団体」であるとされていたものが，「公共団体」以外の，たとえば，NPOなどの組織や団体も「公共」の担い手と考えられるようになったことである．これを国家・政府からの「公共」の「解放」と言うか，あるいは，国家・政府が「公共」を市民に「開放」すると言うかはともかくとして，国家・政府＝公共の担い手という一面的な図式は崩れつつある．かつて，筆者が「上的公共性」と呼んだものの解体過程が進んでいると考えられる（小坂［2005］136ページ，三橋・榊原編著［2006］参照）．

第2に，したがって，国家・政府が担ってきた「公共責務」を次に誰が担

うのか，という新しい担い手捜しが始まることになる．その際，ひたすら「公共責務」から逃れようとする国家・政府に代わって「公共責務」を引き受けてくれる受け皿が上述のNPOであると，陰に陽に強い期待がかけられることになる．「財政難」をかかえる国家・政府からすれば，NPOはきわめて都合の良い組織である．他方，この「公共責務」を自ら引き受けようとするNPOやその他の団体，とりわけその構成メンバーは，国家・政府が「公共責務」から撤退することによって生じる空隙を，何とか埋めようと必死なのである[16]．「行政の民間化」政策や「医療・福祉の営利化」政策の展開に呼応する形で，従来は原則として禁止されてきた営利法人が医療・福祉サービスの分野に積極的に参入してきた．介護保険制度の導入とともに，この分野に参入し，短期間の内に業績拡大を遂げたコムスンがその最たる例である．しかしながら，コムスンのように営利的動機を基礎とするものであれ，NPOであれ，福祉法人であれ，求められるサービスを供給する上で，その使命感と必死さにおいて区別があるべきではない[17]．ただ，NPOが現場に最も近い存在であり，それ故，サービス供給主体としてふさわしいと考えられる限り，国家・政府，そして市民もNPOを新しい「公共」サービスの担い手として位置づけようとするのである．

　第3に，結局，眼前で起きていることは，「公共責務」を国家・政府は手放そうということであり，NPOはこれを引き受けようということである．そして，国家・政府がもはや「公共責務」の担い手ではなくなった，少なくとも主要なそれではないとの認識の下，NPOを新しい「公共」の担い手であると言うのである．ここで，最も留意すべきことは，担い手が誰であれ，従来「公共責務」とされてきたことは内容に何らの変化もないという点である[18]．この点は，NPOとして，こうした「公共」サービスを提供しようとする側にとって特に重要であろう．供給主体が行政からNPOに移行するだけでは，「公共」サービス自体が新しくなることは基本的にはないのである．国家・政府等が供給するから「公共」サービスとなるのではなく，逆に，「公共」サービスを供給する主体として国民に期待されることで国家・政府

は「公共的」な存在となり得るのである．そのパフォーマンスがどれほど低かったにしろ，少なくとも，今まではそう考えられてきたのである．

したがって，論点は新しい「公共」の「新しさ」を云々することではなく，「新しい」公共とされたNPO等が従来「公共責務」とされてきた市民サービスを十分に提供できるかどうか，さらには，こうした分野から撤退を続けている国家・政府をこの分野に引き戻すことが出来るかどうかという点にあるのではないだろうか．端的に言うならば，NPOなどを新しい「公共」であると一面的に規定することによって，国家・政府あるいは自治体が「公共責務」を縮小・放棄する道を用意することのないよう留意しなければならないということである．NPOなどを新しい「公共」の担い手として位置づけている議論は，行政の民間化を目論む確信犯的論者を別とすれば，ほとんどは地域住民の利益や福祉を守ろうとする立場からのものである．筆者も，この間いくつかの論考で「公共性」とは何かについて論じてきたが，その際，地域住民の利益と福祉が最優先されるべきだという点を強調してきたつもりである．しかしながら，これまで議論されてきた新しい「公共」を，筆者が地域住民の立場から正当に位置づけてきたか，いささか曖昧な点があったように思われる[19]．国家・政府や自治体を「公共責務」の最終的担い手として機能させるべきだという点を強調しすぎることによって，新しい「公共」との関連を十分意識しない発言になっていたのではないかとの反省がある．とは言え，国家・政府の「公共」サービス一路後退論に対しては，あくまでも警鐘を鳴らし続けなければならないであろう．

自治体を国家の末端組織と考えると，自治体の権力的性格は明瞭であり，国家・自治体を一直線で捉えることに，そう違和感はない．しかし，地域住民の共同性を体現した組織としての自治体という側面を否定することは出来ない．筆者が，自治体の公共責務によって示そうとする自治体の役割はここに基礎をおいている．地方税は，その意味では住民の自発的意志に基づく地方政府費用の負担という性格を持ちうる．また，地方分権や地方自治が実質化するためにも，地方税がこの性格を持たなければならない．

注

1) このような状況を反映して,「公共性」問題を取り上げた文献・書籍は邦語に限ったとしても,相当数に及ぶ.個別分野まで立ち入ると,さらに膨大な対象に当たらなければならない.「公共性」問題がわが国においてどのように取り上げられているか,その概観を知る上で適当と思われる文献として,ここでは,山脇・押村［2010］,稲葉［2008］,山口ほか編［2003］,齋藤［2000］を挙げるにとどめておこう.

2) 1990年の新版を出すことになったきっかけについて,ハーバーマスは,再版を求める声が大きくなっていたという出版事情に加えて,「われわれの目の前で繰り広げられた中欧と東欧での〈遅ればせの革命〉が,公共圏の構造転換にアクチュアリティーをあたえたことである」と述べている（Harbermas［1990］,訳書iページ）.

3) 開かれた討議空間の意味を最もよく表している歴史的制度がギリシアのポリス社会にあったこと,とりわけ,アリーナこそがその場所であり空間であるとの考えから,ギリシア時代の古代民主主義制度まで遡って「公共性」や「公共圏」を議論することがしばしばある.福田歓一氏も「西欧思想史における公と私」を論じるにあたり,古典古代から説き起こしている（佐々木・金編［2001］所収）.片岡寛光氏はより徹底してプラトン,アリストテレスから「公共性」を論じることの必要性を強調している.しかも,老子,孔子など東洋思想からの示唆も積極的に論じることを忘れていない.したがって,本章における「公共性」研究は,対象とすべき領域のほんの一部を取り上げているに過ぎないことは言うまでもない.注1でも触れたように,「公共性」研究の奥行きは深く,また範囲は広大なのである（片岡［2002］）.

4) 本文でも確認しているように,本章は経済ないし経済学からの「公共性」の考察を課題としているとはいえ,そこで念頭に置いている経済学は,あくまでも主流の経済学,したがって,新古典派経済学のことであって,ケインズ派やマルクス派の経済学はさしあたり検討の対象としてはいない.新古典派以外の経済学にあって,「公共性」がどのように考えられているかについては,別途検討する機会をもちたい.理由は紙幅の問題もあるが,これらの経済学,特にマルクス派経済学における国家の捉え方は主流派経済学のそれとはまるで違うという点もある.従来,マルクス派経済学は,国家を階級国家と規定し,あくまでも階級支配の「道具」であるという理解に立って,国家と経済の関係を論じてきた.こうした国家論を基礎としているため,「公共性」という用語の使用についても,国家・公共というイデオロギー性ゆえに意識的に避けてきたという事情がある.「公共事業」「公共の福祉」によって語られる「公共」は「国家」の階級的性格を覆い隠す言辞であるという理解があったからである.その意味では,近年になって,「新しい」という形容詞がついたにしろ,「公共」がマルクス派経済学に属する研究者の間でも積極的に取り上げられている事情については検討の課題になろう.

後に見るように，経済学にあっては国家の出動が要請されるのは市場機能が有効に働かない場合，すなわち「市場の失敗」のケースにほぼ限定されている．この議論の致命的欠陥は，一方で市場機能が完全に働くことを前提に理論を組み立てていながら，他方で市場機能が働かない場合を想定していることにある．つまり，後者の「市場の失敗」を認めるということは，前者の前提が成り立っていないことを自ら認めることになるのである．これは矛盾である．理論的にこの矛盾からのがれるためには，「市場の失敗」は偶然の，例外的なケースであって，その他の圧倒的ケースは市場理論で説明が出来るという論法を用いることになる．

　しかし，現実に存在するものは否定しようがないのである．ここで，経済学が行うべきことは，「正常な市場」と「市場の失敗」が同時に存在することを確認し，その存在論理を構築することであろう．それは，経済や市場にとって「国家・政府」が例外的な存在ではなく，むしろ必然的な存在であることを説明することである．そうすれば，市場が求めるときだけ「国家・政府」が登場するような「ご都合主義的」解釈は生まれてこないと考える．

5）　新しい「公共」をこの意味で用いるとすれば，それは，むしろ「行政の民間化」という表現の方がふさわしい．かつての国鉄や電電公社など国有企業は行政部門と分離され，独立採算制を要求される存在となっていたが，独立採算の徹底化要求は「公企業」に対する民間化要求につながるものであった．このプロセスが徹底されれば，公社から株式会社へと移行し，株式の全面開放によって民営化（民間化）が完成することになる．「公企業」は私営企業と目的も存在意義も異なるが，とにかくも「企業組織」たることを求められる存在であった．そして，「公企業」が提供するサービスを国民（消費者）が購入するという建て前を貫いている限りは，市場財のアナロジーで説明はできよう．

　しかし，行政は，このような公企業と同じに扱える組織ではないにもかかわらず，ここに「民間化」を求めることは最初から相当な無理を重ねざるを得ないことは容易に予想できる．国家という強制力ある権力組織（地域自治体も本質的には中央国家と同じ存在である）が徴収する税金を，一般企業と同様に国家が提供するサービスの対価と考える理論は，税金の社会的意味をまったく解さない空論である．少なくとも，国民に対するサービスの有無にかかわらず税金は「徴収」されるのであり，サービスを受けてから支払っているのではないことは真実を見る目があれば，誰にでも分かることである．また，逆に，今日，多くの国民が，政府による公共事業などのあり方に対して批判を行い，税の無駄遣いを止め，国民の求める支出に振り向けるよう要求することが多くなっている．もし，市場と同じ原理でサービス供給が行われているのであれば，国民が必要ないと考えるサービスの購入を控えれば問題は解決するはずである．しかし，実際には，国民の要求とは関係なく無駄なサービス供給は続くのであり，その財源を確保するために増税が行われることもあるのである．はなはだしくは，将来の税収を当てに国債や地方債が発行されることにもなる．もちろん，法治国家である以上，議会等

における手続きを踏むことが必要ではあるが．

　行政と財政の不合理性を改めるべきだという国民要求を逆手に取るように進められてきたのが，1990年代後半に本格化してきた「行政改革」である．「行政改革」そのものは，国家の危機管理体制のあり方なども含め，戦後日本の行財政全般に関わるものであるが，さしあたり，行政分野においては，「民間優先原則＝民間に出来るものは民間に任せるという原則」のもと，ひたすら行政を民間化する政策展開となって現れてきた．その結果，教育，文化，医療，福祉など，従来自治体行政が担うことが当然と考えられてきた分野においても，外部委託が拡大してきた．これらが結果として住民福祉を充実するものかどうか，その事前の分析や経過の検証も行われないまま，「行政の民間化」が当たり前のこととして語られる事態がなお進行中である（「行政の民間化」の問題点については，自治体問題研究所編［1998］，三橋・榊原編著［2006］参照）．

6)　現状において，経済ないし経済学の分野で「公共性」がどのように考えられているかを整理するのは，そう容易いわけではない．したがって，この作業自体，今少し時間が必要であるが，そうした中で，「日本経済新聞」の論調は，さしあたり主流派経済学を基本とした「公共性」理解を最もよく表しているものと考え，最初の検討対象とした．

7)　1980年代までは，マルクス派経済学の中で，この議論が活発に行われていた．筆者も大学院生の頃，原田三郎教授を中心に開催されていた研究会でこの問題について盛んに議論したことを記憶している（原田編［1975］参照）．また，近年では，村岡俊三氏が資本主義とグローバリゼーションの関わりでこの問題を論じており，そこでは，資本主義における国家の役割を改めて考えさせられる興味深い論点が提示されている．本稿との関わりでは，「私は，近代国家は，労働力の商品化を背後で支えるべく，本来的には公共のものというべき土地をも私有財産として公認することを主たる任務として登場する権力機構である（＝ブルジョア社会の国家の形態での総括）とした上で，国民経済は，「世界貿易」の基礎上に，この「総括」の論理が現実に貫徹した地域とみることができると述べた」（村岡［2010］59ページ），としている点が注目される．いずれにしろ，村岡氏の主張を含め，マルクス派経済学における国家の位置づけについては，「公共」の位置づけとともに，別途検討の機会が必要である．

8)　公共財あるいは公共経済学についての文献は多い．さしあたり，井堀［1996；1998］，奥野［1996］を挙げておく．

9)　宮本憲一氏の『社会資本論』は，国家・政府，自治体等が供給する財・サービスの性格を考慮する際には必ず通らなければならない，いわば「基本文献」の代表である．筆者も，第三セクターの供給する財の性質，すなわち「混合財」を検討する際に氏の著書を改めて検討した．第3章において，山田良治氏の議論を検討するなかで，改めて宮本「社会資本論」について考えてみたい．

10)　自然人の集合体である企業やその他の組織自体に，法形式であれ「人格」を認

めることがしばしば行われている．しかし，そのことによっては，形式的な「人格」が自然人と同等の意思決定能力を持つことにならないのは当然である．まして，形式的な「人格」が自然人の意思を左右するなどということは，いやしくも個人の自由をもっとも尊重する社会においては，あってはならないことである．

11) 佐々木毅・金泰昌編による「公共哲学」シリーズ第 1 期全 10 巻，東京大学出版会，2001-02 年．第 1 巻『公と私の思想史』，第 2 巻『公と私の社会科学』，第 3 巻『日本における公と私』，第 4 巻『欧米における公と私』，第 5 巻『国家と人間と公共性』，第 6 巻『経済からみた公私問題』，第 7 巻『中間集団が開く公共性』，第 8 巻『科学技術と公共性』，第 9 巻『地球環境と公共性』，第 10 巻『21 世紀公共哲学の地平』．

12) 間宮氏の主張内容の紹介に当たっては，上述の「公共哲学」シリーズの第 2 巻『公と私の社会科学』掲載の氏による報告「経済学の観点から見た公私問題」を素材としている．この論考が経済学分野で公共がどう考えられているかをよく示していると考えたからである．しかしながら，氏の公共性それ自体に対する考え方については，内橋克人氏との対談の中で述べられている「公共空間論」のほうが理解しやすいかも知れない（間宮［1997］）．

13) たとえば，日本大学商学部の「横断研究プロジェクト『公と私をめぐる企業・経済・社会に関する統合的研究』」に基づく第 1 回「公と私」研究会（2009 年 5 月 21 日）において，桜井徹氏が，「公と私の関係をめぐる論点―アダム・スミスを評価基準として―」と題して報告している．また，山崎・多田編［2006］第 2 章において，山崎怜氏が「アダム・スミスと地域公共性」について論じている．

14) 「毎日新聞」2010 年 4 月 27 日参照．

15) NPO をめぐる文献については，実務的なものを含め相当数に上っている．ここでは，本章のテーマと関わる，新しい「公共」を俎上に載せている文献から，田渕［2009］，後［2009］，松下［2002］を挙げておきたい．

16) 中嶋信氏は，「政府はことさらに『公共』（公共サービスおよび公共的サービス）は可能な限り『民』が担うべきだ，『新しい公共空間』が肝要だと述べて，公共領域から撤退を進めています．この結果，格差を是正して弱者を支援するしくみは空洞化しつつあります」．あるいは，「政府の撤退によって公共領域が痩せ細っている現実に対して，他の関係者たちが別の進路を提案すべきですし，現に地域で自主的な取り組みが進んでいます」，と述べ，自著のタイトルを「新しい」をつけて『新しい「公共」をつくる』としたのは，この「公共」の再設計は新しい担い手によるべきだと考えたからだとしている（中嶋［2007］1-3 ページ参照）．

他方，山崎怜・多田憲一郎編『新しい公共性と地域の再編』において，編者は，新自由主義の本質が，政府の担う「公共性」の軽視という点にあるとした上で，「市場領域」と「非市場領域」の接合部分を政府の媒介機能で調節することにより，システムをトータルとして機能させることが，自分たちの提示したいパラダイムであるという．そして，この調整のルールまたは枠組みが，自分たちが考える

「公共性」の本質であり，これが「新しい公共性」であるというのである．さらに，この「新しい公共性」では，「市場領域」と「非市場領域」が接合される「場」，生活空間である「地域」の意義が強調されることになる．また，従来の「公共性」は政府が独占してきたが，「新しい公共性」論はそれを否定する．それを担う主体は NPO などの住民組織である．また，そこでは，自治体がすべての公共サービスを供給するのではなく，むしろ公共サービスの「コーディネート機能」が重要となる，と指摘している（山崎・多田編［2006］i-iv ページ参照）．

　ここで取り上げた，中嶋氏や山崎・多田氏らの研究とはスタンスが異なるが，「地域と公共性」の問題を共同体から説き起こしている田中重好氏の研究にも注目する必要がある．ただし，本章では「新しい」公共を経済学ないし経済分野ではどのように議論されているか，という視角から取り上げることとしたので，田中氏の論考については十分検討していない．稿を改めて，取り上げる機会を持ちたいと考えている（田中［2010］参照）．

17) 介護保険制度の成立と介護保険市場の民間開放の問題は，本章で考察している新しい「公共」のもっとも本質的な側面を示しているかもしれない．経済的利益の最大化とそれを保証する経済効率の極大化が最優先される社会にあって，この理念と最も鋭く抵触する存在，すなわち，社会的に見て，一方的に費用がかかる存在でありながら，他方では持続的に生産に寄与しないとみなされる階層の存在は許容されにくいからである．

18) 筆者は，公益事業の事業主体について次のように述べたことがある．「電気事業に限らず，人々の生活において『必需品』と言われる財やサービスを供給する事業者がどのような企業形態や機関の形をとるか，その国の歴史やおかれた客観的条件によってさまざまな形があり得るであろう．筆者は，そうした機関が，公企業，公益企業，民間企業あるいは第三セクターというような形態をとりうる可能性を否定するものではないし，どれか特定の形態をとらなければならないことを主張するものでもない．そうではなく，どのような形態をとろうとも，その機関が持たなければならない本質的な機能を問題としているのである」（小坂［2005］203 ページ）．つまり，ここで筆者が言っているのは，公益事業と言われる分野において重要なのは供給主体のあり方ではなく，当該事業の担うべき財・サービスがいかに供給されるかという点である．したがって，この種のサービス（従来の「公共サービス」も，まさに当てはまるのだが）が，ユニバーサル・サービスとして供給される仕組みが重要であるということである．歴史的には，その供給主体として自治体など行政が認知されてきたのは，自治体等がその責務を最もよく果たし得る，という共通理解があったからに他ならない．なお，ユニバーサル・サービスの内容については，小坂［2005］第 6 章，および結を参照のこと．

19) 小坂［2009］参照．この論考は，公益事業学会北海道東北部会 2008 年度大会において，「公益事業と公共性」題して開催されたシンポジウムの報告と討論を取り上げ，筆者のコメントを加えたものである．

第2章
共同体・国家および公共性
―政治経済学・経済史学会からみる公共性―

　「公共性」問題がさまざまな学会において多様な角度から論じられている事情については，既に何度か述べてきた．ただ，その場合でも，中心的分野は哲学，政治学，法律学，社会学分野における議論であって，経済学分野にあっては必ずしも活発であったとは言えない．その理由は，1つには，経済学における「公共性」問題は「公共経済学」という専門分野が存在し，とりあえずは「公共性」を経済理論的に考察するツールを持っていたこと，今ひとつには，実践的・政策的には「公益事業論」という専門分野が以前から展開されてきたことと関連していたからかもしれない．もっとも，そこにおける「公共性」論議が絶えず検証され，他の専門領域における研究成果等と突き合わされてきたかといえば，それは極めて限定的であったことを筆者は反省を込めて指摘してきたところである．

　その意味では，こうした経済学関連分野における「公共性」論議が，上述の哲学，政治学等における議論とかみ合っていたとは言えない．そもそも，かみ合わせようとした相互交流の痕跡すら十分にたどれないのが実情である．以下，紹介するのは「政治経済学・経済史学会」における「公共性」をめぐる議論である．「公共経済学」や「公益事業論」とは異なり，「公共性」を本来的テーマとしているとは必ずしも言えない経済学分野で，系統的に大会や研究会の共通論題として「公共性」を取り上げてきた意味を考察すること，そして，そこで展開された「公共性」論が一般に行われている「公共性」論とかみ合ったものとなっているかどうか，また翻っては，「公共性」についての新しい視座や問題提起がなされていないかどうか，大いに興味がそそら

れる点である．後に見るように，同学会における公共性把握は学会として必ずしも統一されたものではない．しかし，筆者の見るところ，その基盤に「共同体」論が一貫して流れているように見受けられる．しかしながら，他方では，行論のうちに明らかになるように，「社会国家」や「福祉国家」における社会経済過程への政策的介入に重きを置く理解が大きなウェイトを占めているように思われる．いずれにしても，「公共性」をひとつの学会の中で統一的に議論することの難しさを改めて感じさせる事例でもある．こうした点も踏まえた上で，以下，同学会における「公共性」議論を時系列的に追いかける作業から開始したい．

1. 共通論題からみる「公共性」把握（概観）

これまで「政治経済学・経済史学会」において，「公共性」と関連づけが可能と思われるテーマを共通論題とする大会や研究会が，2006年度以降，積極的に開催されてきた．2007年度秋季学術大会の趣旨説明に当たった田代洋一氏によれば，2007年度は，それまでの2つの課題を継承した．すなわち，第1に，今期（2006-08年度）の<u>ゆるやかな通底テーマとしての公共性</u>であり，第2に，昨年度の春季総合研究会の大塚久雄『共同体の基礎理論』の読み直しと，秋季学術大会の格差拡大社会というテーマであるという．その際，田代氏は，<u>「公共性」「共同体」「格差社会」という用語間には共通の問題意識がある</u>と考えている（下線は筆者による．以下同じ）．以下，2006年度以降のテーマおよび共通論題報告を列挙するならば次のとおりである．

 2006年度　秋季学術大会「大塚久雄『共同体の基礎理論』の読み直し」
       「格差拡大社会――史的接近と現状分析」
  報告1　福澤直樹「ドイツにおける社会国家の途――第2帝政期から現代に至るまでの歴史的経験」
  報告2　加瀬和俊「現代日本における失業対策の圧縮とその歴史的背景」
  報告3　瀬戸岡紘「グローバル経済化の格差拡大とアメリカの現状」

第 2 章　共同体・国家および公共性　　　45

　報告 4　後藤道夫「現代日本の格差拡大とワーキング・プア」
　コメント 1　吉田義明「格差拡大と世代再生産の危機について」
　コメント 2　西川純子「キリンの逆襲」
2007 年度　秋季学術大会「地域再編過程における協同と公共性」
　趣旨説明　田代洋一
　報告 1　橋口卓也「農業・農村政策の動向と地域対応――わが国の条件不利地域を主に」
　報告 2　松本武祝「韓国における農業水利組織の改編過程――公共性と協同の相克」
　報告 3　市田知子「EU 農村地域振興の展開と地域――ドイツの LEADER プログラムを中心に」
　報告 4　田中夏子「イタリア地域社会における公共性の創出と課題――社会的協同組合を軸として」
　コメント 1　福士正博「市民的公共性と社会的経済」
　コメント 2　永江雅和「協同（共同）と公共性をとりむすぶもの」
2008 年度　春季総合研究会「自由と公共性―介入的自由主義とその思想的起点」
　問題提起　小野塚知二「介入的自由主義の時代―自由と公共性の共存・相克をめぐって」
　報告 1　廣田明「社会的連帯と自由―フランスにおける福祉国家原理の成立」
　報告 2　高田実「ニュー・リベラリズムにおける「社会的なるもの」」
　報告 3　田中拓道「社会的包摂と自由の系譜――フランスとイギリス」
　コメント 1　古内博行「農業分野への介入・保護とその性質変化」
　コメント 2　名和田是彦「現代日本のコミュニティ政策から見た「公共」問題」
　コメント 3　秋元英一「スーパーキャピタリズムとアメリカの消費者」
　　この研究会の内容を紹介出版した，小野塚知二編著『自由と公共性―介入的自由主義とその思想的起点』日本経済評論社，2009 年には，以上の 3 報告，3 コメントの他に，島崎美代子「21 世紀発展構想・ビジョンと"共生・公共性"」および深貝保則「ウェルフェア，社会的正義，および有機的ヴィジョン―ブリテン福祉国家の成立前後における概念の多元的諸相」の 2 論文が収められている．なお，筆者もこの研究会議論経過の紹介に当たっては，この著書に依拠している．
2008 年度　秋季学術大会「現代化過程における日本の雇用―企業と「公共性」

　　　　　　一」
　　問題提起　沼尻晃伸
　　報告1　兎宗杭「日本の労働者にとっての会社――身分と保障を中心に」
　　報告2　市原博「職務能力開発と身分制度」
　　報告3　榎一江「女性労働者と企業――郡是製糸の教育を中心に」
　　コメント1　清水克洋（フランス経済史の視点から）
　　コメント2　谷口明丈（アメリカ経済史の視点から）
　　コメント3　武田晴人（日本経済史の視点から）
2009年度　秋季学術大会共通論題「1930年代における経済政策思想の転換」
2010年度　秋季学術大会「都市の公共性―主体・政策・規範―」
　　趣旨説明　福士正博
　　報告1　森宜人「「社会都市」における失業保険の展開――第二帝政期ドイツを事例として」
　　報告2　馬場哲「「生存配慮」と「社会政策的都市政策」――19世紀末～20世紀初頭ドイツの都市公共交通を素材として」
　　報告3　今井貴子「統合と自律をめぐる相克――イギリスの社会的企業の経験から」
　　報告4　福士正博「都市という「世界」――社会的質と社会的プレカリティ概念を中心として」
　　コメント1　和田清美「「都市の公共性」への都市社会学的問題提起」
　　コメント2　大門正克「原点に戻る―現状と歴史の対話を深めること」
2011年度　春季総合研究会「都市の公共と非公共―20世紀のアジア都市を手掛かりに―」
　　1　福士由紀「近代上海における衛生問題」
　　2　谷本雅之「東京における中小商工業者の動向」
　　3　加藤千香子「1970年代の川崎における在日コミュニティとスラム」

　以上の報告タイトルからも窺えるように，「政治経済学・経済史学会」における「公共性」議論は歴史と現状全般を対象としており，扱われる題材は極めて広範囲である．それ故というべきか，そこで展開される議論は，「公共性」について必ずしも統一的な理解のもとでなされているようには思われない．2007年度の大会で田代洋一氏が行ったような「公共性」について一

定の方向づけに基づく理解がある一方，社会国家ないし福祉国家に傾斜した理解もあるし，さらには経済史的な「共同体」をベースにした理解があるといった具合である．もちろん，これが「公共性」であると，一義的に確定し切れていない現状にあって，さまざまな角度から「公共性」が議論されること自体は好ましいことであるし，最終的に「公共性」概念が1つに収斂することはないであろう．しかし，その場合でも，その時点で到達しうる一定の基準や統一的理解を前提に議論をかみ合わせる努力は必要であろう．そうでなければ，各論者の言いっぱなしになる恐れがあるし，聞く側での解釈次第ということになりかねない．

とはいえ，この基準作りはそう容易くない．筆者は，現状においては，ハーバーマス流の「公共性」理解をベースにした山口定氏の整理と佐々木毅・金泰昌氏らによる「公共哲学シリーズ」研究を最低限踏まえた上で，とりあえずの「ものさし」を設定するのが望ましいと考えている（小坂［2005］参照）．以下の議論整理も，当然，そうした「ものさし」を適用することなしにはできない仕事である．したがって，本章の整理も，こうした「ものさし」の影響，それ故，一定のバイアスを受けざるを得ないことは，あらかじめ断っておかなければならない．

「政治経済学・経済史学会」における議論すべてを網羅的に紹介することはできないので，それぞれの年次の共通論題にそって，最も特徴を現していると思われる主張を紹介しながら，同学会における「公共性」議論の概略を示すことにしよう．

2. 2007年度秋季学術大会「地域再編過程における協同と公共性」

2006年度の共通論題である「格差拡大社会」にかかわる議論は，それ自体重要な論点であり，筆者の考えるマイノリティ視角からの「公共性」問題にとっては不可欠な論点である．しかし，この大会で行われた4つの報告は格差問題を様々な角度から論じてはいるが，「公共性」との関連は積極的に

述べられていない．というより，「公共性」とは何かについての論者間の確認がなされていないまま議論が進んでいる．

　2008年度の共通論題「現代化過程における日本の雇用―企業と「公共性」―」に関する問題提起を行った沼尻晃伸氏によれば，2006年度の報告についていうと，歴史分析に関するものは国家による失業対策に注目したものであり，また，現状分析は非正規雇用の拡大に伴うワーキング・プアの増加をとりあげたものである，としか言及がない（沼尻［2009］1ページ）．管見の限りでは，この大会の共通論題報告者の中で，公共性に言及しているのは福澤氏である．福澤氏によると，今日の経済社会における社会保障は，狭くは個人的ないし個別的性格の強い限定的なものから，広くは国民的な，さらには超国民的な連帯の枠組みが，種々の階梯，次元において形成され，それらが相互に接しあい，あるいは重なり合いつつ機能しているということができる．歴史的に旧い段階においては<u>連帯の枠組み（ないしそれぞれの公共性の空間）</u>は狭く往々にして脆弱なものであったが，国民的機構を欠く中ではそれが唯一の生活保障の枠組みであり，……この限界が明らかになる中で，国家的社会保障制度が何らかのかたちで形成されてくるようになった．ドイツの場合，1880年代に導入された労働者保険制度などがその例……とされてきた，という．「連帯の枠組み」＝「公共性の空間」ということのようであるが，他の報告者とかみ合った議論にはなっていないようである．

　その点，2007年度の大会（共通論題「地域再編過程における協同と公共性」）においては，田代洋一氏が趣旨説明を行っているし，共通論題のタイトルが「協同と公共性」を含んでいるので，意図が明確である．田代氏自身は，「公共性」「共同体」「格差社会」の間には何らかの共通要素があると考えているようであるが，その共通性が何であるか，今少し積極的に論じてほしかったところである．共同体の論理が公共性の論理といかに結びついているのか，基本的な筋道や枠組みだけでも提示する必要があったのではなかろうか．確かに，2007年度の田代氏の趣旨説明では，<u>「協同」は「何らかの経済事業体の構築を通じて共通するニーズを集団的に追求すること」</u>とし，ま

た「公共性」は,「共通する関心事について関係する全ての人びとに公開された討議を通じて了解された目的に向かうこと」あるいは「そのような公開された討議の場（公共空間）」と定義する,とされている．そして,地域の立て直し・再生には,政策や自治体,企業（営利・非営利企業,協同組合）等の様々な主体の取り組みが欠かせない．そのような取り組みは,今日では公開・討議・了解という公共性を担保せずには成り立たない．それゆえ,国家・政府のサイドもまた市民社会に公共性を要求し,それを取り込むことで体制への社会的統合を追求しようとする．現実の公共性は客観的にはこのような「公共性」の奪い合いのなかにある（田代［2008］1ページ），と説明している．

　この説明の限りでは,田代氏の「公共性」理解は,ハーバーマスによって提起され,日本の多数の研究者によって紹介されている「公共性」理解に基本的には依拠していることが分かる．問題は,この田代氏の「公共性」理解が報告者間においてどのように了解されているかという点である．以下,この点を確認してみよう．

　第1報告者の橋口氏は「公共性」を,中山間地域を中心とした条件不利地域における地域再生活動のメンバーが,農業者という枠組みを越え,多様な家業,職業からなる住民が広範に参加している点にみいだしている．つまり,従来の農村共同体が前提としている共同体メンバーが農業者以外のメンバーにも開かれているという点に着目した報告といえる．また,こうした分析を行うに当たって,2007年ごろから急速に進められてきた総務省による「コミュニティ研究」や農水省による「農村におけるソーシャル・キャピタル論研究」を批判的に吟味すること,そして,そこで「新たな公共」の受け皿として期待されている地域の基礎組織である集落,共同体,コミュニティ,地縁組織を農村の側から見直してみるという問題意識が存在することが窺える．

　第2報告者の松本氏は,ハーバーマスの「市民的公共性」との対比で,「ファシズム的」あるいは「植民地的」公共性という分析枠組みに着目し,「公共圏」構成員に合意形成をもたらす言説の効果を「公共性」として捉え,

しかも，「不本意」「消極的」な合意にいたる言説の効果にこそ「公共性」の設定の意味があると考えている．この問題を具体的に考察する舞台が韓国における農業水利組織である．しかし，現時点では，この舞台の推移を内在的に紹介できるまでに内容を筆者として消化できていないので，ここでは上記の松本氏の問題意識のみに言及するにとどめざるを得ない．

　第3報告者の市田氏は，ドイツを事例として，地域振興策としての雇用機会創出の取り組みについて論じたものである．具体的にはEU地域振興政策の1つであるLEADER「農村経済発展の行動連携」プログラムを取り上げている．このプログラムは農村地域に多様な所得獲得手段を創出し，人口流出を防ぐことがその目的とされている．その際，地域住民自らがプログラムの設計段階から参加する，ボトムアップ的手法がとられている点が従来と異なるとされる．

　第4報告者の田中氏は，イタリアを事例として，「市場の論理」への「対抗性」を有する社会的協同組合に注目し，社会的協同組合コンソーシアムによる雇用の「質」確保の取り組みを，新自由主義的な機能を相対化する試みとして位置づけるという内容である．この報告は，社会的協同組合を基軸として地域社会における「公共性」を考察するものであり，共通論題の核心に触れるものと考えられる．田中氏の問題意識について簡単に触れておくことが肝要であろう．

　EU統合の流れは，グローバリゼーション下での競争力向上を目指したものであるが，それにもかかわらず，ヨーロッパは，これまで築きあげてきた社会的なるもの（労働者保護等の社会政策の展開をはじめ，「社会的排除」との全般的闘いを含む）の堅持・発展をも追求してきたといえよう．イタリアにおける，協同組合をはじめとした，いわゆる「社会的経済」もこうした「社会的なるもの」の一つであるが，グローバリゼーションが進行していく中にあっても，それらが堅持されてきたのはなぜか，というのが田中氏の問題意識である．そして，田中氏の「公共性」定義は，親密圏において醸成される共同体的な社会関係（コミュニティ）を土台としつつ，それらがより広

範な領域の社会的諸資源との結びつき（アソシエーション）へと発展した結果創出される協同的な社会関係及びそのネットワークによって与えられる．アソシエーティヴな社会関係が，国家と市場に介入し，影響力を行使し，従来の行政との関係，市場との関係に一定の再構成をもたらす社会的広がり，というものである．

　以上の4報告に対するコメントが福士，永江両氏によって行われている．最初の2報告について，永江氏は，1）地域農業において何をどこまで守ることに公共性が認められるのか（つまり公的資金の投入が正当化されるのか）．2）直接支払いの実施という公的関与の強化に対応して，地域の独自の試み・活動である「協同」にどの程度の「裁量」が認められるか，という論点からコメントしている．後の2報告に対しては福士氏がコメントする．ここでは，田中報告に対するコメントの要点を紹介しておく．公共性の議論はこれまで，ハーバーマスのコミュニケーション行為を通じた討議的，熟議的民主主義論を巡って行われてきたが，社会経済論との関係は必ずしも明らかにされてこなかった．田中氏は，イタリアの社会的協同組合は，市民が主体となって結成するアソシエーション（非制度的公共性），市場の論理に応じる経済事業体―市場の新しいルールの提示と実践，公共的事業の担い手（制度的公共性）という3つの局面を持つというが，特に重要なのは，「地域社会に多様な働きかけ（障害という異文化理解，共生や社会的公正の発信等）によってはかろうとする市場の論理を再規制する」社会的協同組合の役割である．問題は，そのような生活圏域から発信される公共性感覚が，「生活世界の植民地化」（ハーバーマス）をどこまで乗り越えられるのかという点であると指摘している．また，社会的弱者を労働市場へ送り込む積極的労働政策ではなく，「その人にあった発達と参加の，固有の在り方を重視した労働市場の再構築」という発想の意義についても触れられている．

3. 2008年度春季総合研究会「自由と公共性―介入的自由主義とその思想的起点―」

　最初に，小野塚知二氏が「自由と公共性」についての問題提起を行っている．その要点は次のとおりである．

　公共性についてはこれまで多くの場合，その内包に即して，公的性格，共同的（利害共有の）性格，および開放的性格が論じられてきた．しかし，<u>公共性の意味が，自由な市民諸個人の間に成り立つ何かであれ，あるいは，より濃厚な秩序のもとへ編成された状態であれ，それは関係性や組織性の概念であって，自由との緊張や調和という問題は公共性の裏に，あるいは外側に，常に存在してきた</u>．殊に近現代のヨーロッパでは，個人の私的領域を国家や団体の制約から解放するという原則が確認され，個人の意思自治や行為の自由，あるいは自己決定・自己責任という規範が，実態を完全に規定していたとはいえないとしても，少なくとも法や諸制度の基盤には定着していたから，<u>公共性と自由との緊張・調和という問題は，少なくともある時期には露呈していた．近代（19世紀的な公序）から現代（20世紀的な公序），あるいは古典的自由主義から介入的自由主義への転換の時期がそれに当たる</u>．……この転換の際に，いかなる秩序を創り出すために，介入・誘導・統制がどのように正当化されたのかという問い，……言い換えるならば20世紀的な公序の形成を自由に注目して思想史的に解明しようというのが狙いである．

　小野塚氏のいう「介入的自由主義」とは何であろうか．氏によると，それは，当該期において，組織化・介入・誘導・規制を正当化し，またその事例に表現された思想である．それは介入を積極的かつ普遍的に導入しようとする点で古典的自由主義と異なり，個人の自由，市場の機能，私有財産制を是とする点で社会主義と異なる．思想史上，「新自由主義」と呼ばれる潮流には2つある．1つは世紀転換期イギリスで唱えられた新自由主義（new liberalism）であり，もう1つは，戦間期に登場し，展開してきたハイエクやフ

リードマンの新自由主義（neo liberalism）である．小野塚氏が直接かつ主要に取り上げているのは，もちろん前者であるが，この系譜に位置づけられるのは，イギリスの思想だけではなく，フランスの「社会連帯」思想であり，ドイツにおける「ドイツ社会政策学会」や「新歴史学派」の思想であり，これらは同様の内実を有していたとする．したがって，「介入的自由主義」とは，このような世紀転換期の社会保障制度の背後に作用した政策思想だけでなく，福祉国家やウェルフェア・キャピタリズムを支えた思想や，ケインズ主義，ニューディールなども包含する概念と考えられる，という．

　こうした介入の目的について，小野塚氏は次のように説明する．古典的自由主義においてなら，人は自力で困窮や予期せざる災厄に備えなくてはならない．将来のリスクに対する蓄えであり，私保険である．さらに，共済・互助組織や労働組合の共済機能は，こうした個人的自助の集団版として，あるいは仲間内（society）の私保険として容認され，また奨励されもした．こうした自助で，人々が生を全うし，欲求を充足し，幸福を追求できるのであれば，介入は「自由主義」の枠内においては，正当化されないに違いない．介入的自由主義が登場するためには，個人的であれ集団的であれ自助が不可能な者が多数存在することが発見されなければならなかった．さらに，介入的自由主義の人間観について，それは，「弱く劣っていて，失敗する個人」の発見であり，自由や権利が与えられていても，それに基づいて自己の欲求を満たし，自己の幸福を実現することが十全にまた安定的にはできない個人が，例外的にではなく多数存在することが知られるようになったことから，古典的自由主義が想定してきた経済人（homo oeconomicus）あるいは近代的人間類型とはまったく異なる人間像である，と述べている．つまり，欲求や幸不幸の基準が単純に自己の内発的な要因のみで決定されるという人間観から，欲求や幸不幸の基準の社会的要因を考慮するようになった人間観への変化であり，それゆえに安定的な幸福は社会的に維持しうると考えらえるようになったことを反映している．そこでは，「個人の/目先の利益」とは区別された「共同の/迂回的な利益」が各人の幸不幸や快苦のあり方に影響していると考

えられるようになったのである、と.

ところで、ここでいわれている「弱く劣っていて、失敗する個人」は、近代においても「女性や子供」がその対象として位置づけられていたものであるが、現代にあっては、その範囲が成人男性の間にも広げられている．その結果、現代の成人男性は「自由な主体」のまま、弱くなった存在と見なされるようになったし、20世紀前半に急展開した男女同権化において成人女性は弱く劣った存在のまま「自由な主体」となった．

小野塚氏は、最後にネオ・リベラリズムと介入的自由主義との関連について次のように言及している．

近代の市場社会が市場のみによって万全に調整されたわけでなく、地域社会、家、企業や職業世界に成立するさまざまな共同性によって支えられ担保されてきたことはよく知られている．介入的自由主義はこうした隠し資産の機能が市場社会に発生するさまざまな失敗を担保するには不十分な機能しか果たしていないことが判明した19世紀末以降に登場するとともに、地域、家、企業などを介入的・保護的な秩序のなかに再編した．しかし、いまや、現代の福祉国家のような介入・保護の制度もこれらの隠し資産も衰退を露わにしている．この衰退がネオ・リベラリズムの伸長との関係で理解されていることに表されているように、20世紀末以降の現在は自由と公共性の緊張・調和の問題が再び露呈している時期である．現代（＝20世紀）的な公共性が素朴な「自由」（「自己選択・自己決定」）の名において浸食されているのだとするなら、社会的再包摂の試みは素朴な「自由」を静かに浸食する危険性を免れていない．こうした状況を自由主義と現代的公共性との対立的性格という相のみでとらえるのではなく、介入的自由主義のありえた可能性と限界とに注目しつつ理解してみようというのである．

報告1　社会的連帯と自由（廣田明）

ソ連・東欧型社会主義の崩壊、新自由主義の猛威とその破綻等に象徴される不安定な状況のなかで、個人が己の責任で自らの境遇を統御することが困

難になり，人々の生活の安全・安心の保障と社会的な格差の是正が，再び政治の喫緊の課題として浮上してきた時代．こうした社会的リスクと不確実性にみちた時代には，1世紀前に当時の識者が「社会問題」として意識していた問題——すなわち①「個人と社会との関係」をどう理解し，この関係がどうあるべきかについての実際的な解答を用意するという問題，あるいは②政治的には主権者として自由になり重きを置かれながら，市民の大半が経済的・社会的には準従属状態を余儀なくされたままであるという状況のなかで，人々が社会を営み，共通のルールに従うようにするにはどうすればよいかという問題——を再考もしくは再確認することは，迂遠であるとはいえ無意味な試みとは言えないであろう．廣田氏は，このような問題意識から，フランスの政治家レオン・ブルジョワの作品『連帯』をとりあげ，その所説に即して，連帯と自由，連帯と正義の関係について考察する．

連帯主義は，19世紀の二大思潮である自由主義と社会主義のいずれか一方に荷担するのではなく，両者を「総合」することによって，国家的介入を容認しながら同時に個人の自由をも否定しない《社会進歩》の道を明示し，それを法律的に保障することができる新思潮として同時代の改革立法と政策思想に多大な影響を及ぼした．ブルジョワによれば，正義を実現するには，自然的連帯（「事実としての連帯」）から「社会的連帯」（「義務としての連帯」あるいは「法としての連帯」）に移行しなければならないのである．ブルジョワの『連帯』の独自性は，この移行の理論的基礎づけを行い，社会主義とは異なるやり方で，すなわち福祉国家の構築という方向で，社会正義の実現可能性を明確にしたところにあった．

人間が社会のなかに生まれるということは，先行するすべての世代とかれの同時代人によって作られた《社会的資本》の恩恵に浴するということである．それゆえ，人間は生まれながらにして，社会の債務者なのであり，ここにかれの義務の根拠があり，かれの自由の責任があるのである．この人間観は「人間は生まれながらにして自由であるが，しかし至るところで鉄鎖に繋がれている」とした『社会契約論』におけるルソーとは逆である．人間が成

長し，豊かになるにつれて，かれの社会的債務はますます増加していくが，われわれは誰にそれを返済する義務を負うのであろうか？　ブルジョワによれば，われわれが過去の世代に負うところのこの債務，われわれはそれを「われわれの後に来るすべての人々」に返済しなければならない．言い換えれば，現世代の人間は過去から遺贈された社会的遺産の用益権者にすぎず，かれらはこれを増殖し，将来世代に返済する義務を負っているのである．この二重の義務からわれわれの社会的義務が生まれる．

　この社会的義務に関して，契約者の事前の同意は存在しない．しかし，そこには社会の人々の暗黙の合意，あるいは民法典が定義する「準契約」が存在する，とブルジョワは述べている．こうした準結合契約から生まれる債務の思想は，必然的にそれを担保するサンクション（承認・制裁・実効確保措置）の思想を必要とする．社会的義務は純粋な良心の義務ではない．それは権利に裏づけられた義務である．

　債務すなわち義務の権利に対する先行性を説いたブルジョワは，フランス革命によって定式化された権利宣言を義務宣言によって補完することの必要性を力説する．同様に，革命のスローガンとなった自由，平等，友愛の三位一体についても，その順序を変えるべきであると主張する．社会に債務を負う人間は自己の債務を返済したときにしか，自由になれない．したがって，自由は第１位になることはできず，友愛というよりは連帯にその地位を譲るべきである．

　また，国家は，「単に，人間自身によって創られ，人間が彼ら自身の意志の執行をそれに委任するところの共同行為の器官にすぎない．法律はこの相互的意思の表現に過ぎない」のである．

　ブルジョワは，かれの時代に影響力をもっていた契約論的社会観と有機体論的社会観を対立させるのではなく統合することのできる１つの社会哲学・政治思想の創始者となった．かれは，同時代人に対して，政治的主権の保有者たる市民でありながら，同時に連帯的な《アソシエ》と見なしあうよう要請する．かれの連帯主義は，1793年の権利宣言第21条に明記されて以来，

社会権の基礎づけに不可欠の概念として尊重されてきた《社会的債務》の意味を逆転する——個人に対する権利保障から社会的義務づけへの逆転（社会が個人に対して債務を負うのではなく，個人が社会に対して債務を負う．この債務を返済しない限り，個人の自由権と社会権は保障されない）——ことにより，19世紀的な自由主義国家から20世紀の福祉国家への移行に必要な視座の転換を実行したのである．なぜなら，ブルジョワのような論理を用いないと，国民に累進所得税や社会保険料の支払いを「義務づける」ことはできないからである．

このようにして，19世紀の共和主義者を魅了し，社会主義者の人間像にも強い影響を及ぼしたルソー主義の呪縛を解いた連帯主義が，自由主義から継承したものは，とりわけ契約の観念，自由の保全，反国家主義であり，社会主義から継承したものは，社会正義の必要性とこの正義実現のための国家介入の必然性であった．

報告2 ニュー・リベラリズムにおける「社会的なるもの」（高田実）

100年前のイギリスでは今日のネオ・リベラリズム（Neo-Liberalism）とは異なる「新自由主義」（New Liberalism）の可能性に期待がよせられていた．「改革，平和，緊縮財政」を標語とする古典的自由主義と対比的に，「社会正義，国家干渉，労働党との同盟」をスローガンとする新しい自由主義は，「リベラル・リフォーム」と称される一連の国家福祉政策を生み出す原動力となった．

自由主義の歴史的前提は財政軍事国家であった．しかし，ナポレオン戦争後には，こうした戦時体制は「浪費」と見なされ，資金のより生産的で，効率的な活用こそが重要と考えられるようになった．財政軍事国家によってつくられた行財政機構の枠組みを前提としつつ，それを平時に合致するように再編・脱皮することで，19世紀中葉には，いわゆる「レッセ・フェール国家」が成立したのである．

しかし，そのようにして生まれた自由主義国家は決して「自由放任」主義

国家ではなかった．自由主義国家はリバタリアンが主張するような「最小国家」などではなく，社会の機能を最大限にするための枠組みを維持，創造するための積極的な干渉を行う，「小さい」が，「規制的で，強い」国家であった．「最小規制国家」は，個人生活へは干渉せず，抑圧的でもなかったが，「生活水準の改善を目的として，共通善のために，また政党利害や党派的利害を超越した国益のために活動するもの」として自らを示した．ただ，その干渉とは，国家が主体となってサービスを提供する直接的な干渉とは区別される，社会がうまく機能するための「枠組み」を作り維持するための間接的な干渉であった．

　こうした古典的自由主義のガバナンスは，19世紀末に限界に逢着する．何よりも，「社会」が機能不全を起こし，中間集団の再構築が必要になった．言い換えれば，国家は枠組みを維持するだけでなく，権限移譲する対象自体を自らの力で再構築する必要が生じたのである．ここから，社会に対する，また個人に対するより直接的な国家干渉に基づく新自由主義の体系が生まれた．この第1の要因は経済構造の転換であった．世紀転換期における後発資本主義国との競争の中で，イギリスは自由貿易のもとでコスモポリタン的な金融国家をめざす途を選択し，これが地方産業の空洞化と地域社会の疲弊と崩壊をもたらし，「貧困」「失業」という「社会」問題を生み出し，しかも，これを是正する力がもはや社会内部には存在せず，国家が直接関与する以外になかった．第2の要因は，社会自体が，自己の機能の限界を認識し始めたことである．自助を行いたくてもできない人々の存在が，可視化されたのである．第3の要因は，帝国主義的対立が本格化するなかで，国内に貧困や失業が増大する事態は，国民の身体の問題として認識された．「身体能力の低下」と「退廃」が論じられ，「国民の身体能力改善」のキャンペーンが展開された．ここから，戦争国家と福祉国家の同時拡大が進行することになった．

　以上から明らかなように，自由主義における国家干渉は，その形態は変化しつつも連続していた．ただし，国家干渉の目的と方法は，「社会」が機能する枠組みの維持という間接的な形か，「社会」そのものを国家干渉が再構

築する直接的な形かによって異なっていた．この点に，国家干渉と「介入的自由主義」の差異を見るべきである，と高田氏は言う．

　次に，高田氏はニュー・リベラリズムの歴史的特質について 4 点に整理している．(1) 個・社会・国家の関連．「社会」問題は，身体的・精神的な「退廃」という有機体的な言説で表現され，一定の倫理観をもった「能動的な市民」の育成が福祉政策の目標であることが確認された．そのために個人の統制を超えた外的な条件の整備＝福祉政策と，社会正義に基づいた私的所有の制限＝不労所得・累進課税（人民予算）が正当化され，その目的の実現のために国家の「強制力」を用いることが是認されるようになった．(2) 自由と干渉．ホブソンによると，富の不足ではなく，「誤用」こそが，貧困をもたらし，「格差社会」の異常な偏奇をもたらした．富の分配が問題なのであり，その格差是正＝平準化こそが政府の義務である．さらに，富の不平等分配が生み出す機会の不平等を教育と人格向上の機会均等により克服し，国民の全体的な能力向上を図ることで，「個人の非効率」＝貧困を阻止しうるとされる．(3) 時代の価値観としての「社会」．理想主義的な社会＝国家再編観，より広くは「社会」が主語となる観念は，イデオロギー的立場を超えて，時代の思想潮流を横断する共通項となった．(4)「社会的なるもの」の両義性．「社会的なるもの」の組織化には，常に「連帯」の契機と「統合」（排除と包摂）の契機が一体のものとして織り込まれていた．「全体社会の利害」のためという言説は，階級対立の敵対性を転位する機能をもった．また，社会的なるものの組織化のメカニズムは，新たに社会に包摂される者とそこから排除される者の境界を際立たせる効果をもつばかりか，包摂の方法までも特定することになった．福祉についていうと，近代人は働き，自立する者であるという，いわば労働をベースとした「強い個人」観が存在した．そして，これと関連して，福祉のナショナリズムが進行した．明らかに人種的な境界，ナショナリティの境界線が強化された．

　こうした「社会的なるもの」の再組織化は，グローバルな広がりの中で共時的に問題にされていた．

ふたつの「新自由主義」についてまとめるならば，つぎのようになる．

近代社会は，自立した個の集合体として理念化されてきたが，歴史の実態としては「自立し・自律できる個」の集積ではなく，多様な共同性の網の目が張りめぐらされてきた時空間であった．個はそれらの共同性との多様な関係性の中で初めて生存しえたので，その共同性は常に維持されなければならなかった．

自由主義は不干渉主義ではなく，一貫して国家干渉政策によって維持されてきたし，それによって一定の質をもった自由が創出・維持され続けた．

社会は決して，国家と切り離されず，一定の連続性をもった時空間として公的な秩序のあり方を担った．「社会的なるもの」の再構築を求めることは，そこに含まれる〈つながり〉と〈しばり〉の両面と正面から付き合うことを意味する．

報告3 社会的包摂と自由の系譜（田中拓道）

1980年代以降，産業・家族構造の変化，グローバル化の進展などにともなって，先進諸国の福祉国家が大きな変革にさらされている．この変化を，約100年前の社会権（社会的シティズンシップ）の成立を準備した思想と対比し，従来の思想原理のいかなる側面が今日問い直されているのか，「自由」をめぐる議論の構図がどう変化しているのかを，歴史的観点から検討することが目的である．

まず，フランスとイギリスにおける近代的秩序像の成立と，その内在的困難について考察する．

1789年に始まるフランス革命において，旧体制から断絶した秩序原理が提唱された．身分制や伝統集団から解放された自由・平等な個人の「契約」による公権力の樹立という擬制が語られる．しかし，ここで主権者とされる「人民」の多くは，実際には私的自律を持たない貧民であった．1793年憲法案第21条で，公的扶助と就労機会の保障が公権力の「神聖な債務」とされた．ただし，これらも「名目的な宣言」にとどまり，個人は孤立した状態に

放置されたままとなり，多くの思想家は，社会の「解体」「不在」の危惧をいだくことになった．1830年代に，産業化の進む大都市の労働者のあいだで膨大な貧困層が生み出されるが，こうした「大衆的貧困」への対応は，国家・市場と区別された新たな領域，すなわち「社会的」領域において模索される．「大衆的貧困」とは，下層階級の集合的「モラル」の悪化によって生まれた「社会問題」である，とされた．

イギリスでは，18世紀後半以降，商業的秩序の発展とともに自由な商品交換からなる空間が「商業社会」「市民社会」と称されていった．国家と区別された「市民社会」こそが個人の「自由」の基盤と見なされる．1834年の新救貧法は，自由な市場を基礎とする市民社会と国家との線引きを具体化する立法の1つであった．この，救貧法改正の焦点は，市場での自律と公的救済の依存のはざまに位置する「労働能力ある貧民」をどう処遇するのか，という点にあった．彼らを独立労働者と峻別し，労役所での抑圧的処遇によって市場における自活へと促すことが「修正」の目的であった．

19世紀末の英仏において近代の秩序像はどのように修正されたのか．

フランスにおける世紀転換期の論者たちは，コントの実証主義や有機体論の影響を受けつつ，「社会」を個人の総和を超えた〈全体性〉を体現する集合として抽象的に語っていく．「社会」は固有の秩序原理を持ち，それは新たな「社会科学」，すなわち「社会学」によって明らかにされる．国家・個人の役割はこの内部において規定しなおされる．この時代の思想を担った論者は，革命以来の国家と個人の二重構造からなる秩序像を転換し，「権利」「自由」「所有」などの概念そのものの組み換えを行った．第三共和政中期に現れた「連帯主義」は，「社会」を職業的分業に基づく相互依存関係の全体と捉え，とりわけそれを単一の「保険」として捉える点に特徴がある．「連帯」とは，自然権を有する個人同士の契約ではなく，新しく現れた産業社会を担う個人が，社会との間に疑似「契約」による相互「義務」を承認することによって成り立つ．こうした論理は，それ以前の個人主義的な権利や私有財産権の転換を含意した．デュギーによれば，人間は「自由」に先立って

「自己の個性を発達させ，自己の社会的使命を果たす社会的義務」を負っている．市民的自由や私的所有は何ら目的ではなく，こうした「社会的義務」を果たすための手段として個人に保障されているにすぎない．

一方，世紀転換期のイギリスでは，新救貧法体制にたいする批判が高まっていく．労働能力ある貧民に対する事実上の院外給付が拡大し，市民社会（市場）と国家の線引きが形骸化することで，新たな線引きが模索される．1869 年に設立される慈善組織協会は，院外救済の無原則な拡大を批判し，救貧法の対象となるべき貧民（労役所に収容して「劣等処遇」を行うべき貧民）と，私的慈善の対象となる貧民との峻別を主張した．そのためには個別の貧民と面談し，その「モラル」を観察し，分類する「モラル科学」が必要となる．1880 年代には，一方で進化論や有機体論が流入し，（従来の市場＝市民社会と異なる）「社会」を個人の総和を超えた「有機体」ととらえる見方が流通する．他方では，「社会」がしばしば国家を含む，超越的目的や共通善を内在させた集合とみなされていく．新たな「社会」の担い手となる「市民」は，たんに権利を持つだけでなく，一定の義務と道徳的資質の担い手でなければならない．このような市民への「転化」が可能と見なされる貧困層のみが救済に値する．慈善組織協会やフェビアン協会の理論家たちは，国家介入の範囲については見解を異にしていたが，救済可能な個人とそうでない個人を峻別し，前者に（公権力あるいは自発的集団による）集合的働きかけを行い，彼らを自律した良き「市民」へと陶冶する，という目的を共有していた．

イギリス世紀転換期の社会立法は，以上のような思想構造を反映している．フランスのように「社会」（連帯）を構成する個人一般の「リスク」への対応が問題となったというよりも，労働能力と一定の道徳的資質を持った個人の「市民社会」からの一時的な脱落——失業と困窮——が主たる問題として認識され，こうした個人を「自律」へと促すための支援策が導入されていった．そして，ベヴァリッジの思想やそれを基礎とした戦後イギリス福祉国家制度はこれらの個人のカテゴリカルな分類を基本的に引き継いでいく．

戦後の経済成長の下で，英仏の福祉国家は拡張を遂げるが，経済成長が終焉する70年代後半には，社会的シティズンシップの問い直しが始まる．とりわけ，サッチャーは，戦後の寛大な公的福祉が貧民に依存心を植え付け，社会の活力を奪っている，という「依存の文化」論を展開し，福祉改革に影響を与えた．彼女もまた，救済に値する貧民と「値しない」貧民という「ヴィクトリア的価値」を再発見したのである．その後，労働党は，貧困層の包摂や支援を重視する「社会的排除」という概念を強調するが，「アンダークラス」との連続性の側面が強いとされる．

フランスでは，70年代から，福祉国家の成熟のただ中で貧困に取り残された人々の問題が「排除」と称されていく．それは，当初，社会的「不適応」に陥った例外的な個人の問題と見なされたが，80年代に入ると，長期失業，非正規雇用が広がっていく．フランスの場合，こうした就労の不安定は社会保障の枠組みからの脱落を意味しており，この段階では「排除」は個人の不適応の問題ではなく，社会一般に広がる「不安定」な状態を指すようになる．フランスの社会的シティズンシップは，家族や学校を通じて，「社会化」され，長期就労・拠出や「リスク」最少化という「義務」を引き受ける個人への権利として構成されてきたが，こうした「社会化」を担う装置が脆弱化することで，この「義務」を引き受けられない個人が恒常的に生み出され，かれらは，既存の社会権の対象から外れ，「社会的不要者」という烙印を押される．このような「排除」は，フランス「社会共和国」の正統性に関わる問題と認識され，個人を「義務」を引き受ける契約主体へと再構築するための「参入」政策を提起させることになる．それは，保険・扶助の論理と区別された「新しい社会権」と見なされた．

以上，小野塚氏の問題提起を受けて行われた3氏の報告内容を要約した．できるだけ，内在的に紹介することに努めたつもりではあるが，当然，筆者の読み込みや理解不足によるバイアスがかかっていることはご寛容いただきたい．現時点で，これらの報告について全面的に議論することはできないが，若干の感想を述べておきたい．1つは，介入的自由主義を扱う場合，イギリ

スとフランスの事例で尽くされるのかどうかという点である．小野塚氏も言われるように，ドイツ社会政策学会に代表されるドイツの経験が介入的自由主義に位置づけられて理解されるべきとすれば，この紹介に1つスペースを割いても良かったと思われる．ドイツをはずしたことが，既に介入的自由主義についての一定の方向づけに基づくのであれば，それはそれで指摘していただければとの思いがある．2つ目は，「自由と公共性の間の緊張関係」の存在という点に，小野塚氏の基底的モチーフがあると，筆者は理解しているのであるが，実際には，国家に対する市民の「権利と義務」という問題が「自由と公共性」の問題に置き換えられて議論されているように思われる．この置き換えで自由と公共性が議論されたことになるのだろうか．たとえば，廣田氏によるブルジョワの議論，とりわけルソー的人権論からの呪縛を解いたとされる「連帯主義」についての紹介はそれ自体見事な論理であり，公共性理解を体系化する上で大いに学ぶべき内容であろう．しかし，それは基本的人権の1つとしての「自由権」を議論することになっているとしても，「自由」それ自体を議論することにはならないのではないか．「自由」に関する議論は「公共性」に関する議論と同様，やっかいな問題であるが，報告者が展開している議論は，「自由」が国家からの自由を基軸に措定され，「公共性」が国家的公共性を中心に理解される段階から，新しい段階へと進む途上の議論であるように思われる．筆者自身も，この新しい段階の質を決める中身が何なのか，模索中ではあるが．

　3つの報告に続いて，下記のような3つのコメントがなされるが，これらは報告に対するコメントとしてではなく，むしろ別の角度からの補足的な報告となっている．それぞれは，もちろん興味深い論点を含むものの，小野塚氏の問題提起とは十分にかみ合っているとは言えない．また，小野塚知二編著『自由と公共性—介入的自由主義とその思想的起点—』には，この他，島崎美代子ならびに深貝保則両氏の論稿が収められているが，やはり，ここでは，紙幅のこともあり，紹介を割愛したい．なお，この研究会の議論を紹介している前掲書のまとめに，要領よくこれらのエッセンスが紹介されている．

第1コメント　農業分野への介入・保護とその性質変化（古内博行）
第2コメント　現代日本のコミュニティ政策から見た「公共」問題（名和田是彦）
第3コメント　スーパーキャピタリズムとアメリカの消費者（秋元英一）

筆者が「介入的自由主義」に関する議論を紹介するにあたって依拠したのは，上述の小野塚氏による編著であるが，同書については，田村信一氏による書評がある．田村氏による内容紹介と評価が同書の全体像を的確に与えている．併せて参照されたい（田村［2011］）．

4. 2008年度秋季学術大会「現代化過程における日本の雇用—企業と「公共性」—」

この2年間の共通論題における議論を受け，2008年度共通論題は「現代化過程における日本の雇用—企業と『公共性』—」とされた．この含意を沼尻晃伸氏は，次のようにまとめている．

　過去2年間の大会報告は，企業の内部に存在する雇用関係自体を対象としてこなかった．……日本に即して歴史的にみた場合，第一次大戦期から，大経営の中では家族手当などの諸手当や福利厚生に関する規定が定められた．すなわち，大経営の労働者からみたとき，自らの「人格承認」や社会保障を実現するための場の1つに，企業が位置づけられたといえよう．それでは，もともとはプライベートな関係であった企業の雇用関係には，労働者の生活保障を維持するという意味でパブリックな性格が埋め込まれたといえるであろうか．……仮にそうだとしたとき，そのことは，政府や自治体の雇用政策（あるいは社会保障全般）にみられる公的意味と，どのような関係にあるのか．……「公共性」に関する追究を，国家や自治体などの政策分析にとどめず，その当事者である労働者（あるいは経営者）に視点を移し，企業という私的な経済主体のなかの雇用関係に埋め込まれる社会性を重視すること，歴

史段階的にいえば，現代化過程における雇用に見出されるかも知れない公的な性格とその変化を動態的に理解すること，が求められている．

　以上が2008年度のテーマ設定の趣旨である．これに沿って兎，市原，榎3氏の報告と清水，谷口，武田3氏のコメントが行われる．これらの報告はかなり細部にわたる実証的なもので，その内容を論点と結びつけて紹介することは相当困難なので，ここでは武田によるコメントに依拠して論点を整理しておこう．

　一般的には，「公共」の対極にある私的な領域で自由な営利追求が認められていると考えられている企業について，あえてその「公共性」を問うことは，分析の枠組みの原理的な見直しを求めているということができる．現代経済社会において良質な市場機会を提供することこそが，企業が本来担うべき「社会的な責任」であり，こうした「公共性」の発現によってはじめて企業活動もその基盤が与えられるということができる．雇用に関わって求められる「企業の公共性」とは「良質な雇用機会を提供すること」である．

　榎報告についての2つの解釈がある．1つは，若年の女子労働力を確保するために郡是が公教育を代位するような機会を提供していた側面に注目し，政府部門等の提供する公的なサービスでは充足し得ないニーズに対応するような機能を企業が果たしていたと解釈すること．今ひとつは，若年期の職業生活後に予定されている，結婚以後の生活について，より望ましい結果を期待できるような雇用の機会を提供することが企業の重要な社会的役割と考えられていたと評価，解釈することである．

　ここから，武田氏は企業内教育の意味について考察を加える．職業能力が企業内で獲得される「資格」として認知されるとすれば，それは単に企業内労使関係における処遇や身分としての意味だけでなく，その能力を持つ経済主体の社会的な評価としても尊重されるとみることができる．もともと企業内教育によって職業能力を養成し十分な処遇を得ることは，内部労働市場の形成とそこでの昇進競争の論理に従ったものである．しかし，それは職業能力を形成する側からみれば，ある企業で職業能力向上の機会を得たことは，

企業外におけるその主体の社会的評価に連動する可能性を持っていたことになる．

　各論者は，企業内での職業教育によって処遇や身分を向上させる可能性があった点を企業による「公共性」の引き受けという論点によって捉えようとしたことになるが，それにもかかわらず，こうした大企業における職業教育とはかけ離れていた農村部や都市の下層社会における大量の不安定雇用層を前提としていた事実に目をふさぐべきではない，と武田氏は指摘している．

5. 2010年度秋季学術大会「都市の公共性」

　2009年度の共通論題は「1930年代における経済政策思想の転換」となっており，「公共性」は直接のテーマとはされなかった．上記のテーマ設定趣旨については小島健氏が説明しているが，リーマン・ショックに端を発するアメリカ発の金融危機と世界同時不況の深まりを1930年代の世界経済との歴史的比較を念頭に置いて考察する必要があるとの認識を示している．こうした問題設定自体はもちろん重要であるが，「公共性」それ自体を論点としては設定していない．ここでは，その検討を割愛し，2010年度の共通論題「都市の公共性―主体・政策・規範」の検討に直ちに入ろう．
　まず，福士正博氏が共通論題の趣旨説明を行っている．
　都市を取り上げたのは，都市問題がますます深刻になってきているという現状から，都市を公共空間として再構築することの意義が問われている，と考えているからである．公共性とは，ハーバーマスに従えば，公論の場としての公共圏における熟議を通して，普遍的妥当性を持つようになった合意事項が何らかの回路を通して公共の場で反映されるようになった状態のことである．これは，3つの要素からなっている．第1に，社会問題の発見という契機である．公共圏が開放的な公論のためのアリーナであるといっても，熟議に参加できる人々と参加が不可能な人々との分化が避けられない以上，パブリックな問題すべてが取り上げられると考えることは難しい．したがって，

第2に,「社会的なるもの」と公共圏との乖離を公共性は前提にせざるをえないことを意味している．この前提に立つと，公共性の議論は常に「理想的発話状況とは何か」,「コミュニケーションを通して普遍的妥当性に辿り着くことは可能か」といった疑問を呼び起こすことになる．公共性は市民的公共性と国家的公共性とに分化せざるを得ない契機を抱え込んでいた．第3は，公共圏で議論された問題が制度化されていくという「公共性化」である．

　都市は，市民的公共性と国家的公共性の乖離が最も鋭い形で現れる空間である．貧困，社会的排除，社会的プレカリティ（ゆらぎ）が都市において表面化してくる．しかし，歴史的には，都市給付行政は，都市住民の生活インフラ整備など生活世界が抱える難点を克服するという積極的な側面を有していた．この点が，都市における公共性問題を取り上げた理由である．以下，報告の要点を確認しておこう．

報告1 「社会都市」における失業保険の展開——第二帝政期ドイツを事例として（森宜人）

　19世紀末～20世紀初頭の国家的社会保障が未整備な状況の中，都市が国家に先行して主体的に社会政策を展開させた局面である．第二帝政期ドイツは1880年代に一連の社会保険制度の導入を通じて，現代の「社会国家」の起点を形成した．しかし，失業保険については，同じく第一次世界大戦以前からその実現を求める声があがったものの，最終的に導入が果たされるのは両大戦期間の1927年のことである．第二帝政期の都市失業保険は，国家的制度の確立に先行する都市の主体的な試みの典型例といえよう．

　森氏は，最初に「都市の公共性」の担い手が，19世紀半ばの名望家市民層，19世紀末の市民的社会改良運動，そしてその役割を引き継いだ「社会政策学会」へと展開したことを指摘している．そして，20世紀に入ると自由労働組合と社会民主党の進出が都市においても進み，都市社会問題が「都市社会主義」的にとらえられ，政策化が試みられるようになる．「都市の公共性」の一角を労働者層が担う時代へと変化したのである．都市失業保険制

度の実現の背景に以上の事情を見る必要があるという．

　森氏によれば，都市失業保険の「公共性化」が可能となったのは，社会民主勢力を「都市の公共性」の担い手，協力者として認知する都市行政責任者の存在があり，彼らは，失業者の救済を都市の公的義務とみなしていた．

報告2　「生存配慮」と「社会政策的都市政策」——19世紀末〜20世紀初頭ドイツの都市公共交通を素材として（馬場哲）

　馬場氏は，19〜20世紀初頭のドイツの都市公共交通を素材に「都市の公共性」を検討している．「公共性」を担ったのは行政だけではなく，社会事業の一部は市民団体によって担われ，ガス，上水道などの都市インフラも多くはまず民間企業によって提供された．しかし，当該期のドイツ諸都市では供給事業や公共交通部門の市営化が進み，社会事業でも自治体の役割が増大した．このような都市自治体は，19世紀，とりわけ後半以降伝統的な社会政策である救貧の再編のみならず，「生存配慮」，すなわちガス・電気のようなエネルギー供給事業，公共交通や道路などの社会インフラの整備，病院，上下水道，ごみ処理場，畜肉処理場などの保健衛生施設の建設，住宅政策，土地政策，都市計画，さらに文化・教育などの社会政策の実施を課題とする「給付行政」を国家に先駆けて，あるいは国家の下で実施し，住民全体に一定の生活条件を保障して都市社会の統合をはかったのであり，そうした都市自治体ないしその機能は「社会都市」と規定することができる．

　「都市社会政策」は第一次大戦前の「救貧」から大戦前の「戦時扶助」を経て大戦後の「社会扶助」へと性格を変えた．これが「社会都市」から「社会国家」への展開である．「生存配慮」を実現する「社会政策的都市」は「都市社会主義」と連携しながら，敢えて言えばそれに先んじて「社会都市」から「社会国家」への道を準備したといえる．

報告3　統合と自律をめぐる相克——イギリスの社会的企業の経験から（今井貴子）

この報告は，イギリスの社会的企業について，特に「高い自律性」の観点から実証的に検討したものである．

報告4　都市という「世界」——社会的質と社会的プレカリティ概念を中心として（福士正博）

福士氏は，都市を農村と対比される地理的概念ではなく，「都市的なるもの」を意味する社会的空間概念としてとらえる．そして，「都市的なるもの」と「社会的なるもの」との対比が必要であるとする．また，アーレントがいう社会とは「資本主義的な商品関係が主要となっている領域」を指している．この関係が広がると，公共空間や政治領域は浸食されることから，アーレントは，公共空間を，社会的領域から保護されるべきもの，あるいは社会的領域に対して意義を申し立てる領域と考えていた．しかし，アーレントの場合，人々の生活を成り立たせる物質的諸条件の再生産という視点が希薄である．この点は，ハーバーマスについても同様である．植民地化された生活世界を現代において取り戻すという優れた基本的モチーフを持っていたにもかかわらず，ハーバーマスは，公共性を「間主観的に共有される生活世界が形成される媒介としてのコミュニケーション行為」と捉え，コミュニケーションの世界に閉じ込めてしまっている．そのためにハーバーマスは，その物質的基礎に対する闘いを放棄し，この課題を達成するためにはシステムの民主化しかないという袋小路に陥ってしまっていた，と述べる．

ここから，福士氏は，ルフェーヴルやグレゴリーの「都市空間論」やホネットの「社会的質」の検討に進んでいる．しかし，残念ながらこの内容について報告者は論点整理できるまで，現時点ではまだ消化できていない．彼らの議論がハーバーマスらを克服できるという展望を筆者はまだもてないし，福士氏自身もこの議論がわが国ではまだ浸透しておらず，あくまでも，都市問題の考察にあたって，「社会的プレカリティ」概念が有効なのではないか，

という展望を述べるに止まっている．
　コメント1　和田清美氏
　コメント2　大門正克氏

　両氏のコメントについても割愛したい．ただ，大門氏がこの学会の研究方法（共有財産）が，現状と歴史の比較を往復することにある，としていることが印象に残った．また，現状から歴史に対する問いかけが主要な側面として共通論題が展開されているとの指摘があり，現代への問題関心が歴史研究にも反映されているという意味で，この学会のスタンスを窺い知ることが出来る発言でもあった．

　福士氏の趣旨説明から窺えるように，この大会におけるテーマは，端的にいうと，「市民的公共性」と「国家的公共性」の乖離の問題である．そして，ここで含意されている「市民的公共性」はハーバーマス的な「公共性」であることは明らかである．また，都市における社会政策的配慮や施策が国家的なレベルに拡大していくことを「公共性化」あるいは「国家的公共性」の実現と捉えていることが理解される．以上のような理解が正しいとした場合，この学会の「公共性」把握は，少なくとも，2010年度秋季学術大会においては，ハーバーマス的な理解で統一されているように思われる．先にみた，田代氏の理解とも符合することになる．しかしながら，既にみたとおり，これまで取り上げてきたこの学会における各種の議論がこれに集約しきれるものではないことも明らかである．したがって，この学会における「公共性」議論はなお展開途上にあるとみるのが正しいようである．

6．アジア諸都市における公共性

　同学会の2011年度秋季学術大会は，共通論題を「東日本大震災・原発事故からの地域経済社会の再建をめぐって」として，10月22，23日に立命館大学（草津キャンパス）において開催された．したがって，「公共性」を共

通論題とする秋季学術大会とはならなかったが，わが国にとって未曾有の社会経済的被害をもたらした東日本大震災・福島第一原発事故と地域経済社会の再建をテーマとして大会を開催することは社会科学系の学会として当然のことであろう．その代わり，2011年6月25日に東京大学において開催された春季総合研究会では，「都市の公共と非公共―20世紀のアジア都市を手掛かりに―」というテーマで2010年度秋季大会のアジア版といえる議論を展開している．この学会における「公共性」議論はまだ展開途上にあると考えられるが，2011年春季総合研究会における共通論題の趣旨説明が同学会における「公共性」理解の現時点における1つの集約点を示していると考えられる．以下，この趣旨説明を紹介することによって，むすびにかえたい．

　まず，公共性は，その定義をめぐって論者の間で最小限の合意を形成することすら困難という厄介な主題であるが，ここでは，さしあたり西洋近代的な意味でのそれに限定して議論を始めるとされている．そして，考えてみたい事柄は，たとえば「官（＝公）―民」二元論あるいは「官―公―民」という図式からの脱却である．官も民もその中間形態も，近（現）代社会においては，その活動を通じて社会の構成員の生活・生存の保障に積極的な役割を果たすことが期待されているという意味では，いずれも，公共性を帯びた存在であると言える．昨年秋の大会での検討においては，官が政策的に提供する場合にせよ，民が市場取引を通じて提供する場合にせよ，あるいは中間的な諸団体が折衷的な方法で提供する場合にせよ，公共的な関係を通じた財やサービスの提供が常に社会的包摂と排除の契機を内包するものであったことが示唆された．

　ここで，アジア都市空間について考えてみるならば，そこには社会的な包摂と排除がヨーロッパ都市と比較して，より多様かつ明示的に見出されると予測される．西洋近代的な市民社会が移植された空間で，人々は，国籍，エスニシティ，伝統社会における出自，植民都市であれば，本国人と移民の相違等々によって分け隔てられており，場合によっては移植された公共的関係に入れない者も少なからずいたであろう．その意味で，公共性は限定的であ

って，人々の行動や思考を左右するのは，伝統的な権威や徳義，総じて言えばアジア的な伝統社会に長年にわたって醸成されてきた要素であろう．

<u>これらの伝統的要素は近代化の進展によって，やがて解消されると考えるのか，それとも，残るのか，ここに問題の本質がある．この学会での主要な議論方向は両者の併存という事実から出発する点にある．すなわち，「近代的公共」と「共同性」を二項対立的に捉えるのではなく，両者の共存・相互補完関係に着目するのである．明文化されない不透明で属人的な何らかの非公的な社会関係が存在し，それが公共的関係に完全には包摂され得なかった人々の生活や生存を一定程度保障しうる状態が持続的に存在するとき，それを単なる過渡的状態と片付けることは適当ではない．こうした関係性を，さしあたり非公共的関係とし，それらと公共的関係に着目しながら公共性の意義と限界を逆照射し，それらが併存する状態として近代社会の再把握を試みる</u>という点に，この研究会の目標が置かれている．

こうしてみると，趣旨説明者の理解では，まずは，近代社会＝公共的社会，伝統的社会＝共同的社会という図式が成立しているように見受けられる．その上で，両者の併存と相互浸透・相互補完の関係性に注目するということであろう．そうであるとすれば，共同性ははじめから「公共性」の要素からはじかれることになるのではないか．また，この理解は，その限りでは，先の田代氏の理解とも異なっているように思われる．いずれにしても，同学会における「公共性」論議も現在進行中であり，今後さらに研究が深化するものと思われる．筆者は，共同性は公共性の不可欠の要素であると理解しており，この点から同学会の全体的議論を今一度整理し直し，内容の一層の深い理解を獲得することを次の課題としたい．

第3章
公共性は私的空間をいかに取り込むか
―山田良治氏の所論によせて―

1. 社会資本と公共性

　わが国において，近年「公共性」をめぐる議論が盛んである．これらの議論は様々な分野において多様な視角から行われており，その全体像を示すことは簡単ではないが，これまでの主要な議論の概略については，既に筆者としても折に触れ紹介してきたところである（小坂［1999；2005；2009；2011；2012］．本章は，それらも踏まえた上で，社会経済学，とりわけ，『資本論』をベースに「公共性」を論じている山田良治氏の議論を紹介，検討することを課題とする（山田［2010］『私的空間と公共性』）．その場合，山田氏も念頭に置いているように，宮本憲一『社会資本論』が併せて検討対象となるべき重要な文献となる．宮本氏の『社会資本論』は，国家・政府，自治体等が供給する財・サービスの性格を考慮する際には必ず通らなければならない，いわば「基本文献」の代表である．筆者も，第三セクターの供給する財の性質，すなわち「混合財」を検討する際に，氏の著書を検討したことがある．氏は，供給される財の性質によって，公共財，民間財そして混合財と分類する．公共財，民間財は一般的な経済学で言うところの区別に基本的にはしたがっている．混合財はこれら2つの領域に収まりきらない，中間的な性質を有する財ということになる．しかしながら，中間的性質自体は一律に規定することが出来ないので，結局は供給主体が誰であるか，つまりは民間企業が市場で供給するか，それとも政府・自治体が供給するかによって，ま

ず民間財と公共財とをより分け，残りが混合財であるとする消去法で説明することになる．その上で，氏は，公共財規定そのものの不十分性を指摘し，独自の公共性をはかる基準を提示する．すなわち，①社会的一般労働手段と社会的共同消費手段という両義性を備えた社会資本であること，②非営利性であること，③住民福祉に貢献すること，④民主的手続きを踏まえること，以上である．この基準自体は，氏の長年の公共事業や社会資本研究に裏づけられたものであり，かつ公害問題などに対する実践的取り組みからの教訓に基づいたものであって，正当であろう．

問題は，この基準と上述の財規定がかみ合っていないように筆者には思われることである（小坂［1999］参照）．今回検討する論考において，山田氏も，宮本氏の「社会資本」概念について批判的な主張を展開されている．その批判の核心は，「宮本の議論において都市空間から『社会的共同消費手段』が抽出されていることは，逆にそれ以外の消費手段（各種私的建築物が織りなす空間形成）が『共同』の対象として措定されていないことを意味する．つまり，この点は都市空間一般の『共同』性を主張する原田の認識との大きな差異をなしている．『共同』性は，いまだ『社会資本』として観念される限定された消費手段の使用価値的同一性のレベルで論じられている．論理的には，私的空間を含んだ都市空間一般の『共同』性という観点が本質的な要素として措定されていない」（山田［2010］128ページ），という点にある．宮本氏の社会資本論は，私的資本を含む土地資本論からの観点を欠いたため，国家・自治体を主体とする社会資本の一面的理解へとつながったと山田氏は見ている．詳しくは，後述するが，いずれにしろ，土地資本，都市空間を切り口とする公共性把握を展開している点は，従来の公共性論には見られない論点であり，刺激的かつ興味深い論考である．本章は，上述の主張を含め，筆者が山田氏の著作から学んだ内容を，その叙述に沿って整理したものである．もちろん，その際には，宮本憲一『都市経済論——共同生活条件の政治経済学』筑摩書房，1980年を併せて検討することが望ましいが，本章ではこれらの直接的検討を行ってはいない．また，山田氏の主張を確認する意味で

は，大泉・山田編［2003］『空間の社会経済学』についても目を通しておきたいところである．さらに，山田氏の著作に対する豊福裕二氏による書評（豊福［2012］）も，山田氏の議論を理解する上で参考となる．

　以下，山田氏の主張に沿って，その内容を紹介するとともに，若干のコメントを加えることにしたい[1]．

2. 各章の要約とコメント［序章　ロック，マルクスから現代へ］

　この章の冒頭で，以下のとおり著者の問題意識が述べられている．

　　この国では，私的空間は不可侵であり，土地の私的所有（権）はながらく絶対的なものと考えられてきた．しかし，<u>地域空間という集合空間に目を転ずると，それはしだいに"まちづくり"の対象として意識されるようになり，その限りでは"みんなの空間"として捉えられるようになってきた．重要なことは，そこには，いわゆる公共空間にとどまらず，私的空間もまた含まれていることである．一般的にいって，"私のもの"が同時に"みんなのもの"であることは矛盾である．本書は，この矛盾がどのようなメカニズムで発生し，どこに向かおうとしているのかを，社会経済学（Political Economy）の観点から明らかにすることを課題としている</u>（下線は筆者による．以下同じ）．

　まず，ロックによる「労働に基づく所有」論を紹介している．この所有論は，素朴ではあるが，その後，スミス，リカード，マルクスへと引き継がれていく．しかし，マルクスは，「労働に基づく所有」論の牧歌性を批判し，いわゆる「領有法則の展開」論を展開する．すなわち，土地と生産手段の「共同占有」を基礎とする「個人的所有」の創出という議論である．後に詳しく検討することになるが，「私的所有」ではなく「個人的所有」という概念を提示するところにマルクスの特徴がある．そして，山田氏もこの点に着目する形で，自らの議論を展開する．

　山田氏によると，本書の課題は，以下の諸点である．

第1に，資本論で展開された地代・土地所有論を，現代資本主義における諸変化を踏まえ，その分析に適応可能な理論として再構成すること，すなわち，土地資本論および「社会資本論」，「開発論」の展開である．
　第2に，国家資本主義の成立以降に明確となった，典型的には都市計画という形態での空間形成への公的介入，またこれに続く市民・住民・各種事業体などの，計画過程や「まちづくり」への「参加」の発展といった歴史的事実をいかに認識し評価するかという問題である．
　<u>私的空間は，物理的にとどまらず，社会的にも一体的な集合空間の一部をなすことになった．資本論における「共同占有」を基礎とする「個人的所有」という把握が，空間レベルでは集合空間と私的空間との社会的関係を表すものであるとするならば，こうした事態をどう評価するかは，問題の本質に通じる論点である．</u>
　<u>かくして，本書の課題は，第1に私的空間をめぐる経済的法則性を，第2に，公共性に媒介されて展開する私的空間と集合空間との関係性を論じることである，</u>

とされる．
　ここに示された山田氏の問題意識は，端的に言うと，マルクスが展望する未来社会における「共同所有を基礎とする個人的所有の再建」を「集合空間と私的空間の関係」に重ね合わせ，そして，「公共空間」は「私的空間」とともに「集合空間」の部分をなすという議論を基軸に「公共性」を説明する点にある．

[第1章　土地と空間]

　山田氏によると，ここでの空間は土地に接し，付随する概念である．また，土地を一般的な使用価値と区別して考える理由は，次の点にある．
①天然性…その生成に人間の労働がかかわらない．区画整理など土地に加えられる改良行為は生産活動であり，土地そのものを生み出したわけではない．
②希少性…①から派生することであるが，任意に作り出すことができないため物理的に量が限られている．埋め立てによって土地面積を増やすことは可能であるが，そのことは物理的に有限であるという事情を変えるものではない．
③移動不可能性…任意の位置に移動することができない．ある地片は，全土地空間の物理的に除去不可能な一部分をなす．場所的固定制ということもできる．

④不朽性…腐ったり劣化することがない．

　こうした素材としての土地は，他の多くの使用価値と同様に，資本主義社会では商品として現れる．つまり，市場で売買される．土地は，労働生産物ではない．したがって，経済学的にいえば，「価値」が無いということになる．

　<u>土地は価値が無く，使用価値のみ持っているということになる．それでも土地が商品となることができるのは，素材的属性の②③を背景に，土地が独占可能なモノだからである．また，それだから私的所有の対象にもなる．言い換えれば，商品となることの必要条件は，そのものが独占可能であるかどうかにあるだけである．ちなみに，同じく使用価値であって価値が無い「空気」が商品とならないのは，独占できないからである．</u>

　およそすべての物体の創造は空間の形質に影響を与えるとはいえ，<u>土地に合体した生産物は，空間の比較的固定的な形質を作り出す．このような生産物としての使用価値を，ここでは建造物と呼んでおくことにしよう．その土地に固着した生産物として，比較的長期にわたって空間の形質を決定するモノを，建造物という名称で一括しておくことにしたい．</u>

　空間の形質は，もともとの土地や地勢等の自然環境と，これらの形態を含めて人が作り出した建造物，という二つの要素の合成物として存在する．このような意味での土地空間のあり方が本書の素材であり，これをめぐる社会と経済のあり方という枠組みでこの素材を調理し，「私的空間と公共性」というメインディッシュにつなげていくことが本書の目的である，

ということになる．

　以上，第1章の要約を行い，若干のコメントを付け加えた．労働生産物ではない土地は，使用価値を有するが，価値を持たないから本来的には商品として売買されることはない．しかし，現実には売買されている．その根拠は，土地が何人かによって所有，あるいは占有される，すなわち「独占」されることにある．また，こうした土地の上に固着した形で形成される構築物を「建造物」と呼ぶ．山田氏の考察対象は，この土地と建造物が創りだす一体空間である．

[第2章　建造物の経済理論]

　まず明らかなことは，建造物は生産物に含まれるものであり，その点では普通の生産物と変わりはないということである．

　われわれの建造物は，商品として製造されるこのようなプロセスの中では，不変資本（C）として機能するということである．まずこの点で，価値を持たない土地とは，経済的な意味が違っていることを確認しておこう．

　しかし，同じ使用価値であっても，生産過程で使われるか，個人生活で使われるかによって，そのことの社会経済的な意味合いは異なってくる．前者を生産的消費，後者を個人的消費という．

　土地は積載手段としては，過程にとってなくてはならない生産手段である．そして，われわれの建造物もまた，しばしばその例に含まれる．

　「直接には過程に入らない」というこの種の労働手段の特性をふまえて，本書ではこれを間接的労働手段とよぶことにする．

　道路は産業用としても生活用としても利用される．この場合，こうした建造物は，その利用状況に応じてある場合には労働手段として，他の場合には生活手段として利用されながらその価値が減失していくことになる．供給者からすれば，利用料金という形で元本と利子さえ回収できればよいのであって，それが生産的用途に使われるか，消費的用途に使われるかはどうでもよいことである．ゆえに，前節の消費手段の定義を踏まえ，両者を含めた場合には間接的消費手段として一括することにする．

　山田氏の理論展開にとって，この土地と建造物の区別と関連が大きな意味を持っている．道路等が「産業用としても生活用としても利用される」のはそのとおりであるが，そこから「生産的消費」と「個人的消費」が「消費」によってくくられることをもって，これらを「間接的消費手段」として一括する，という扱いについては，筆者は賛成できない．「生産的消費」と「個人的消費」は「消費」によってくくられるべきではなく，「生産的」と「個人的」によって区別されるべきなのである．山田氏もその点を指摘しているにもかかわらず，結局，最後にこの点をあいまいにし，直接的に生産過程にかかわらない労働手段と社会的な「共同」「共通」消費手段を「間接的消費手段」として一括する．しかし，山田氏も理解するように，ある財が，労働

手段となるか消費手段となるかは，社会的生産と流通，そして消費の総過程における位置によるのであって，その財自体の性質によるのではない．道路の場合，これを財の輸送等を目的として使用するか，生活道路として利用するかによって区別されることになる．

また，山田氏はこの種の財の供給者が利用料金という形で元本と利子を回収することに言及しているが，この設定も有料道路にはあてはまるかもしれないが，一般道路については該当しない．道路等の建設を投資行為とみなし，その費用回収を論ずることがいかなる道路についても適当な課題設定であるとは言えないであろう．

以下，建造物についての山田氏の議論を敷衍しておく．

まず，「手段」と「対象」，機能性と鑑賞性についてである．

われわれの建造物もまた，消費手段であることもあれば消費対象ともなるような，ハイブリッドな性格を持っていることに注意しよう．これらの集積としての都市空間も，機能性（手段）から鑑賞性（対象）へという発展過程をたどる．景観問題もまた，そのような文脈の延長上に認識することができる．

<u>個々の住宅は排他的消費を，ホールとしての建物は共通の消費という形態を取ることが普通である．このような観点からは，前者を私的排他的消費手段，後者を社会的共通消費手段と呼ぶことにしよう．</u>

<u>労働手段として使われる建造物の多くも，こうした固定資本の一形態という性格を持っている．しかし，一般的に機械などの固定資本とは異なる特徴を持つ．それは，土地への固定性である．このように土地に合体した固定資本を，土地資本と呼ぶ．</u>

資本蓄積は，土地資本投資による空間形成を前提とし，また新たな投資による空間形成を伴いながら，なんらかの空間的な配置という形態をとりつつ進展する．この場合，土地資本投資の固有の作用として，とくに次の諸点をあげることができよう．

第1に，個々の土地空間を排他的に独占しているところの土地所有，並びにその経済的表現としての地代・地価との密接な関係である．

第2に，流通過程における土地資本の投下——交通・運輸手段としての土地資本の発展——は，資本の回転期間を短縮したり労働力の空間的流動化を活発化す

ることによって，社会経済の地域的展開と全体の資本蓄積のあり方に大きな影響を与える．

第3に，資本の回転期間からみて長期間生産過程に固定されるという固定資本の特性は，しばしば資本蓄積の柔軟性を阻害する要因にもなる．土地資本としての建造物への投資は，このような作用を固定資本一般と共有するとともに，土地に固定されている分，その作用の地域的な不均等を激化させる可能性がある．

社会的な必要性はきわめて大きいにもかかわらず，建設費が膨大でかつ懐妊期間や償却期間が長期にわたる場合や，その利用が間断的・一時的な構造物——道路・鉄道・橋梁・空港・港湾・運河など——の場合には，これらを利用する個別資本が自らの手で建設し所有することはしばしば困難であり，また採算上不利である．この種の困難を解決する方法は，主として次の二つである．

第1に，これらをそれぞれの個別資本が所有するのではなく，建造物供給に携わる資本がその機能に特化し，多くの需要者を相手に，その求めに応じて供給する——需要者側からみれば必要に応じて利用するという仕方である．

たとえば，期間を定めて建造物を貸し出すというリース，賃貸借方式による供給がこれにあたる．

これに対して，一つの建造物を多数の資本が共通して利用するという方法もある．鉄道や空港の場合には，そうした利用方法が一般的である．

第2に，社会が必要とする建造物であるにもかかわらず，市場でどのような方法がとられようとも供給が不可能または不完全にしか行われない場合には，この種の建造物の建設はしばしば公共投資によって，公共事業として行われる．また，建設だけでなく，その所有も公的なものとなる場合が少なくない．

こうした事情を背景に，「社会資本」やインフラストラクチャーという用語が生まれてくる．

「社会資本」の定義を素材（使用価値）的な観点で行おうとする試みもなされた．しかし，境界線を厳密に描こうとする試みは結局は失敗するか，机上の空論に終わる．そのもっとも基本的な理由は，「社会資本」という概念が歴史的かつ政策的・実践的な行為の中から生まれてきたものであり，そうした社会的行為を含んだ概念であるからである．これから切り離した形で，その概念規定を使用価値素材の観点でのみ行うことは不可能である．

社会資本という概念は，そう昔からあったわけではない．一般に広く使われるようになったのは，この半世紀ほど，第二次世界大戦以後のことである．

先進諸国は，資本輸出を増大させつつ，開発途上国の工業開発を自らの利益と

第3章　公共性は私的空間をいかに取り込むか

するに至ったわけである．その際，空港や道路，港湾等の，いわゆるインフラストラクチャーの建設が，重要な課題となる．先進諸国は，これを直接間接に支えるために国家的支援に乗り出した．このような性格を持った開発政策が展開する過程において，「社会資本」という概念が生まれた．

これに加えて，先進諸国内部においても，経済成長のためにインフラの建設に向けられる公共投資が大きな役割を果たすようになった．いわゆるケインズ政策の登場である．

なぜこうした投資が国家投資，公共投資として行われたかといえば，そこには二つの理由を指摘することができる．

第1に，（これらの）投資は，投資リスクが高く，それだけ民間投資に馴染みにくかった．国家が（これを）肩代わりした．

第2に，もう少し民間投資に馴染みやすい分野であっても，その時々の状況によっては国家投資を必要とした．例えば，住宅建設である．正常な社会経済の再生産が脅かされる状況が，こうした分野を公共投資の対象とし，公営住宅が建設されたりした．このような場合には，住宅は，私的排他的消費手段であるにもかかわらず，公共投資の対象と認識され，したがって「社会資本」と観念されるようになる．

このように，「社会資本」概念の登場を必然化した歴史的事実は，公共投資という政策行動である．ヨリ具体的にいうと，開発途上国への直接投資ならびに先進国におけるフィスカルポリシーのもとでの公共投資である．それは（公共投資の対象となる領域・分野），社会（ここでは資本主義的生産様式）の再生産とその発展のためには重要かつ必要なものであるにもかかわらず，経営的に採算をとりにくい（消費生活の面では個人の支払い能力の枠を越えるような）分野であり，しかもその中身は多くの場合「モノ」一般ではない物的「施設」としての建造物である．この物的施設は，既に述べたところの土地に固定された間接的消費手段であり，これが私的資本の循環にあるとすれば土地資本として機能したはずのものである．この部分が，これまで述べてきた意味での公共投資の対象となるような場合には，「社会資本」という概念規定を受け取ることになる．

「社会資本」と土地資本との違いは次の点にある．

第1に，投資主体が公的機関であり，少なくない部分が公的所有の形態をとる．第2に，原資が基本的に租税であることから，しばしば採算とは無関係の低価格化，場合によっては道路がそうであるように無償で供給される．

所有権の形態は，この部分が資本として作用するかどうかには無関係である．

これを取り込む資本循環の側からみて，売り手の所有形態は，資本循環そのものの在り方に何も影響を与えないからである．
　一方，供給が市場価格で行われるか無償で行われるかは，利用する資本にとって本質的な問題となる．無償の場合には，必要であっても無償で手に入れるモノ，例えば空気と同じである．しかし，有償の場合には，その生産に投下された労働量＝価値が，価格の実現を通してこれを利用する資本に移転する．
　このことは，資本循環の視点から見て，「社会資本」が範疇としての資本（土地資本）であるかどうかは，その実現＝消費が売買を介して行われるかどうかに依存するということを意味している．……
　通常「社会資本」と呼ばれているものの多くは，範疇としての資本ではない．……
　とはいえ，土地資本投資を国家が肩代わりし，「社会資本」投資を出来るだけ大きくすることが，常に社会全体としての資本蓄積を促進するとは限らない．
　それまで資本主義的生産になじまなかった分野でも，これを私的経営に包摂する条件が広がってくる．経済学的にいえば，価値的に成立するようになる．例えば，鉄道や道路が私的資本によって建設されたり，経営されたりするようになる．

　やや長めの紹介になったが，山田氏のこれ以後の議論展開をおさえる上で，必須の論点と考えるので，あえて引用を続けた．この点について，若干のコメントをしたい．
　社会資本という概念が登場してくる背景として，山田氏は，対象となる諸施設が民間資本の対象となるかどうか，という点を重視する．そして，一般的にはそれらが持つ性格（建設費の大きさ，懐妊期間の長さ，償却期間の長さ等の点）から見て，民間資本の投資対象となりにくいという点を指摘する．筆者もこの点を否定するものではない．しかしながら，山田氏の土地資本論を基礎にした主張からすると，社会資本的諸施設を国家政府から民間が引き受ける筋道ではなく，論理的には，逆に考えるのが正しいのではないだろうか．実際，社会資本的諸施設である鉄道や道路を，最初から国家が建設を行う場合もあるが，歴史的には逆のことも多い．イギリスの場合，「古代以来道路の建設と管理は各教区の責任において行われ，地域住民に義務として課

第3章　公共性は私的空間をいかに取り込むか　　　　　　　　　　85

せられるいわゆる「コルヴェ」（賦役労働）の制度がとられてきた．しかし18世紀に入り交通量が増加するにつれて，それはとうてい小さな教区の負担しうるところではなかった．そのために，世紀の中葉以降は有料道路条例が次々に通過せしめられて，私人が新しい有料道路を建設することが認められた」（荒井ほか編［1982］163-4ページ参照）．つまり，イギリスについて言うと，近代交通手段としての道路は有料道路組合（パートナーシップ）によって提供されたものが多いのである．その後，「コルヴェ」の制度と有料道路との一貫性を実現すべく，1835年に「コルヴェ」を廃止し地方自治体に地区道路の管理権と徴税権を与えた．また，19世紀中葉以降は次第に有料道路が廃止され，1888年には各州が道路管理の費用を負担するようになった（同上）．その他，鉄道，運河などの交通手段も，当初，株式会社によって建設され，運営されるケースが目立っており，公有化や国有化はその後であった．したがって，いわゆる「社会資本」に属するとみられる諸施設が国家や自治体によって建設されるか，それとも民間の資金等によって建設されるかは，当該国家の歴史的事情によるところが大きい，と見るべきであろう．

　山田氏の土地資本論は，「土地に合体した固定資本を土地資本」と理解するところに特徴がある．つまり，土地自体を資本と捉えるのではなく，一定の土地に固着した固定資本を土地資本と捉えるのである．ここから直ちに次のような疑問が発せられる．すなわち，一般に固定資本はその規模拡大に伴ってこのような土地固着性が強まっていき，いわゆる「投資の埋没性」を資本に認識させることになるが，山田氏の土地資本は，この「投資の埋没性」が大きくなったものとして理解されるのであろうか．あるいはまた，直接的生産過程における固定資本と土地資本は土地固着性の程度によって区別されるのであろうか．いずれにしても，山田氏は，土地資本を固定資本の一種としてとらえていることになるが，まさしく，この点が，もっぱら租税を原資とする公共投資の対象として「社会資本」を把握する議論との対照点となる．筆者は，いわゆる「社会資本」を社会「資本」と表現すること自体に賛成し

ないが，とりあえず，その点は措いたとして，「社会資本」の存立根拠はその「社会性」にあるのであって，「資本性」にあるのではない，と考えている．

[第3章　土地価格の決定メカニズム]

　商品の価格は二つの要因によって，一方では価値（＝社会的価値）によって，他方では社会的欲望と支払い能力によって規定される．前者は中長期的な実体的規定要因であり，後者は短期的な実態（現象）的規定要因である．

ここでの実体と実態は，本質と現象とするのがより正確なのではないか．辞書的には，実態＝実際の状態，実情．実体＝①表面にあらわれた「形式」に対して，物の内容・本体そのもの，②《哲学》さまざまに変化する表面的な現象・作用の根底にあって，それらを支配・統一している常に変わらないもの．本質（旺文社『国語辞典』第9版）とあるから，山田氏の説明で間違いではないであろう．ただ，ここで提起されているのは「価値」と「価格」という，すぐれて経済学的，哲学的意味での区別の問題であるから，そのことを反映できる表現が使われるべきと考えるものである．

　以上は，自由競争……が成立している場合である．何らかの要因によって競争が阻害されると，価格は社会的価値に規定されなくなる．そうすると，価格はもう一方の要因，すなわち買い手の「社会的欲望と支払い能力」との関係においてのみ決定されることになる．……<u>独占価格とは，このような意味で「社会的欲望と支払い能力」によってのみ規定される価格のことをいう</u>．

このような「独占価格」規定は正しいと言えるか．一般的には，市場の独占的支配によって競争価格たる生産価格を超える水準の価格が設定される点に「独占価格」の成立根拠を求めている．かつて展開されていた「独占価格」論争をここで総括できる能力は筆者にはない．しかし，独占価格が社会的価値の実体を有するかどうかについては，これを当該部門で生み出されたと考えるか，あるいは他部門からの移転と考えるかは別としても，基本的には実体があるものとして規定してきたのではなかろうか．山田氏のように

「社会的欲望と支払い能力」に独占価格の成立根拠を求めるのは，希少性の高い骨董品のような財については妥当するが，通常の独占的商品については，支払い側の事情ではなく，生産側の競争制限と市場支配力にこそ「独占価格」の成立根拠を見るのである．そして，生産価格との乖離の問題，価値と価格からの乖離の問題として「独占価格」問題を立てている．山田氏の「独占価格」論は，土地価格の特殊性を基軸にして「独占価格」を説明することから出発したために，このような説明になったのであろう．

　それでは土地価格というものは，常に独占価格ということになるかといえば，事柄はそう単純ではない．土地価格の決定に際しては，買い手の「社会的欲望と支払い能力」にすべてを収斂させることができない法則性が存在している．
　人間の社会経済活動にとって，どの土地・空間も同じ意味を持っているわけではない．この点を，農業を例に考えてみる．
　この場合も発生する剰余価値が社会的価値と個別的価値との差額であるという点では特別剰余価値と同じであるが，この原因となった土地の等級という経営条件の差が解消困難なものであるため，この剰余価値の発生は容易に解消されないという特徴を持つ．
　ここで，例えばＡ等級の土地で９万円という超過的な剰余価値が発生したのは，その面積が限られており，その利用をそこを借りた経営者が独占していることに起因する．つまり，「利用独占」がその原因である．そして，こうした「利用独占」が生じるのは，前項で示した希少財という土地・空間の特質に由来する．
　土地の豊度以外の要因でも，この種の剰余価値は発生する．例えば，同じ農産物でも，市場との距離という位置（立地）の差が影響し，その違いによってコストが異なる．したがって立地の良い農業経営者は超過的な剰余価値を取得できる．
　ここで，Ａ～Ｃ等級の経営者が土地を地主から借りているとすると，地主はこの剰余価値を地代として要求し，借り手はそれを支払っても，少なくともＤ等級を利用する経営と同じ採算を確保できる．こうして，この超過的剰余価値が地代として支払われた場合，これを差額地代という．
　……最劣等地であるＤ等級の経営では超過収益が発生せず，したがって差額地代はゼロとなる．しかし，どのような土地であれ，一般には地主はタダで貸すわけではない．経営者はいくらかの地代を支払わなければならない．この地代を支払う方法は論理的には二つある．一つは，米の価格にその分が転嫁される場合

であり，もう一つはそうできない場合に経営者の当初の収益から支払う方法である．

　この場合には土地所有の存在こそが地代生成の原因である．このように土地所有，すなわち土地の排他的独占が生み出した地代を独占地代という．

　独占地代の水準はどう決まるか．まず明確なことは，差額地代の場合のような，生産性格差に基づいた超過収益による規定（迂回的な価値規定）が作用しないことである．既述のように，価値による規定が存在しない場合，価格は当該商品の需給関係でのみ決定される．地代の水準が問題となっている以上，それはここでは土地の需給関係ということになる．……地代の水準は，その時点での総土地供給に対する総土地需要の関係として規定されるのである．等級差がある場合には，優等地では，これに差額地代が加わるのである．

　……土地需給と米需給は相互に作用しあう．このような範囲まで視野に入れると，独占地代の水準は，直接的には土地需給関係によって決定され，大枠としては米（農産物）の需給関係に規定されるといってよい．

　こうして，理論的に見れば，農業地代などの産業的利用に関わる地代は二つの要素から成っている．すなわち，差額地代の実体をなすところのそれぞれの土地の収益性格差を反映した超過的な剰余価値という実体がまずあり，その上に土地需給関係の作用によって生み出された独占地代を加えたものとして，その本質を認識することができる．

　しかし，現実の地代の取引においては，両者が別々に現れることはなく，その痕跡が全く消え去った一つの市場価格（市場地代）として現れる．つまり，一般の商品価格と同様に，現象の世界においてはただ時々の需給関係によって規定された一つの市場価格として現れる．この場合には，差額地代と独占地代の区別はその痕跡を残さない．……

　この理論的説明が，山田土地理論の核心かもしれない．つまり，農業地代は土地の収益性格差を反映した超過的な剰余価値という実体（差額地代）がまずあり，その上に，土地の需給関係の作用によって生み出される「独占地代」が付け加わる．そして，現実の市場取引においては，この両者が一体化した「市場価格」（市場地代）が需給関係によってのみ規定されるものとして現れる，ということである．

差額地代は，およそ地代の存在するところならばどこでも現われ，どこでも農業差額地代と同じ法則に従う」（資本論）といわれるように，商業の場合でもその基本的な生成メカニズムそのものはこれまで述べてきたことと変わるところはない．

商業地代形成においては，固有の要因としての位置の意義が極めて大きい．「この地代（建築地代のこと：引用者）の特色をなすものは，第1には，ここでは位置が差額地代に圧倒的な影響を及ぼすということである．」

なぜ，位置が決定的か，それは結局は客（買い手）をどれだけ集めることができるかということや，運送時間・コストの多寡が商業収益の増減を規定するからである．

現実の商業差額地代の主要部分は，この資本回転の相違に起因するところの差額地代第Ⅱ形態である．

最後に，資本の回転数に強く依存するという点とかかわって商業差額地代を特徴付けるものは，その土地集約度の高さである．わずかの面積であってもそこで展開する資本蓄積の規模，したがってまた形成される超過的剰余価値は，とくに農業地代と比べた場合には格段に大きい．……このような高い商業差額地代形成は，都市の，農村に比べての高地価の基本的な要因のひとつをなしている．

<u>純粋に住宅地だけを取り出して考えるならば，その価格は住宅地を巡る土地需給関係によってのみ決定されるところの独占価格（独占地代）である．</u>

この水準を決めるのは，ここでも位置と豊度である．便利な土地は，それだけ大きな需要を引きつけることができる．豊度は，この場合には地盤の強さや土地に固定された建造物の質などとして考えることができるが，やはり社会的欲望のあり方に大きな影響を与える．

土地価格については，農地をはじめとした生産手段としての土地と住宅用土地との区別が重要であることがわかる．しかし，山田氏の立論にあっては，両者の区別よりは，むしろ同質性，すなわち，その価格が需給関係によって決まる「独占価格」であるという点に重きが置かれた理解を強調していることになる．

[第4章　開発とは何か]

開発という概念は，……『広辞苑』では，（天然資源を）生活に役立つように

すること．もう少し具体的にいえば，「生活に役立つように土地・空間の形質を変化させる行為」ということができよう．

こうした開発行為を厳格に社会的規制の対象としているイギリスの都市・農村計画法では，開発を次のように定義している．

「"開発"は，建設，工作，採鉱もしくはその他土地の上，地下における諸作業を実施すること，もしくは建築物やその他土地の利用において経常的な変更（material change）を行うことを意味する．」

ただし，「建築物の内部にのみ影響を与える場合」や「建築物の外観に形状的な影響を与えない場合」の建築行為等は，「開発」には含まれないとされる．

日本の都市計画法（第4条12）では，次のように規定されている．

「この法律において『開発行為』とは，主として建築物の建築又は特定の工作物の建設の用に供する目的で行う土地の区画形質の変更をいう．」

すなわち，開発は「土地の区画形質の変更」という，狭い範囲に限定されている．……その上で展開される具体的な建造・建築行為は，事実上開発行為から除外されていることになる．一方，建築基準法も，主として個々の建築物の構造や用途・建蔽率などの規制を中心とするものであり，建築物の集合空間レベルにおける形質の変更に関してはその適用範囲は限られている．

<u>開発は，その土地の豊度と位置を変化させることによって，資本蓄積の空間的展開を，したがってまた地代・地価の水準を変化させることができる．</u>

<u>開発によって地価が上昇した場合，実現した地価と以前の地価の差額（そこから得られる差益）を開発利益と呼ぶ．</u>

限られたパイの中でのシェアをめぐる競争関係が存在している状況の下では，土地資本投下をベースとする空間での開発利益の増大は，どこか別の空間での開発不利益を伴うということである．

なんらかの建築規制を前提とするならば，土地資本の減価が抑制される可能性があること，そして，古い建築物などのように特殊な使用価値を持ったものが保全される場合には，価格が上昇に転ずることもあり得るということである．

［第5章　空間公共性の理論的根拠］

この章が，第9章と並んで本書の核心部分である．山田氏はこの点を次のように確認している．

<u>本書の課題は，「私的空間と公共性」である．そこで問題となるのは，私的空

第3章　公共性は私的空間をいかに取り込むか

間とこれを含む集合空間との関係，そしてこの関係において生じる矛盾を回避するための社会的規制と，その根拠となる公共性認識の発展という諸論点である．
　以下，第1に，そもそも公共性とは何かについて確認しておく．……ちなみに，この概念については，社会的な共通認識があるようには見えない．また，第2に，土地空間の私的所有（＝土地所有）の特質を述べる．

　まず，公共性について，山田氏は以下のように述べている．

　　いうまでもなく，資本主義という経済システムは，市場のみで成り立つわけではない．そのシステムを維持するための共同業務・管理業務の実行主体として，国家や自治体を必要とする．
　　これらの組織は当該社会の円滑な再生産に社会的責任を負っている．こうした点で，国家や自治体が公共性を持った存在であることに疑問の余地はない．というよりは，まさにこれらは「公共」そのものとして機能し，認識されてきたのである．その意味では，国家等＝「公共」が公共性を持つというのは，同義反復である．したがって論理的には，何らかの意味でこれらの機関が持つ固有の社会的性格と同質の性格を持つ事柄が，国家や自治体の外側にも存在しその社会的役割を担うからこそ，公共「的」性格＝公共性という概念が独自の存在意義を持ってくると考えることができる．
　　では，その性格とは何なのか．端的にいえば，それは，所有または利用（管理）にかかわる社会的共通利益性という特殊な社会的関係性にある．
　　例えば，一般に協同組合は組織された組合員がその管理に参加するシステムを持つ経営体である．外に向いてはあくまでも私的資本であるが，内実においてある範囲での社会的所有という実体をもっており，その枠内で公共性を持つ．これは，協同組合が，社会性一般にとどまらない明確な組織体としての共通利益性を持っていることによる．
　　株式会社もまた純粋な私的所有とはいえず，その実体に応じて公共性を持つ存在でもある．いわゆる所有と経営の分離の中で，株主は不特定多数の参加の対象となり，その限りにおいて所有は社会的所有の性格を持っている．

　ここでは，経済システムをその外側から国家や自治体が管理するという脈絡で共同業務・共同管理を山田氏は捉えているようであるが，むしろ，経済システム，とりわけ市場自体が共同業務・共同管理性を具備しなければなら

ない，と考えるべきではないかと筆者には思われる．この点は，次の文章で，山田氏が国家等は本来的に「公共性」を持った存在であることを自明とし，それとの対比で国家や自治体の外側における国家等と同質の存在を考えていることに関わっている．つまり，氏の場合，この同質の存在として協同組合や株式会社が念頭に置かれているのであるが，その場合，「市場」はどのような位置づけになるのであろうか．

　山田氏も指摘するように，協同組合のもつ「公共性」は，組合加入者による「共同性」を基礎とした会員間の共同利益追求の過程に生まれるものであって，会員外に対しての「公共性」は限定的であり，時には排他性を帯びるものである．また，株式会社，とりわけ「所有と経営の分離」が貫徹した株式会社においては，不特定多数の株主による出資，したがって社会的出資という建前をもって会社運営がなされる．しかし，株式会社はこれを，文字通り「建前」としているのであって，その内実は経営者による会社の私的運営である．近年，株式会社を巡る不正や不祥事が相次ぐ中で，この「建前」を内実化することが要請され，「企業の社会的責任」「株主代表訴訟」など，経営者が外部に発信，対応しなければならない局面が多く発生していることは間違いない．しかしながら，「企業の社会的責任」は企業が法人として市民に擬制されることに基づくものであり，また「株主代表訴訟」は経営者が株主によって選任されるという組織ルールに基づいて責任追及がなされるという関係から提起されるものであって，社会に開かれているというよりは，むしろ，株主を含む組織内部に向かうベクトルが基本であろう．

　したがって，最終的には，株式会社は株式所有の「社会的性格」によって特徴づけを行うのではなく，むしろ，それを越えて貫徹される私的資本家的性格にこそ目を向けるべきなのではなかろうか．特に，わが国の場合，会社の中では「憲法」が通用しない現実がその点を如実に語っている．それに対し，市場はこの株式会社と協同組合を含むすべての参加者を，基本的には平等の参加者として迎え入れてくれるオープンな場であり，それこそ「公共」の場であると言えよう．協同組合にしろ，株式会社にしろ，その「公共的性

格」を組織内部へと向かうベクトルにおいてはある程度議論できる素地はあると考えられるが，市場と社会という組織外部へ向かうベクトルにおいては，むしろその「私的性格」と「資本的性格」によって説明しなければならないものである．近年の「新しい公共」論においても，国家・政府─企業・会社─市民という三者の鼎立関係の視角から三者の中間領域に「新しい公共」を位置づけることがしばしば行われる．この場合の企業・会社は市民と同等の法人として行動することが期待される存在であることは明瞭である．また，この鼎立関係における国家・政府は本質的には他の二者と並び立つ存在ではなく，権力関係として別に規定されるべきであると筆者は考えるが，ここでは立ち入ることはしない．いずれにしても，「新しい公共」論における株式会社についても，なお検討の余地が大きい．

　以上のように，株式会社を市民社会においていかに位置づけるか，というテーマに答えるうえで，株主民主主義論は１つの視角ではあるが，それによってとらえられる範囲は限定的であると筆者はみている．たとえば，ヒルファディングが主張した「組織資本主義論」の重要な理論的背景に「所有と経営の分離」論があり，発達した株式会社においては，所有者としての資本家は，実際上株式会社の経営の前面からは退いており，したがって資本主義的会社にとって，「無用」の存在となっていることが示唆されていた．それ故，資本主義の高度な発展段階においては，労働者を中心とする会社組織の担い手が，直接会社の管理者として機能し得る，とする「言説」に一定の論拠を提供してきたと言える．筆者は，企業と会社組織における，労働者の陶冶を基軸とするこのような展開を積極的に評価する立場ではあるが，そのことと市民社会論を直接結びつけることには，まだ抵抗がある[3]．

　既に，第１章で触れたように，市民社会と企業社会の関連を意識的に論じようとする研究は必ずしも多くはない．そうした中にあって，松葉正文氏は一貫してこの問題を追究している数少ない論者である．新しい「公共」問題も市民社会論との関連で議論されることが多いのであるが，その際，その構成メンバーは自然人としての個人ないしは市民が前提され，彼（彼女）らが

同時にアソシエーションのメンバーとなるという論理が展開されている．筆者は，このような市民社会論の社会変革に果たす役割は大きいと考えるものであるが，いくつか留意すべき点があることも明らかである．確かに，わが国のように，労働組合が社会的に期待されている機能を十分に果たし得ない状況が続く中では，市民社会論の意義はますます大きくなるであろう．したがって，労働組合の存在が市民社会においていかなる役割を果たせるのかという問題自体がわが国の市民社会論にとっての検討テーマの１つになるべきものである．その意味では，会社が市民社会の一員として位置づけられるかどうかという点を含め，市民社会の構成メンバーに何を含めるかという問題については十分な考察が必要である．少なくとも，筆者は，企業と企業社会の位置づけを欠いたままの一直線の市民社会論には賛同しない．階級概念や階層概念の実効性については，もちろん検討が必要であるが，現にある社会的，経済的，政治的格差に目をつぶったままの市民社会論には与しない．いずれにしても，このテーマも重大かつ本質的な問題であり，今後本格的に検討しなければならない（松葉［2006］参照）．

　また，奥村宏氏は，この企業社会を「会社本位主義」「法人資本主義」の観点から長年論じてきている．氏の論究は，わが国の市民社会の内実がどれほど企業社会によって浸食されているかを余すところなく喝破している（奥村［2005］）．さらに，森岡孝二氏は，その著［2005］『働きすぎの時代』において，企業で働く労働者サイドからこの問題を論じていることになる．

　したがって，株式会社の「公共性」を論ずる上では，奥村氏や森岡氏の議論ともかみ合わせる必要があるであろう．

　以上見てきた株式会社の「公共性」を論ずるにあたって，元々「公共性」が高いと考えられてきた分野に注意が必要である．山田氏は次のように述べている．

　　また，<u>私的資本による経営であっても，利用の社会性の面で公共性を持つ分野も存在する．例えば，鉄道や空港などの交通・運輸手段である．</u>これらの消費手

段は，一人ではなく不特定多数の人々が共通して利用するところに特徴がある．
　……こうした性格を持つ消費手段を社会的共通消費手段と呼んでいる．これらは，その利用範囲（広さと深さ）に応じた公共性を持つことになる．……幹線鉄道や幹線道路など，基幹的な消費手段を供給・維持・運営する事業活動は，一般的に高度な公共性を有するものと社会的に認知されることになる．ここでは，同一の対象を共通して使用することによる可視性が存在しており，社会的共通利益性の認識は明確である．

　幹線道路や幹線鉄道などはその基幹性から「高度の公共性」を有するものとして社会的に認知される．そこには，同一の対象を共通して使用するという可視性があり，社会的共通利益性の認識は明確である，と山田氏は指摘する．筆者もこの結論に異論があるわけではないが，結論がア・プリオリにすぎないか，との疑問が残るのも確かである．この結論に至る，媒介環が他にもあるように思えるのである．少なくとも，「基幹性」だけではなく，「ユニバーサル・サービス性」の論点からの言及があってしかるべきであろう．

　……時代状況によって，基幹的消費手段の中には市場供給として実現されるものもあるが，その生産や管理は，しばしば国家がこれを担った．ゆえにまた，既述のように，戦後の経済政策と関わって，「社会資本」という表現を受け取ることにもなる．
　住宅はそれ自体を取り出せば私的排他的な消費手段である（「共同住宅」の場合は，確かに共通部分もあるが，個別の居住空間の利用は排他的である）．また，市場に任せてもそれなりに供給できる可能性を持った使用価値＝商品であり実際にもそうである．
　ところで，いまなぜ公共性がとりたてて問題となるのであろうか．
　この種の問題は，経済学の分野では公共経済学の登場によって開かれたといってよいが，その観点自体はピグーの『厚生経済学』に孕まれていたものである．その後，ガルブレイスの『豊かな社会』，ミシャンの『経済成長の代価』などによって本格的な展開を見せ，わが国では，宇沢弘文，宮本憲一らが代表的な論客である．
　ここで特徴的なことは，これらの議論が，もっぱら「社会的共通資本」や「社会資本」論，あるいは外部経済・外部効果論として提起されたこと．言い換えれ

ば，今日ほどに公共性論としては展開されていなかったことである．
　その最大の要因は，ケインズ主義的政策が経済政策を席巻する中で，当時は，問題への対応・管理がなによりも国家（や自治体）の直接的な投資や介入を通じて担われていたことにある．言い換えれば，国有化や公有化こそがこれらの問題を解決する最良の手段であり，したがってまた歴史的に進歩的な方法であると考えられていたからである．
　このようなイデオロギー状況は，1970年代半ば以降に明確となる現代資本主義の構造変化によって様変わりする．
　第1に，経済の「低成長」への移行の中で顕在化した財政危機への対応，そのイデオロギー的表現としての新自由主義・「小さな政府」論の台頭である．
　第2に，この間の世界経済の発展がもたらした地球規模での段階を画する環境問題の展開である．例えば，大気は労働生産物ではないが，……人間が消費する重要な基幹的消費手段である．
　第3に，1980年代以降，とりわけ90年代以降におけるグローバリゼーションの，これも段階を画する展開である．……ある国・地域の問題の発生と解決は，世界の諸国にとって共通利益性を持った共通の課題，したがってその課題の解決は，徐々にかつ着実に公共性を持った問題として現れるようになる．
　第4に，国内に目を転ずれば，グローバリゼーションとも絡み合いながら，地域社会の崩壊が著しい．……中心市街地という特定地域の衰退が，もし当該都市全体の帰趨を左右するものであるとするならば，そこではその再生が地域の共通課題（公共性を有する課題）として現れ，公的介入の根拠として認識されることになろう．

　共通課題が公共性を有する課題と認識される，ということは，先述した，社会的共通利益性と同様，山田氏の「公共性」理解の要点は，この「共通性」にあるようである．
　以上のような公共性の定義とこの概念の生成背景を前提にして，山田氏は土地空間の公共性と公的介入の必然性についての考察に移る．

　資本主義社会は，一般的に私的所有が普遍的な社会である．ところが，土地の素材的特質を背景として，土地の私的所有は，私的所有一般とは異なる性格を持つことになる．端的にいえば，生まれつき特別な独占的性格を持っている．しか

し，これとは別のレベルで，実は所有それ自体が本来的に独占である．なぜならそれはあるモノに対する他人の処分権の排除＝独占を意味するからである．この意味での独占は，自由競争と対立する概念ではなくて，逆にその前提である．

土地所有の独自の独占的性格は二つの内容からなる．

第一の独占は，土地利用（経営）の独占である．

第二の独占は，土地所有の独占である．

このように，土地所有が一般商品とは異なり「二重独占」として存在している結果，土地市場（供給）は，一般商品市場に比べて常に競争制限的市場＝独占的市場として現れざるを得ない．

資本主義の母国イギリスでは封建的土地所有は「近代的土地所有」に転化した．このプロセスは，「二重独占」が市場に包摂されるプロセスにほかならず，「利用独占」は差額地代に転化すべき超過利潤を，「所有独占」は独占地代を生み出す関係が成立した．

他方で重要なことは，農業・農村部面におけるこうした展開とともに，これと踵を接して大工業の成立を契機とする急激な都市化が進んだことである．

山田氏は，次に土地所有に対する社会的介入とその必然性の考察に移る．最初に，土地空間問題の現象形態を追跡する．

現象ⅰ　経済力格差に伴う土地利用の序列化

土地利用のあり方は，……市場によって決定される．すなわち，利用が競合した場合，その勝敗は地代負担力の差によって決せられる．このことがもたらす一般的な傾向は，都市の優等地は経済的強者によって独占され，弱者の駆逐が進むという，市場の論理による土地利用の序列化である．

現象ⅱ　市場の無政府性に伴う土地利用の無政府性

多種多様な土地需要が恣意的な土地供給と向かい合い，土地利用の許諾が個々の土地所有者の裁量に委ねられる結果，無政府的で乱雑な土地利用が進む．

現象ⅲ　地価高騰・土地投機に伴う土地利用や資本蓄積の攪乱

土地需要が「所有独占」を背景とした硬直的で恣意的な土地供給と向かい合う．本来的な有限性に加えてのこうした供給硬直性は，土地投機の温床となる．

以上の諸問題に対して，対症療法としての社会的規制の発展がみられる．

いずれの先進諸国でも程度の差はあれ，農村に比べて格段に集約的な土地利用

は「利用独占」による差額地代の高騰を生み，「所有独占」は圧倒的な土地需給逼迫とこれに輪をかける土地投機の横行という環境下でその独占力を遺憾なく発揮した過去を持つ．こうした中で，高地代・高地価の下でのスラム問題に象徴される住宅問題の発現，あるいはまた市街地の郊外へのスプロール的膨張などが社会問題化していった．

　これらの社会矛盾への対症療法として，土地利用（「利用独占」と「所有独占」）及びこれが実現される土地市場に対する社会的規制の発展が必然化される．土地・空間部面における「市場の失敗」はこのように構造的なものであり，ゆえに土地市場における公的介入の発展は，市場一般に対するそれを超えたヨリ強い必然性を持っている．

　私的空間の公共性をテーマとする本書の立場からいえば，一般に私的空間に対する強い社会的規制を有する欧米諸国の都市計画制度がとくに関心をひく．都市計画制度が担保するこうしたルールは，通常「建築不自由の原則」と呼ばれている．私的空間だからといって，これを所有する者の開発行為の自由は認められないという原則である．日本でいえば，「財産権」の侵害に当たりそうなこうした規制が社会的に許容されるということは，そのことが公共性を持っているという，意識的もしくは暗黙の社会的合意が形成されている必要がある．

　これらの社会的規制の根拠としては土地空間の公共性がある．すなわち，現象 i, ii は「利用独占」にかかわって生じる問題である．私的所有の対象となっている個別空間が，同時にある地域空間の切り離しがたい一部分であるという特質のために，当該私的所有が含まれる集合空間との間に矛盾が生じるというのがその要点である．この論理の次元でいえることは，ある集合空間のあり方が個別の各私的所有にとっての共通の課題として現れるということであるから，この広域空間をどうするかは，客観的には各私的所有の共通利益を有する課題として存在している．

　これに対して，現象 iii は，所有独占に起因する問題であった．個々の供給は恣意的であり，全体の供給を考慮することができない．そして，そのことが土地利用や資本蓄積の攪乱として全体にかかわる問題を生じさせる．その意味で社会的共通利益性が存在している．

　土地所有を実体として見れば，個々の空間はそれだけで存在することができず，土地空間の物理的属性とそこから派生する社会経済的属性そのものが，私的空間と集合空間との不可分の関係性を生み出す．

　しかし，実体がそうであるとしても，このことはあくまでも土地空間が公共性

を持つことの客観的な基盤であり，形式的な可能性に過ぎない．公共性という概念・観念は，客観的実体とは相対的に独自的なひとつの社会的意識である．そうした意識が潜在的なものにとどまるか，どの程度顕在化するかは，集合空間と個々の空間との関係が可視的な関係として現れるような事態の発展に依存する．その意味で，ここから先は，理論的な本質規定を，ヨリ空間形成の現実の展開との関連において検証・発展させていく必要がある．

　以上のように，山田氏は私的土地所有に対する公的規制あるいは社会的規制の必然性について説明している．そして，これらの社会的規制の根拠としては土地空間の公共性がある，と考えている．すなわち，土地利用の無政府性等について言えば，私的所有の対象となっている個別空間が，同時にある地域空間の切り離しがたい一部分であるという特質のために，当該私的所有が含まれる集合空間との間に矛盾が生じるというのがその要点である．この論理の次元で言えることは，ある集合空間のあり方が個別の各私的所有にとっての共通の課題として現れるということであるから，この広域空間をどうするかは，客観的には各私的所有の共通利益を有する課題として存在していることになる．

　これに対して，土地投機等の現象は，所有独占に起因する問題であった．個々の供給は恣意的であり，全体の供給を考慮することができない．そして，そのことが土地利用や資本蓄積の攪乱として全体にかかわる問題を生じさせる．その意味で社会的共通利益性が存在している．

　全体として言えることは，土地所有を実体として見れば，個々の空間はそれだけで存在することができず，土地空間の物理的属性とそこから派生する社会経済的属性そのものが，私的空間と集合空間との不可分の関係性を生み出すのである．

　「私的空間とこれを含む集合空間」との関係，とりわけその矛盾を解決することに「共通利益」を見いだすプロセスに「公共性」認識が生まれる，というのが山田氏の主張であろう．

[第6章　都市膨張時代の空間形成]

　資本主義市場経済というものは本来，シュムペーターのいう「創造的破壊」，スクラップ＆ビルドを旨とする．言い換えれば，安定ではなく変化が，ストックではなくフローこそがその生命である．

　しかし，他方で，ストック性の高い空間，つまり耐久性やデザインにすぐれた空間を作り出すためには，高い経済発展が実現されなければならない．

　欧米の少なくない国々において，概して戦後の経済発展と都市空間の高いストック性とを両立させてきたという事実が，なによりもこのことを示している．

　フローの時代だった19世紀にあっては，都市空間についてストック性の高さを自らの要求として持ち得たのは，建築家などの専門技術者を別とすれば，土地貴族や資本家，そして一部高所得の持家階層などに限られていた．……広く住環境において，資産としての建造物の価値の高さと維持に注意を払えるような性格を備えたストック型社会を実現する上では，社会の多数者とまでは言わないにしても，少なくとももっと広い範囲の都市住民がこの種の要求を持つに至ることである．そして実際に，このような状況を，20世紀の経済発展とそれに伴う社会的・政治的な諸変化が作り出していくことになる．

　一方における良好な都市空間，住環境の保全に対する要求の高まり，他方におけるこれを攪乱する事態の発展――この矛盾の先鋭化が一つの社会的合意を帰結する．それは開発をめぐる公共性の承認――いわゆる「建築不自由の原則」の導入，具体的には，ゾーニングや個別開発許可制度等の手法を用いた，都市空間はもとより国土全域にける開発の公的規制の一般的な承認である．イギリスの例でいえば，とくに1947年の「都市・農村計画法」の制定がこれを象徴する．

　これに対し，本格的な都市化を20世紀後半に初めて迎えることになった日本では，急激な都市膨張が「建築自由の原則」の下で現れることになった．

　日本の都市空間は，多くの地域で農村空間との明確な境界を持たないものとなった．

　こうしたあり方を強く規定した制度としてまず挙げるべきは，1968年の（新）都市計画法である．……関連して改訂された建築基準法とともに，これらがその後の日本の都市空間形成にかかわる基本的な制度的枠組みとなった．内容的には，（新）都市計画法は，市街化区域と市街化調整区域とのゾーニングによって市街地と農村空間を区分しようとし，用途地域の指定によって市街地内部の土地利用の調整を志向した．しかし，結果は市街化区域内での農地の広範な残存と都市計画区域の外側での無秩序な開発を招き，調整区域内でも市街地開発が進展した．

1953年農地法は，自作農を定着させ，もって食糧供給の安定化を図ることを目的とするものではあったが，日本においてこの時期に「建築不自由の原則」を体現した先進的な内容を持つ法律であったと言える．しかし，都市化の進展とともに転用規制は段階的に解除されることになる．

[第7章　都市膨張の終焉と都市構造の再編]

この章では，経済成長と都市膨張の終焉に伴って，新たな都市像が模索されてくる，というテーマを取り扱う．

その中心は，新自由主義からの脱却と「コンパクトシティ」論の台頭ということになるし，その具体的な筋道は化石燃料依存から歩行者優先へ，という展開である．

「コンパクトシティ」論の日本的特徴を考察してみると，日米構造協議と大型店の郊外進出問題（1973年大規模小売店舗法，1998年大規模小売店舗立地法）が大きな背景としてあり，その結果としての中心市街地の衰退と中心市街地活性化対策とのかかわりが重要である（1998年中心市街地活性化法，2000年都市計画法改正）．

また，都市再開発・「高度利用」論とのかかわり（1996年経済審議会『建議』）も問題となる．

LRTなど公共交通の見直しは，環境問題というよりは市民の動線を中心市街地に向けることによる，中心市街地再生のための手段といった性格付けが目につく．環境視点であれば，環境破壊型の自動車交通からの脱却という方向性と明示的にリンクされる必要があるが，わが国の場合，こうした視点が決定的に弱い．

こうした視点からとくに指摘しておくべきは，ストック型都市空間への転換の必要性であり，とくにそこにおける住宅市場の構造再編の意義である．

使い捨て型住宅消費がもたらす居住空間の貧困がある．住宅があたかも耐久消費財と同様に市場で循環するという事情は，経済の浪費性を強め，フローの大きさがストックの改善に効果的に反映されないという問題を生む．……住宅の寿命を延ばすことによってこそ，環境に優しい住宅建設と豊かな居住空間の創出を両立させることができる．

以上見てきたように，わが国の都市構造再編の議論は根本的な弱点を抱えたまま推移してきたと言えるが，それでも，新たな都市ビジョン構築の必要性が叫ば

れる中，2006年に「まちづくり三法改正」が実現した．しかし，結局のところ，……重大な問題は，まちなか居住の促進を，単純に都市中心部の容積率の拡大と中・高層マンションの建設に矮小化するような議論が広く見られることである．これは，現下の都市政策がなお，というよりもその根底において開発主義的「高度利用」論を引きずっていることの結果である．

<u>空間の普遍性の獲得は，なるほどそれを破壊するベクトルへの大きな対抗力となるものであるが，市場の自由はこうしたパワーに対し，しばしばそれらをも上回る力を持ったものであることを示している．その意味で，土地利用規制に加えた建築規制の役割は大きい</u>．

いずれにしても，常に人口が増大してきた都市膨張の時代とは異なり，人口に加えて世帯数までも定常的に推移するようになってきた現代においては，都市の構造とともに，その規模を管理することの重要性がこれまで以上に強まっている，ということである．

［第8章　景観形成と公共性］

この章では，景観と公共性の問題を考察する．この問題の根本には「美」意識の存在がある．

景観を問題にする以上，個々の住宅というよりは，その集合としての街並みについての美意識発展経路がここでの課題である．……<u>街並みを自らの実践の対象として意識することのできる立場が客観的に存在することが必要である</u>．

<u>一定の地域空間全体を自らの実践の対象として意識し管理する（できる）者ということでは，例えば中世であれば領主がそうであろう．あるいは，19世紀のイギリスでいえば，工業村は工場主・資本家が，そのような立場・観点から作り出した街である</u>．

都市開発の領域においては，それを市場に委ねてきた結果としての都市問題の深刻化を受けて，国家や自治体が計画管理主体として登場する局面が現れた．都市計画への要求がこうして必然化され，そのことは必然的になんらかの程度の景観に対する社会的関心を含まざるを得ない．

「都市の「美」を求めて各種の規制が合意形成をはかるとして，その遵守を一般市民に求めることは，少なくとも近代民主主義国家においては，「美」の達成

に公共性があることを意味している．それはどのように論証できるのか．」（西村幸夫）

　公共性の本質は，なによりも「所有または利用（管理）に関わる社会的共通利益性」という社会的関係性にある．

　一般に景観は誰もが享受可能なものであり，その意味では景観そのもの，また景観形成にかかわる実践は無条件に公共性を有するように見える．しかし，誰もが見えるということが，即社会的共通利益性を意味するものではない．景観の享受に自らの「利益」性を見いだすことができなければならない．

　20世紀に入るとこうした状況が大きく転換する．……国家の社会経済全般にわたる介入を必然化した．国家がケインズの言う「賢明な管理」者としての役割を求められ，自由競争資本主義は国家資本主義へと移行した．

　欧米諸国では，市場の自由に対する「建築不自由の原則」が空間形成の一般原則となった．

　問題は，前述の住宅政策の公共性に通底する性格を持っている．つまり，一国や地域の正常な再生産を実現していく上で公的実践としての景観政策の必要性が浮上したということであり，そこにも景観問題が公共性を持った課題として認識される客観的基盤が生まれているということである．

　こうして，景観美の達成は，上下両面からの公共性を持った課題として意識されつつある．

　山田氏が引用する美しい街並みというものは，個人としてどんなに金をつんでも買うことのできないものなのである，という伊東光晴氏の発言は正当であろう．

［第9章　都市空間形成と公共性］

　ここでのテーマは，都市空間を素材に，そこにおける私的空間と集合空間との関係をどう認識するか，という，本書の主題そのものであるが，ここで，山田氏は，法学と経済学との議論を取り結ぶ形で，この課題にアプローチする．

　法学領域では，「近代的土地法から現代都市法への移行」（見上崇洋氏）が取り上げられる．

第1に，見上氏の整理に従えば，この都市法論の展開にも三つの類型があるが，ここでは原田純孝氏を代表的論客とする「現代都市法論」の理論的核心部分を対象としてとりあげる．

　第2に，ここでいう経済学とは「社会経済学」を指す．……「土地経済学」から「都市経済学」へのシフトという筋道を確認することができる．

　後者の内容を検討するに際しては，宮本憲一氏を取り上げる．
　<u>上記の論稿で共通して重視されている都市空間の「共同」性あるいは公共性というコンセプトを，両者を取り結ぶ結節概念として位置づける</u>．
　都市法論における空間認識については，まず，「現代都市法」論における「矛盾」の捉え方を紹介する．

　　土地所有に関するこれまでの検討は，少なくともその固有の独占的性格を明らかにすることを通じて，（資本及び生活者の両面の立場から）これを規制・制御しようとする法制度の生成・発展の根拠を示しているといえるだろう．<u>論理的にいえば，土地所有に社会的規制を加え，「二重独占」を押さえ込むことによって，はじめて土地は普通の意味での商品となることができるからである</u>．

　山田氏は，土地所有に社会的規制を加え，「二重独占」を押さえ込むことによって，論理的にはじめて「土地が普通の商品になる」ことができる，とされるのであるが，このような社会的規制にもかかわらず，土地は「普通の商品」にはなれない，とするのが山田氏自身の立論から出てくる理解のように筆者には思われる．つまり，山田氏にあっては，私的所有に基づく個別土地空間の商品としての流通と個別土地空間の集合体としての空間との間の矛盾関係が重要であり，土地所有に規制が加えられることによって，この矛盾が解消されるという脈絡において「公共性」を捉えていたはずである．土地は独占されるものであるからこそ「商品」となれるというのであるから，その「独占」を押さえ込まれることは，その条件を失うことになり，むしろ「商品」となることが妨げられることになる，と理解するのが自然であるように思われるのである．

原田氏によれば,「都市法」とは,「都市環境を含めた都市空間の形成(広い意味でのそれ)と利用を公共的に実現・コントロールするための一連の制度的システムの総体」であり,次のような内容において構成される.

都市法とはハード・ソフトの両面で都市という「場」の形成にかかわる法制度の総体であるが,「最も重要な意味をもつのが,都市計画とそれに基づく土地利用規制の制度である.」(原田)

第1に,「目的意識的な形成・対象であるべき『共同の活動・生活空間』が法制度的には私的土地所有権の集合体の上に存立している」という矛盾・事実である.……したがって,「全体としての都市空間を形成する権利は,個別の私的土地所有者に認められる諸機能とは別個のものであり,むしろ本来的に共同的な性格を伴った権利として編成されるべきである」という考えが生まれてくる.

第2に,「都市法の実体的・価値的な理念・目的・法原理が問題となる」.ここで原田がとくに重視するのは,「現実社会から生ずるさまざまな実体的な諸要素の間の対抗関係,とりわけ経済面からくる諸要請と居住・生活面からくる諸要請——ないしは経済の論理と生活の論理——とのせめぎあい」である.(原田)資本主義社会では,自然発生的には「経済の論理」が「生活の論理」に優越する.(神野)この矛盾の調整手段として,都市法が位置づけられる.

こうして,現代都市法は,「市場原理に基づく自然成長的な都市発展に対する一つのアンチ・テーゼ」としての性格をもつことになる.(原田)

ここで,「形成と創造の対象」としての都市空間について考察する.上述の「目的意識的な形成・対象であるべき『共同の活動・生活空間』が法制度的には私的土地所有権の集合体の上に存立している」という規定は次の2点から成っている.

①目的意識的な形成・対象であるべき共同の活動・生活空間
②法制度的には私的土地所有権の集合体の上に存立
　個別空間が集合空間の一部をなすという事実からは,この集合空間が①であるという認識は直ちには出てこない.逆にいえば,ある集合空間が,必ずしも①である必要はない.実際,市場が創りだす都市空間は,「見えざる神の手」に導かれた自然発生的な性格を持つものであり,むしろこの規定とは正反対の性格のものである.

「都市は，多様な側面を有するが，都市が何よりもまず，多数の人々の経済的諸活動と生活の場であることは明らかである．そして経済活動と日々の生活——ないしは，そのための二つの「場」——が完全に切り離されることは現実にはありえないから，その意味での都市は，そこに住み働く人々にとって，一つの与えられた共同の都市空間を構成する．しかし，その『場』すなわち都市空間は，けっして自然的な与件ではなく，人々の日々の営みによって不断に作り出されるものであり，その点では，むしろ形成と創造の対象として捉えられる．」（原田）

利害調整を必要とする対象として，個別の空間だけでなくこれに加えて何らかの広がりを持つ「共同」空間が法的権利関係の対象として現れる中で，「地域や住民集団の共通利益や自治」，個人の枠を超える集団的な主体形成の作用が強まってきたという社会的変化をそこにみるわけである．（見上）

「土地法」段階においては土地問題が都市問題のかなめとして現れていたことを反映して，経済学において都市の地価論（高地価）研究が盛んであったことは当然のことである．

いま一つの主要な理論領域は，「社会資本」研究であった．

宮本の『社会資本論』は，「社会的一般労働手段」と「社会的共同消費手段」という二つのカテゴリーを，社会資本の「素材的規定」と認識するところに，その理論的核心があった．その上で端的にいえば，公共投資が「社会的一般労働手段」に偏って投下され，反面で「社会的共同消費手段」が不足するプロセスとして都市問題を把握するというのがその基本的スタンスである．

まず，宮本の「共同消費」とは，いわゆる個人的消費の「個人消費」（あるいは「私的消費」）以外の部分を意味している．例示すれば「共同住宅，上下水道，公園，都市交通手段」などがそれに当たるとされる．

そして，都市における消費においては，「個人消費」は商品として，「共同消費」は主として「社会的消費」として現れると認識する．ちなみに，宮本の場合，「社会的」という表現は，非常にあいまいな書き方ではあるが，国有や公有という所有形態との関連性が強く意識されている．

「共同消費」の実体は，「共同住宅……」などの消費を指している．つまり，第一義的には，ある同一の使用価値の多数（あるいは不特定多数）者による利用という実体である．

しかし，注意を要することは，このことはその行為が直ちに「共同」性を持つことを意味するわけではないことである．なぜならば，その行為そのものは，当事者の合意による目的意識的な制御という意味での「共同」の実体を必ずしも持

っていないからである．言葉のヨリ精確な表現としては「共通消費」として把握すべきものである．「社会的共通消費手段」における本質的な問題は同一の使用価値（利用対象）に対して多くの個人的消費が向かっているということである．もしここで「共同」が問われるとすれば，なによりも当該使用価値の管理という行為にかかわってのことである．宮本の「社会的共同消費手段」概念の難点は，本来，個別的な個人消費を「個別消費」と「共同消費」に分けた上で後者を都市市民の消費の特質と捉え，「共通」性と「共同」性を混同した上で，管理・所有の実体ではなく，対象の法的所有形態において問題を認識した点にある．

この結果は，財政学者の立場から事態を認識しようとしたからであろう．そうでなければ，こうした社会資本投資の一方で行われた私的セクターによる膨大な社会的共通消費手段の建設，経済学の基礎的範疇としていえば土地資本投資もまた，それにふさわしい比重を置いて同時に検討の対象とされていたはずである．

宮本の議論において都市空間から「社会的共同消費手段」が抽出されていることは，逆にそれ以外の消費手段（各種私的建築物が織りなす空間形成）が「共同」の対象として措定されていないことを意味する．

したがって，そこに利用者（とくに生活者）による主体的な「形成と創造」という視点は入っていない．というのは，その部面においては，基本的に資本投下の主体たる国や自治体の主体性の問題にとどまっていたからである．つまり，「階級闘争」や「市民運動」は「形成と創造」の主体というよりは，国や自治体，とくに後者の変革（革新自治体の創出）主体であっても，「社会資本」そのものの「形成と創造」の主体としては措定されていない．こうした理論認識の問題は，宮本の理論スタンスの欠陥から派生するものであるとともに，都市空間一般を俎上に載せるような社会的実体がいまだ希薄ないし極めて未成熟であったという意味では，時代の反映であった．

宮本が『都市経済論』を公表したのは1980年のことである．『都市経済論』は，「古典的都市経済論の限界」として，それが「土地経済学あるいは経済地理学の応用」であったことを指摘する．

都市問題を素材的に整理して……広義の政治経済学的規定をすれば，(1)集積不利益と，(2)都市生活様式の破綻（とくに社会的共同消費の不足）に集約できる．

その上で，「資本主義固有の都市問題」として，「貧困者のスラムへの累積」と「土地問題」が加わる．

都市の地価高騰に絶対地代概念をストレートに適用することは困難である．ま

た，資本蓄積の空間的集中・集積による差額地代の上昇は，……「社会資本の整備」だけでなく，これを含む膨大な土地資本投下に媒介されている．地代論や土地資本論に基づいた高地価形成メカニズムの理論的・実証的研究を方法的核心とする「土地経済学」との溝は限りなく深い．こうした方法的弱点は，その後に社会問題化する「開発利益」問題についての，経済学サイドからの理論的把握とそれに基づく分析を不可能にしていくことになる．

「都市経済論（学）」とは「都市空間の形成に関する社会経済論」でなければならない．したがってまた，土地空間形成が市場メカニズムを介して行われる法則性を取り扱う学問分野，すなわち「土地経済学」がその核となる点にこそ，その「独自の体系と方法」が存在するのである．そうでなければ，都市が社会全体の圧倒的な支配者たる今日，「土地経済学」はほとんど経済学一般に解消されてしまうであろう．

　土地を「商品」として扱い，地代論と土地の需給理論を基軸に都市における土地問題，したがってまた，そこから派生する「都市空間問題」を把握すべき，という山田氏の主張と宮本批判の要点は理解できる．しかし，ここから，都市空間における公共性問題を明らかにするにあたって，氏の言う「土地経済論」が核となるかどうかは疑問なしとしない．土地経済学によれば，現状の土地空間形成が市場メカニズムを介して行われていることがよく説明され得ることと，そうした空間が公共性を有することは氏の指摘のとおりであろう．問題はこの先である．私的空間を含めた地域・都市空間の「共同」性・公共性とは何か，また，そこで解決されるべき問題は何か，これが核心である．山田氏は次のように続ける．

　都市空間が公共性を持つということ自体に感覚的に異論を唱える人は少ないであろう．しかし，そのことを論証することはそれほど簡単なことではない．宮本は，これを都市住民が「社会的共同消費手段」あるいは「共同生活の諸条件」を欠いては生きていけないという論点に事実上収斂させた．しかし，このことからは都市空間一般の「共同」性・公共性を根拠づけることはできない．論理的には私的空間を含めた地域・都市空間の「共同」性・公共性が論証されなければならないのである．

地域・都市空間全体に対するなんらかの利用・実践という行為があり，これとの関連で一定の広がりを持った空間が地域共通の使用価値（社会的共通消費手段）となるという関係の生成である．この場合，私的空間を含む個別の土地空間の使用価値があり，これとは別に，同時にもっと広域的な集合空間に別の使用価値が生じる（使用価値の二重化，多重化）という状況が生まれていることを意味する．

結論は次のようになる．すなわち，個々の空間を超えた集合空間のあり方が実践の対象となるにつれて，単なる個別空間の集合体であったものが単一の全体としての属性を有する使用価値，すなわちひとつの社会的共通消費手段に転化するということである．……都市空間の「共同」性・公共性が意識されるのは，こうした状況の生成を前提とする．その意味で，それは決してア・プリオリなものではなく，歴史的で社会的な変化なのである．

「市街地の土地所有（権）は，土地に対する私的・個別的支配権であると同時に，計画的に形成・創造されるべき共同の都市空間の一部でもあるといういわば二重の性格を持っている」という原田の認識は，この点に重なる．だからこそ，「行政対個々の住民という基本軸（二面関係）の上に成り立ってきた従来の行政法理論の枠を越えて，地域や住民集団の共通利益や自治を正当に位置づけようとする」（見上）制度的枠組みとしての「都市法論」の展開が要請されることになったということができる．

原田はまた，次のように述べている．

土地所有権に対する規制と制約が一般化・恒常化・体系化されていくのに伴い，土地は，私的所有権の客体としての自由な土地商品たる性格を次第に減殺され，代わって，都市における人々の生活と諸活動にとって不可欠な共同の利用対象物としての土地という性格をますます受けとっていく．強力な規制力をもつ詳細計画や，都市計画の実現のための公的土地介入の発展は，土地のそのような法的把握の進展とあいまってはじめて可能となるのである．（原田）

本書がこの認識に加えた点は，「共同の都市空間の物理的基盤としての土地」を間接的消費手段及び生活消費対象として捉えることにより，使用価値の一形態としての社会的共通消費手段という経済学的な規定に置き換えたことであり，その背後に，これに使用価値を見いだす社会経済環境の変化を反映した社会的意識の変化・発展があることを指摘したことである．

ここでこれら諸科学が取り組まなければならない根本的な課題は，ひとつには「利用独占」が同時に「非利用独占」（多数者への開放）であるという矛盾の解決

である．

　この矛盾の解決は多様であり得るが，例えば建物の外観と内装や部屋のレイアウトといった内側を分離すること……前者を社会の管理に，後者を「利用独占」としての私的な管理に委ねるという方法である．すなわち「建築不自由の原則」である．

　そして，非常に重要なことは，このような原則の現実化は，市場メカニズムによっては実現できないか，ほとんど不可能であるということである．

　第1に，ある有用なモノが商品となることの唯一の必要条件はそのモノが独占できるモノであるという一点にあるが，社会的共通消費手段の一大部分は開放＝非独占を本質とするものであり，したがってそれ自体に対しては市場メカニズムの作用が働かない．

　第2に，仮に価格が作用する場合があるとしても，一つの客観的な実体が同時に二つ以上の使用価値を持ちこれを実現するということは，「一物一価」の市場法則と矛盾する．市場は，価格競争の結果として，一つの使用価値には一つの市場価格を実現する

　私的所有権は，「所有独占」を体現する．収益性の論理を捨象したところで需給の論理が純粋な形で現れるように，原理的に利用の相違が捨象されるこの部面においては，土地問題は何よりも土地空間の需給関係に関わる問題として現れる．したがって，この場合の「根本的矛盾」の把握は，「目的意識的な形成・対象であるべき『共同の活動・生活空間』が法制度的には私的土地所有権の集合体の上に存立している」という規定では不十分であろう．対比していえば，ここでは社会的に必要とされる土地空間の供給が，私的土地所有権の裁量に委ねられている点に，矛盾の本質がある．

　その結果，第1に，社会の土地空間需要に対して供給が量的にみても臨機応変に対応できず，また第2に，これを背景にしばしば土地投機が横行するという土地問題が現象する．そして，第3に，こうした土地空間市場の混乱は，価格の乱高下を通じて，土地利用の攪乱要因としても作用することになる．

　このことは，開発許可制度などによる「建築不自由の原則」がもっぱら「利用独占」にかかわるものであり，「所有独占」に対しては無力であることを示している．

　こうした中で，現代資本主義が直面する特徴的な状況を挙げると，第1点については，右肩上がりの都市の成長が終焉したという状況の下での土地需給関係の構造的な調整が課題となる局面が現れている．また，第2点に関しては，世界的

な規模での投機資金の徘徊という金融市場の構造変化があり，これが不動産の証券化と相まって，土地空間市場と土地空間利用の大規模な混乱を招いている．

　<u>土地ではなく，その上に建つ建造物の集合としての都市のあり方こそが主役であることの強調，実際，「都市法」はそのような役割・意義を背負って発展してきたのである．</u>

　<u>この国の現状を見るとき，その役割はまだまだ続きそうである．しかし同時に，戦略的には改めて「土地法」の復活を考慮すべき事情もまた生じつつある．</u>

　第1に，これまで都市の特徴として指摘されてきた諸点は，少なからず農村部においても妥当する問題である．

　第2に，それでも都市空間と農村空間は様々な相違・独自性を持っている．都市と農村は，伝統的な社会的分業空間としての役割を保ちつつも，両者を含む空間が一体的な空間として認識される状況が徐々にではあるが着実に成長しつつある．

　<u>農地法によって「建築不自由の原則」を体現した農地空間に対峙するものとしての異質な都市空間があり，したがってまた，これを対象領域とする「都市法」の発展が要請されてきた．……この国においても，都市における「建築不自由の原則」の発展を経て，遠くない将来，改めて都市と農村を包括した土地空間法としての「土地法」の確立が課題となるであろう．</u>

　ここで山田氏が述べているのは，章の最初で指摘したように，私的空間と集合空間との関係や如何，という問題の存在である．山田氏は見上氏や原田氏の都市法における議論に学びながら，「共同の都市空間の物理的基盤としての土地」を間接的消費手段及び生活消費対象として捉えることにより，使用価値の一形態としての社会的共通消費手段という経済学的な規定に置き換えている．すなわち，個々の空間を超えた集合空間のあり方が実践の対象となるにつれて，単なる個別空間の集合体であったものが単一の全体としての属性を有する使用価値，すなわちひとつの社会的共通消費手段に転化するということである．そして，都市空間の「共同」性・公共性が意識されるのは，こうした状況の生成を前提とする．その意味で，それは決してア・プリオリなものではなく，歴史的で社会的な変化なのである，と説明する．

　既に指摘したように，都市空間の公共性意識が私的空間を含む都市空間の

集合的性格，したがって私的空間と集合空間との矛盾関係から派生してくるという山田氏の指摘については，筆者も納得できるものである．利用独占であれ，所有独占であれ，私的土地所有に基礎を置く資本の行動に規制を加えることは市場メカニズムでは不可能であるとするならば，その規制は市場メカニズムではなく，別のメカニズムをもってするほかはないであろう．それが，私的空間と集合空間との矛盾から生じる「社会的共通利益性」であり「公共性」であるということが，山田氏の主張であろう．問題は，私的土地所有に基づく土地利用システムを社会的共通利益にかなう土地利用システムに移行させることは，いかにしたら可能か，という点にある．ヨーロッパでは定着しているが，わが国では，まだ萌芽的である「建築不自由の原則」は利用独占に対するこうした規制を実現する上での一つの道である．この筋道を，山田氏は「土地経済学」から「都市経済学」への展開としておさえようとしていると筆者は受け取っているが，詳細はなお検討しなければならない．

［第10章　都市と農山村—「分離・対立」から「融合・協働」へ—］

<u>都市と農村の関係をどう見るかという点で注目される動きは，両者の間に「対立」から「交流」・「連携」・「協働」へというべき大きな変化が生じつつあることである．この変化を本章では，空間的な関係としてみれば「分離」から「融合」へ，社会経済的な関係としてみれば「対立」から「協働」へ，という変化として把握したい．</u>

レッチワースが建設された20世紀初頭，大戦間期……イギリス国内農業の衰退は一段と進み，食料自給率は極めて低位な状態に陥った．

非常に興味深いことは，この矛盾をイギリスは国家の積極的な介入によって，農業保護政策への転換と，都市と農村の徹底的な「分離」という方法で乗り切ろうとしたことである．1947年における農業法の制定である．

さらに，同年制定された都市・農村計画法では，開発権の国有化という形での厳しい開発許可制度とともに，グリーンベルトを設置することによって都市の外延的膨張を阻止する仕組みが確立された．

都市と農村の徹底的で計画的な「分離」こそが「対立」緩和の条件となる，という逆説的な論点を念頭に置いておきたい．

これに対して，日本では様子がだいぶ異なる．……1953年農地法は非常に厳

しい転用規制を伴うものであったという点では，市街地（都市）と農村を空間的に「分離」する意義を持っていた．

しかし，都市化の開始は，早々と大量の農地転用を不可避とする状況を生み出した．なし崩し的で場当たり的な転用規制の緩和が進んだが，新たな空間的「分離」を謳った（新）都市計画法の制定に至ったのは，1968年のことであった．

制度的には極めて中途半端な「分離」，事実上は農地法の転用規制を全体として緩和するという意味で，むしろ「分離」の解除という事態が政策的に作り出された．

その結果，食糧自給率の低下がもたらされる．その背景には，戦後の輸出主導型の工業発展があり，これが日本型企業社会の成立・発展として現れたことが重なって，大企業労働者を中心に都市住民の少なくない部分が工業（大）企業の立場に立ち，農産物の見返り輸入を許容してきたという事情がある．

アーバンルネッサンス，リゾート，シャッター街という現象が一方で進行するなかで，徐々にではあるが，都市農村「交流」の多様な取り組みが展開してくるのである．2004年の「景観法」はこうした取り組みを一層促進する可能性を与えるものであると言えよう．

自然発生的な「分離」が目的意識的な「分離」に取って代わられること，こうして創りだされた都市・農村空間が相互に欠かすことのできない一つの生活圏・生活空間として「融合」していくという論理である．

都市と農村の「対立」は工業と農業という社会的分業の「対立」の空間的表現であった．このことは，この「対立」を根本的に廃止するためには，社会的分業そのものの廃止が前提となることを意味している．

この後，終章で全体のまとめを行い，補論で生産価格論と地代論について論じ，既に論じた，差額地代と絶対地代を「利用独占」と「所有独占」という所有の本質において捉えなおすことを，再度確認している．ここでは，補論の紹介は割愛せざるを得ないが，終章のまとめについて若干コメントしておきたい．

序章において確認したように，山田氏の議論の基礎には土地所有論，すなわち『資本論』でマルクスが言うところの，「協業と土地の共同占有と労働そのものによって生産される生産手段の共同占有とを基礎とする個人的所

有」の創出という議論を基礎において「公共性」をとらえるという視角があった．ここでの「個人的所有」は，もちろん未来社会の展望からくるものであるが，これまでの資本主義の発展自体がその芽を生み出しているというのがまた，山田氏の理解である．

　私的空間を市場に包摂した資本主義は，その旺盛な蓄積活動を通じて私的空間それ自体の経済的パワーと空間相互，したがってまた個別空間と集合空間との関係性を作り出し，強めていく．そして，土地空間問題の発展は，これに対する社会的介入の発展を不可避的に要請することとなる．市場崇拝者が忌み嫌う都市計画制度の出現もまた，この文脈の中で不可避である．
　こうした社会的介入が，敵対的な諸関係に対するネガティブ・チェックを主とする段階から，集合空間の「形成と創造」，その全体的なビジョンを課題とする段階へと移行しつつあるという事実も注目されるという．しかし，他方では，開放的な社会的共通消費手段の創造や利用には，そもそも市場メカニズムが働かない．さらに言えば，社会性が公共性として意識される過程そのものが，交換価値を媒介する関係から使用価値をそれ自体の統御へ，別言すれば顔の見える関係の発展という実体を孕んでいる．

とも山田氏は言う．
　以上のまとめに示された山田氏の主張は，資本主義的な私的所有から未来の「個人的所有」を展望したうえでの主張としては明快であり，一貫性のある展開となっている．豊福氏は，この点に関わって，「公共性意識の発展過程がやや単線的に描かれすぎている印象」があると指摘されている（豊福 [2012] 71 ページ参照）．筆者も少なからず同様の感想を持つものであるが，しかし，山田氏としても，そこに至るプロセスがそう単純であると考えているのではないと筆者には思われる．本書では，私的空間とそれを含む集合空間との敵対関係の発展過程において「社会的共通利益性」が生み出されていく必然性と現実性を確認することに重きが置かれているため，これを阻害する要素については，確かに十分スペースを割いていないというきらいはあるかもしれない．それは，山田氏にとっての残された課題であるが，むしろ問

題提起されたわれわれの課題と言うべきなのであろう．

3. むすびにかえて

　以上，山田氏の「私的空間と公共性」に関する所説を紹介・検討してきた．できるだけ内在することに努めたつもりではあるが，筆者の理解力不足から思わぬ誤解があるかもしれない．この点，ご寛容いただきたい．しかし，筆者にとっては，これまで触れてきた「公共性」論とは全く別の視角からの議論を学ばせていただいたとの思いが強い．

　筆者として学んだ内容は，本章の要約とそれに対する若干のコメント自体が示している．ここでは，山田氏の公共性論を筆者なりに規定することをもって，むすびにかえたい．

　私的土地所有は，独占的所有と利用独占を前提している．しかしながら，私的所有の対象となっている個別空間は，同時にある地域空間の一部分であることから，この個別空間と地域空間あるいは集合空間との間には矛盾が存在し，この矛盾の解決方向が「共通利益」と認識される．この認識がすなわち「公共性」である．

　山田氏は，このレベルの「公共性」は可能性としての，それ故，潜在的な「公共性」であり，現実には，これが可視化されなければならないと考えている．欧米諸国における都市計画制度の展開のなかで現れてきた「建築不自由の原則」こそが，その核心的現れであり，可視化された「公共性」ではないか，と山田氏の議論を解釈した次第である．そして，現代の都市問題と土地問題は基本的にはこの筋道によって解決する以外に方法はなく，都市地域と農村地域における景観利益の主張に象徴的に表れているように，私的空間を含めた集合空間に対する関心がいやがうえにも「公共性」意識を醸成させざるを得ない．この面での社会的意識の深化と拡大の客観的過程を理論的にも実証的にも確認する作業がわれわれに求められているようである．

注

1) 引用は基本的には山田氏の文章のままであるが，省略など行ったために生ずる文章上の途切れを修正するために，筆者がつなぎを入れながら整えた部分があることをあらかじめお断りしておきたい．また，煩雑をさけるために，以下，引用ページ数は省略するが，順は入れ替えをしていないので，そのまま山田氏の著書と対応が可能である．

2) ヒルファディングの「組織資本主義論」や「経済民主主義論」について論じた文献は多いが，「所有と経営の分離」論と結びつけて論じているものは必ずしも多くはないように思われる．いずれにしても，この問題を本格的に論ずるとなると，稿を改めざるを得ない．今後の課題としたいが，ヒルファディングの思想や理論，とりわけ，「組織資本主義論」を全体的に学ぶ上では，ゴットシャルヒ [1973]，倉田 [1975]，保住 [1984]，上条 [1987]，黒滝 [1995] の各著書を挙げておきたい．

第4章
福島原発事故と日本のエネルギー政策
— 「原子力立国論」の虚構 —

　2011年3月11日に発生した東日本大震災と震災を直接的原因とする東京電力福島第一原子力発電所事故は，わが国において戦後最大の社会経済的惨禍をもたらしている．「もたらしている」と進行形で表現したのは，震災後半年以上を過ぎた現在（2011年12月時点）にあっても，直接被害すらその全容が未だに把握しきれていないばかりか，原発事故に至っては，事故プロセス自体が正確に押さえられていないし，陸と空と海に広がる放射能汚染がいつまで続くのか，また汚染源と汚染拡散ルートがいつ遮断・隔離されるのか，その目処も完全にはたっていないからである．震災から6か月たった2011年9月12日時点で，死者15,783人，行方不明4,086人と警察庁は発表している．地震津波による被害総額は内閣府の発表で16兆円から25兆円とされているが，これとは別に，原発事故による被害が50数兆円と予測されている．それもあくまでも予測であって，どこまでを「被害」と認定するかによってその額は大きく変わる．津波によって，町が根こそぎさらわれてしまった地域，そして放射能汚染によって居住そのものが数十年あるいはそれ以上不可能とされた地域，「復興」には膨大な費用と時間が必要であり，それこそ「天文学的」な数字を予想しなければならない．現在，進んでいる対策は，仮設住宅をはじめとした応急対策が中心であり，それさえも求められる水準からはほど遠く，時折伝えられる被災地の様子には心が痛むばかりである．それでも，被災地住民は後を向いている様子はない．東北の人々のこの気持ちにわれわれがどれだけ応えられるのか，課題は重い．しばしば聞かれるように，「復興は単に地域を元の姿に戻すことではなく，新しい地域の姿を作

り出すことである」という美名のもと，被災地域への財政資金と民間資金の導入を促すため，「復興特区」を設けるといった，旧態依然たる規制緩和政策の延長的政策が提起されている．漁業権を資本会社にも開放し，漁業の再興をめざすという政策も同じ発想である．この種の発想に「火事場泥棒」を見出すのはうがった見方であろうか．農林漁業を基幹産業として営んできたこの地の人々の生活を再興するとは何か，地域住民の生存を最終的に保障する責務を負う自治体の機能をいかに回復するか，とりわけ，医療，福祉，教育分野における公共的機能をいち早く取り戻せるかどうか等々，被災地域住民の目線からの復興ということを一義的に設定すべきであることは言うまでもないことである．中央は，復興に必要な資金，人材，技術などの動員に力を尽くす必要があるのであり，中央が策定したプランを地域におしつけて復興が達成できるとするのは，時代錯誤もはなはだしい[1]．

　このような状況のもと，今，日本の国民は重大な岐路に立っているといえる．「二酸化炭素を出さないとされる原子力発電」に今まで通り依拠し続けるのか，それとも，この「危険きわまりない原子力発電」から手を引くべきなのかという選択を迫られているのである．言いかえると，原子力は地球と人間にとって優しい持続的エネルギーなのかどうか，また，石油，石炭，天然ガス等の化石エネルギーにどこまで頼れるのか，さらには水力，風力，太陽光など再生可能エネルギーの発展可能性はどれほどなのか，といった問題について徹底的に議論し尽くさなければならない段階に来ているということである．この議論には，それこそ専門家から一般市民に至るまで，ありとあらゆる階層の人々が参加しており，その議論の広がりと真剣さは従来の問題群とはレベルが違うように思われる．新聞，テレビはもちろんのこと，原発特集を組んだ書籍・雑誌も相次いで出版されており，マスコミの関心度はもちろん最高レベルである[2]．

　この国民的課題に取り組むに当たって，国民一人ひとりは，これらマスコミを中心とした情報を元に自ら判断しなければならないのだが，いったい何を信じれば，より確かな結論が得られるのだろうか．情報開示に消極的であ

る上に，対応ミス，発表ミスを繰り返す東京電力は言うまでもなく，この東京電力に事故対応を丸投げ状態にしている政府に対する国民の信頼は地に落ちている．それ故，見解がどうであれ，科学的知見に基づいて意見を述べる立場の学者・研究者が口を大にしてうったえるべき局面だと思われるのに，まだまだ少ない．あからさまに「原発推進」を主張する論者は，確かに，めっきり減ったが，「原発必要悪」程度に論調をダウンさせた「原発容認論」が根強いことも間違いないであろう[3]．

かくして，正確な判断をするには，はなはだ心許ない状況なのであるが，ここでは，この問題を考える際の基本点についてのみ，若干の考察を加えることにする．

まず，強調しなければならないのは，原子力発電所が日本に必要かどうかについての判断は，一部の学者や，政府が行うべきではないということである．もちろん，問題提起はする必要があるが，最終的には，発電所が立地する地域の住民が決めるべき事柄である．これまでも，原発は，建て前としては立地地域住民の合意がなければ建設ができない「迷惑施設」であった．したがって，この「迷惑施設」を喜んで迎え入れる地域はほとんど存在しなかった．それでも，全国に54基もの原発が建設されたのは，この壁を乗り越えるだけの仕組みが作られてきたからである．それが「迷惑料」としての立地自治体への交付金であり，各種の補償金である．その意味では，政府と電力会社が一体となって地元住民の合意を「金と権力」によって買い取ってきた，というのが真相であろう．しかも，原発事故は絶対に起きないという「安全神話」をつけてである．過疎地域にある自治体は農林漁業の衰退とともに，その経済的基盤を弱化させ，ほとんど例外なく財政的にも困窮を極めているのが実態である．そのような自治体が，原発誘致に「成功」すると，着工までの間，運転開始までの間，そして運転開始から数十年にわたって各種の交付金を受け取ることになる．その他，各種の補助金，固定資産税などが自治体の収入となり，財政収入の6割が原発関連という自治体もめずらしくはない．東北電力女川原発のある女川町は歳入の約65%が電源立地交付

金と原発関連固定資産税が占める（「日本経済新聞」2011年7月3日）．こうした「原発マネー」は，運転開始までの10年間でおよそ449億円，その後35年にわたり，毎年20～30億円が立地自治体の収入となり，その合計は約2,455億円にもなる[4]．そこまで原発に依存し，住民のかなりの部分が原発または関連の職場に勤めるようになっては，当該自治体は原発に組み込まれてしまっているといってよい．したがって，その環境のなかで，原発や電力会社に異を唱えるのは困難である．放射能汚染の心配があっても，電力会社が「安全」だといえば，それを「信じる」しか他はない（内橋［2011］参照）[5]．

1970年代から始まる原子力発電所の本格的建設を支えていたこの仕組みは，今ひとつ，表向きにはみえにくいバリアーによっても守られてきた．すなわち，石炭，石油など化石エネルギー源に恵まれない日本にとって，原子力という「未来エネルギー」に頼ることは「宿命」であり，原子力は日本のエネルギー的生命線であるという考え方を国民の「合意」に仕立て上げるというバリアーである．ルポライター鎌田慧氏は，国民すべてが戦争に動員され，これに反対するものは非国民として投獄，処罰の対象となった全体主義的体制になぞらえて，こうしたバリアー総体を「原発体制」と表現しているが，いい得て妙である[6]．日本の中枢たる政府・財界そして電力業界に形成された「原子力村」はその象徴である．逆に，原発に否定的な人間は，社会のあらゆる分野から排除され，少数派として生きてこざるを得なかった．

いずれにしても，今回の事故は，「安全神話」や「原発体制」がひとつのイデオロギーとして日本を支配してきたこと，そして，それが「虚構」であったことを尊い犠牲によってわれわれに知らせてくれたといえる．今後，原発が成り立つためには，原発事故があり得るという前提でも，なお原発を引き受ける地域住民が日本に存在しなければならないということである．火葬場やゴミ処分場・ごみ焼却場が自分の住む地域に出来るかどうかの水準ではない．直接，命と生活に関わるのである．「原発を止めるという主張は，今回の事故を考えれば良く理解できるが，それでは，あなたは原発で成り立っている日本の電力供給をどうするつもりか．しかも，火力は温暖化問題があ

るし，風力や太陽光ではとても足りない．やはり，原子力に頼らざるを得ないのではないか」．新聞紙上でしばしば見られる論調であるが，結局，「原子力は止められない」という主張を「計画停電」と「経済成長の鈍化」の恐怖を盾に展開しているのである[7]．しかも，かくいう人々も，自分の居住地域に原発を建てることに賛成なわけではない．今回の事故が教えているのは，こうした論調と思考回路それ自体が「原発体制」の枠内の議論であり，必要なのはそこからの脱却であるということなのではないか．原発事故の収拾のために命を削ることになる現場作業者，そして，放射能汚染地域とされたが故に，住み慣れた故郷から立ち退かざるを得ず，しかも，いつ帰れるか，その保障もない被災住民に心底寄り添ったとき，脱却の道が初めてみえるのではないだろうか．つまり，自分自身が原発と放射性廃棄物とともに子々孫々まで共存できるかどうかを突き詰めて考えることである．

　たとえば，原発作業者に対して，事故前までは国際放射線防護委員会の「年間50ミリシーベルト，5年間で100ミリシーベルトを超えてはならない」という基準が適用されてきた．つまり，これ以上の被曝があると健康上問題があると考えられる基準であった．ところが，今回の事故処理に当たっては「緊急事態」ということで，政府はこの基準を年間250ミリシーベルトまで引き上げた．従前の基準によっては，作業員を確保できないというのが根拠とされている．それだけ，現場の作業員に危険な業務を強いていくことになるのは明瞭である．また，一般住民については，同委員会によって年間1ミリシーベルトとされているが，政府は福島県内の幼稚園や学校などで子供の屋外活動を1時間に制限するかどうかの基準を毎時3.8マイクロシーベルト，年間20ミリシーベルトとした（後に批判を受け，1ミリシーベル以下を目指す，と修正）．放射線管理区域の被曝許容量が毎時0.6マイクロシーベルトと定められていることと照らし合わせると，福島県内の多くの子供たちは，放射線管理区域に等しいような環境下で無防備の状態で遊ぶことを強いられることになる．福島県から他県へと引っ越す住民が跡を絶たない理由である．「河北新報」2011年9月14日付によると，その数は55,793人に

のぼり，宮城県 8,524 人，岩手県 1,578 人をはるかに凌駕している．その後も，県外避難は増加の一途をたどり，11月末までには 6 万人を越えた．また，その他の県内避難民 9 万 3 千人余りと合わせると，約 15 万人が家と故郷を追われた生活を強いられている[8]．自主的な避難民のどの範囲までを補償の対象とするのか，その線引きによっては，また補償されない避難民が出てくることになろう．ここでも，補償額を出来るだけ小さくしたい東京電力との交渉に無駄な時間と労力をさかなければならない福島県民の苦難が待っている[9]．

以下，第 1，2，3 節において，原発の「経済性」「安全性」「持続可能性」という 3 つの論点を取り上げ，原子力発電のエネルギー的位置を検討し，今後のわが国の電力供給のあり方を検討するにあたっての示唆をいくらかでも得たいと考える．

1. 原子力発電の「経済性」：「原子力はコストが低い」は虚構である

原子力発電を推奨する理由の 1 つとして，政府と電力会社は一貫してその発電コストが低いということを挙げてきた．2004 年段階で，kWh 当たり水

表 4-1　資源エネルギー庁/総合エネル

	設備規模	設備利用率	耐用年数	1985 年	1986 年	1987 年	1988 年	1989 年	1992 年
一般水力	1～4 万 kW	45%	40 年	13	13	13	13	13	13
石油火力	60 万 kW 級×4 基	70%	15 年	17～19	12	11～12	10～11	11	10
石炭火力	60 万 kW 級×4 基	70%	15 年	12～13	11	10～11	10	10	10
LNG 火力	60 万 kW 級×4 基	70%	15 年	16～18	12	11～12	10～11	10	9
原子力	110 万 kW 級×4 基	70%	16 年	10～11	12	9	9	9	9

注：1）　1989 年試算までの原子力には放射性廃棄物・廃炉処分費用は含まれない．
　　2）　1999 年試算，2004 年試算には，再処理，中間貯蔵，廃棄物処理処分（高レベル放射性廃
　　3）　1999 年，2004 年の試算は割引率 3% の場合のみ表にした．
出所：原子力資料情報室編 [2004]，総合資源エネルギー調査会電気事業分科会コスト等検討小委
　　　大島 [2010] 図 1 に同じ．

力11.9円,石油火力10.7円,石炭火力6.2円,LNG火力5.7円,原子力5.3円(総合資源エネルギー調査会)とされていた(表4-1参照).しかし,これらの数値は,発電設備の規模,設備利用率,運転年数,燃料費等に一定の仮定を置いた上でのものであり,この仮定の根拠を含め,検討の余地がきわめて大きいものである.大島堅一氏は,発電コストはこうしたモデル例ではなく,実際にかかったコストによるべきであるとし,次のようなコストをはじき出している.

水力7.26円,火力9.90円,原子力10.68円(表4-2参照)

政府のいう数値とどうして異なるのか.まず,政府は原発の設備利用率を80%としているが,2005-09年度の設備利用率は全国平均で65.6%しかない.この15%高めの数字はkWh当たりのコストを1円ほど低くする.さらに,原発関連予算による財政支出は実質的には原発コストであるにもかかわらず,これが算入されていない.技術開発費1.64円/kWh,立地対策費0.41円/kWhなどである.この部分を含めると,10.68円になる,と大島は指摘している.さらに,使用済み核燃料の処理費や再処理費用なども,計算上組み入れられているのは一部であり,これらが全体として組み入れられたときは当然コスト上昇となる.また,六ヶ所村の再処理工場の想定稼働率が100%とされるなど,恣意的な前提が入り込んでいる(図4-1参照).後に

ギー調査会による発電コストの試算値

(単位:円/kWh)

1999年	設備規模	設備利用率	運転年数	2004年	設備規模	設備利用率	運転年数
13.6	1.5万kW	45%	40年	11.9	1〜2万kW	45%	40年
10.2	40万kW	80%	40年	10.7	35〜50万kW	80%	40年
6.5	90万kW	80%	40年	6.2	60〜105万kW	80%	40年
6.4	140万kW	80%	40年	5.7	144〜152万kW	80%	40年
5.9	130万kW	80%	40年	5.3	118〜136万kW	80%	40年

棄者処分・貯蔵),その他の廃棄 2) 物処分・貯蔵の費用を含んでいる.

員会[2004],日本原子力産業会議編[2003]より作成.

表 4-2 電源ごとの総単価

(単位:円/kWh)

		原子力	火力	水力	一般水力	揚水	原子力＋揚水
1970 年代	発電単価	8.85	7.11	3.56	2.72	40.83	11.55
	開発単価	4.19	0.00	0.00	0.00	0.00	4.31
	立地単価	0.53	0.03	0.02	0.01	0.36	0.54
	総 単 価	13.57	7.14	3.58	2.74	41.20	16.40
1980 年代	発電単価	10.98	13.67	7.80	4.42	81.57	12.90
	開発単価	2.26	0.02	0.14	0.08	1.52	2.31
	立地単価	0.37	0.06	0.04	0.03	0.35	30.38
	総 単 価	13.61	13.76	7.99	4.53	83.44	15.60
1990 年代	発電単価	8.61	9.39	9.32	4.77	50.02	10.07
	開発単価	1.49	0.02	0.22	0.11	1.16	1.54
	立地単価	0.38	0.10	0.08	0.06	0.29	0.39
	総 単 価	10.48	9.51	9.61	4.93	51.47	12.01
2000 年代	発電単価	7.29	8.90	7.31	3.47	41.81	8.44
	開発単価	1.18	0.01	0.10	0.05	0.60	1.21
	立地単価	0.46	0.11	0.10	0.07	0.38	0.47
	総 単 価	8.93	9.02	7.52	3.59	42.79	10.11
1970～2007 年度	発電単価	8.64	9.80	7.08	3.88	51.87	10.13
	開発単価	1.64	0.02	0.12	0.06	0.94	1.68
	立地単価	0.41	0.08	0.06	0.04	0.34	0.42
	総 単 価	10.68	9.90	7.26	3.98	53.14	12.23

出所:大島[2010]80ページ.

見るように,当初計画において,1997年完成予定であった同工場はトラブル続きで,まだ本格稼働していない[10].

　ここまでの数値の積み上げで,既に原発のコスト優位性は消えてしまう.さらに,やっかいなのは,今回のような事故が発生した場合の賠償費用はこれらのコストには反映されていないということである.東京電力による賠償はまだ始まったばかりであり,今後その総額がどれほどになるのか,見当もつかない,というのが正直なところであろう.分かっているのは,この金額を出来るだけ控えめに見積もり,賠償負担を軽くしたいと東京電力が考えていることであるが,それでも,とりあえず総被害額4兆円で,そのうち東電負担が半分の2兆円,残りはその他電力会社負担という案で進んでいる[11].

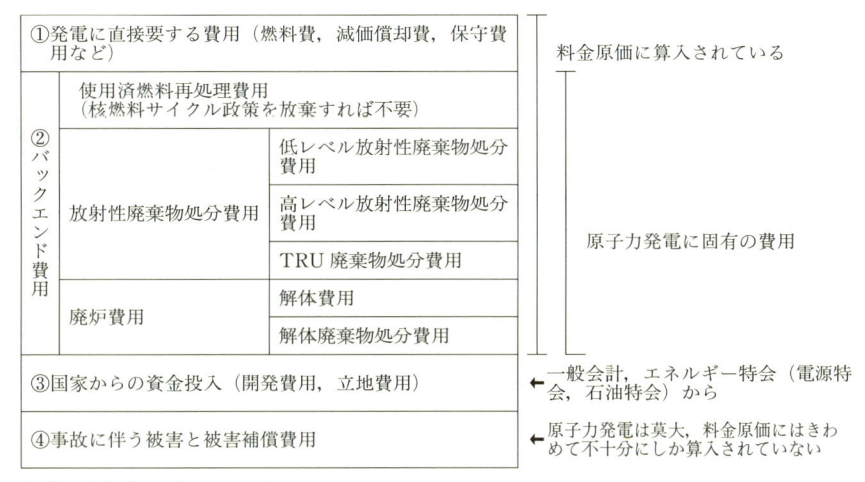

第 4 章　福島原発事故と日本のエネルギー政策

①発電に直接要する費用（燃料費，減価償却費，保守費用など）			料金原価に算入されている
②バックエンド費用	使用済燃料再処理費用 （核燃料サイクル政策を放棄すれば不要）		原子力発電に固有の費用
	放射性廃棄物処分費用	低レベル放射性廃棄物処分費用	
		高レベル放射性廃棄物処分費用	
		TRU 廃棄物処分費用	
	廃炉費用	解体費用	
		解体廃棄物処分費用	
③国家からの資金投入（開発費用，立地費用）			← 一般会計，エネルギー特会（電源特会，石油特会）から
④事故に伴う被害と被害補償費用			← 原子力発電は莫大，料金原価にはきわめて不十分にしか算入されていない

出所：大島［2010］55 ページ．

図 4-1　原子力発電の総費用

　既に指摘したように，従来のコスト計算からは除外されてきた原発事故コストであったが，福島第一原発事故以後は，実際上これを無視することが出来ず，原発発電コストに反映させるべきであるとの意見が強まってきた．この試算をおこなっているのが内閣府原子力委員会の専門部会である．同部会は 2011 年 11 月 8 日，その試算結果を公表した．それによると，出力 120 万 kW の新設炉が重大事故を起こす事態を想定．被害総額約 5 兆円，事故確率が最小で国際原子力機関（IAEA）の基準を満たす場合の「10 万年に 1 回」，最大で全国の原発が延べ 1500 年近く稼働し，今回原子炉 3 基が事故を起こした国内の実績に基づいて「500 年に 1 回」として計算すると，コストは 1kWh 当たり 0.0046〜1.2 円となったという．このコストを政府が従来原発の発電コストとしてきた 5.3 円に加えると，最大 6.5 円となり，原子力優位の政府説明がこれによっても根拠を失うことになる[12]．

　また，炉心溶融にまで至った原発の廃炉費用の問題もある．現在，廃炉費用は電気事業連合会の想定では 1 基当たり 600〜650 億円とされているが（この金額自体控えめに過ぎるとの指摘が多い），これは順調に運転を終えた

場合の計算であって，今回のような過酷事故後の廃炉とは全く条件が異なる．日本では，まだ廃炉措置を完了した炉が存在しないなか，確定的な数字はどこも出していないが，いくつかの予想値から推測すると，その額が数千億になるのは間違いなさそうである．商業原発で初めて解体作業が進む東海発電所（出力 16.6 万 kW）のケースでは，使用済み燃料は 1998 年から 3 年かけて取り出し，再処理のため英国に輸送．解体は 2001 年から始まり，現在は熱交換器を解体中で，まだ原子炉の解体に至っていない．総費用は 885 億円，作業員は延べ 56 万 3 千人と見積もられている．廃炉にかかる期間は「一般的には 30 年」（日立製作所）と予測されている．日立と同じく原子炉メーカーである東芝は，この解体期間を 10 年半と試算している．ただし，廃炉に関する規制，具体的には放射性物質の管理を中心とした安全規制を大幅に緩和しなければ，やはり，20～30 年はかかるとの認識である．ちなみに，東京電力に関する経営・財務調査委員会によると，福島第一原発 1～4 号機の廃炉費用が 1 兆 1500 億円と試算されている．また，内閣府原子力委員会がまとめた報告書案によると，使用済み核燃料プール内の燃料は 2015 年以降，原子炉内の溶融燃料は 2022 年以降，取出し作業を始め，廃炉終了には 30 年以上要する，という見通しのようである．さらに，福島第一原発の場合，4 基の廃炉措置を同時並行的に進めるという特別な困難があるとの見解である[13]．

　大島氏は，揚水発電所のコスト（53.14 円/kWh）を含めて考えると，原発の発電コストは 12.23 円まで跳ね上がるという試算結果も出している．東京電力の場合，2010 年 3 月現在で 10 か所の揚水発電所を有し，その合計出力は約 680 万 kW に達する（大島［2010］71-80 ページ参照．電気事業連合会統計委員会編［2010］215 ページ）．揚水発電は，火力など他の電源を使用することが可能だから，原発だけのコストに算入するのは適当ではない，との議論もある．しかしながら，この議論もためにする議論という感がある．大島氏の議論の主旨は，実際の揚水発電所設置目的と運転の実態から原発コストに組み入れるべきではないかという点にあり，理論的可能性の問題では

ない．政府のように，原発コストをモデル例から算出したり，理論上のコストを割り出したりする手法があるが，その場合，条件や仮定の置き方から，既に算出意図（原発コストが低くなるようにという）が明瞭なケースが多い．コスト計算は客観的なデータによってのみ可能なのであり，モデル例という仮のデータで計算する必要はない．電力会社が企業秘密と称して，客観的データを出したがらないという制約を考慮するにしても，検討者が等しくアプローチでき，追確認できる客観的データによって論証するのが科学的態度というものであろう．政府公称（2004年）の既に挙げた原発発電コスト5.3円/kWhという数字が恣意的な前提のもとに算出されたという大島氏の指摘もあってか，「日本経済研究センター」も見直し後の新しいコストをはじき出している．それでも，5.4〜6.4円とまだ控えめである[14]．また，経済産業省系の(財)地球環境産業技術研究機構の研究グループも石炭，原子力の稼働率をそれぞれ70〜80％，60〜85％と実働に近い数字で計算し直した結果，原子力8.1〜12.5円，石炭8〜12円（2005年頃）という数字をはじいている．これらの数字がどのようなデータに基づいているか，またどのような想定を行った上で計算がなされたのか等，検討すべき点はまだあるが，発表された結果数字から判断するだけでも，原子力の経済的優位性を示してきた従来の政府発表が恣意的であったことは確認出来る[15]．

　いずれにしても，大島氏の問題提起を軸に展開されている原発コスト論議を冷静にみるならば，原発の発電コストが他の電源に比べて低い，少なくとも，とびぬけて低いというのは，虚構であったことになる．原子力を推進するためには，原発コストが低くなければならない，という要請から架空の無理な前提を置かざるを得なかったようである．

　もともと，コスト面からみて原子力が電力会社にとって負担になるという認識が全くなかったわけではなかった．ただ，原子力を推進するという国策とそれを現実に担っている電力会社の経営奔流の中で，かき消されてきたということであろう．しかしながら，その負担認識は電力自由化の進展とともに大きくなり，とりわけ，使用済み核燃料の再処理と処分，いわゆる「バッ

クエンド費用」がとてつもない額になることが問題となっていた．したがって，電力会社の本音は，この部分だけでも政府の責任でやってほしい，というところにあったかもしれない．このような，「原子力コスト高」論がくすぶり続ける中，2003年，原子力発電所の使用済み核燃料の再処理など，核燃料サイクルを前提にした後処理（バックエンド）費用が，総額18兆9千億円になるとの試算を電気事業連合会が公表した．1999年に総合エネルギー調査会が試算した原子力発電の発電単価は5.9円であったが，この後処理費用を組み込んだ場合，石炭火力や天然ガス火力と同じかそれ以上になることは必至であり，原子力発電の価格優位性を電力会社自らが否定する形となった．それでも，環境負荷の点などから総合的な原子力優位はゆるがない，というのが電力会社の主張のようである．電気事業連合会が後処理費用の試算結果を発表した意図は，後処理費用を原子力発電単価に組み込むとどうなるかを明らかにすることではなく，膨大な後処理費用を電力会社だけで負担することが民間企業としては重過ぎるものであり，何らかの国家・政府の補償を求める根拠を示そうとすることにあったのであろう．

意図はどうあれ，電力会社が，このような主張をすることになった客観的な背景が重要である．すなわち，原子力発電が後処理を含めれば数万年というオーダーで考えなければならない性質をもった問題であり，また，処理費用の大きさからみても，その出発から既に民間企業が扱うべきエネルギーではなかったということが赤裸々に明らかとなったことである．また，この問題を不問にしたまま，原子力を推進してきた監督官庁とそれに追随してきた電力業界のあり方，そして，その同じ監督官庁が原子力推進と並び立つことが困難な自由化制度を構築するという政策の旗振りを行うという不見識がまかり通ろうとするこの国の現実があぶりだされたことは確かである[16]．

先述した内閣府原子力委員会の専門部会においては，原発推進派の委員と反対派の委員との間で激論が戦わされたという．事故の最小確率と最大確率は推進派と反対派の対立の表れであるが，同専門部会の座長である鈴木達治郎氏（電力中央研究所出身）が，総括文において「500年に1回」案は「事故

以降の安全対策を考慮しない前提で，現実的ではないとの指摘がなされた」との文言を付したことからみて，「500年に1回」案は反対派の強力な主張を無視できず，やむなく併記されたという背景が見えてくる．こうした，原子力委員会での議論経過を踏まえて，「北海道新聞」は，「3月の福島第1原発事故から8か月が経過し，原発推進派の学者や電力業界が事故の影響を矮小化するような言動を強めている．原発の再稼働を視野に入れた世論誘導を図りつつ，政府の脱原発依存への転換を阻止する思惑が透ける．だが，事故はなお国民生活に影響を与え続けており，こうした姿勢は反発を呼びそうだ」[17]と指摘している．

原発の発電コストは単にコストの問題ではなく，安全性問題と密接にリンクしていることが，こうした経過をみるとよく理解できよう．

2. 原子力発電の「安全性」：「原子力は多重防護によって絶対安全である」は信仰である

放射能汚染につながるような原発事故は絶対に起きない．仮に小さな事故があっても，放射能が外界に出ないように閉じ込めるバリアーが幾重にも張り巡らされている．緊急炉心冷却装置など過酷事故につながらない安全装置も施されている，等々，原子力発電所の安全性を政府と電力会社は一貫して強調してきた．スリーマイル島原発事故は人災（操作ミス）であり，チェルノブイリ原発事故は炉型が違うので日本には当てはまらない，というように外国の事故の教訓は日本には十分活かされてこなかった，と言えるが，その背景には，日本の原発は地震をはじめ，あらゆる過酷現象に耐えるような設計と安全運転に関わるマニュアルの整備によってハード，ソフト両面から安全対策が施されており，したがって「絶対安全」であるという「信仰」「思い込み」があった．仮にも，原子力や放射能の専門家であれば，その危険性は十分認識されていたであろう．だからこそ，彼らは，その認識を出発点にして，原子炉の「多重防護」という技術システムを追求してきたのである．

その1つの「成果」が現状の原子力発電所ということになる．人々に対して，原子力発電所は安全であると説明する立場からは，いくら危険と隣り合わせでも，「危険」面に少しでも触れると，説明に信頼がもたれなくなると考えるので，「安全」面だけ強調することになる．結局，彼らは，「安全」な原発というテーゼが自分たちの目指す目標であったにもかかわらず，そのテーゼがいつの間にか達成済みの「現実」にまで昇華してしまっていることに気づかない．原発の「絶対安全」という「信仰」の完成である[18]．

「原発事故の起こる可能性はジェット旅客機の墜落可能性よりも低い」との説明がしばしば行われてきた．しかし，安全性を確率で説明する論理は危うい．上の説明は，ジェット機の墜落可能性よりも低い確率なので安全であるという意味であろう．つまり，事故の起きる「可能性は確率ゼロではないが，限りなくゼロに近い」ということであろうが，そのような低い確率でも事故は起きるということが問題なのである．2011年6月に日本プロゴルフ界の有村智恵が同一ラウンドでホールインワンとアルバトロスを同時に達成したというニュースが報じられた．こうした珍しい現象は3万年に1回の確率だとも報じられていた．この数値の信憑性はともかく，どんなに珍しい現象であれ，事象として起きるから確率を議論する意味がある．「絶対」に起きない現象であれば，確率を議論することさえできないのである．原子力発電事故について言えば，どのレベルの事故かという判断にもよるが，スリーマイル島原発事故，チェルノブイリ原発事故，そして今回の福島原発事故と最も厳しいレベルの原発事故がわずか30年足らずの間に3回起きたことになる．政府と電力会社は原発事故の起きる確率は100万年に1回であり，航空機墜落事故より確率は小さい，とことあるごとに繰り返してきたが，事実は何よりも正直である．太田泰彦氏は，原発事故の起きるリスクが存在するにもかかわらず，電力会社がこれを認めず，「絶対に安全」であるという建て前論から踏み出せなかったと指摘している．太田氏の主張の主旨は，原発のリスクを率直に認め，そのための備えをすべきであるという点にあるのであろう．しかしながら，原発の場合，事故のリスクを認めることと原発を推

進することが両立できるかどうか，この点が問題の核心である．つまり，リスクの確率が問題なのではなく，リスクの質が問題なのである．この点を理解しない，あるいは理解しようとしない「確率論的」解釈が横行するのは，結局は原子力そのもののリスクとその他のリスクを同一視した上で，量的（数値的）な比較をしようという方法論が「科学的」であると錯覚している人がいかに多いかを表していると言えよう[19]．

以上，原発の安全性を事故確率の観点から議論することの危うさについて考えてきたが，こうした議論にあっても，原発事故発現の可能性そのものを「限りなくゼロに近い確率」によって説明する論法は取りにくくなっているとはいえる．しかしながら，原発推進派の論調で最近目立つのは，「原発は絶対安全である」「事故は起きない」論から「リスクはあるが健康被害はない」「過剰な放射線恐怖症からの脱却」論への転換である．今まで，原発や関連施設による放射能漏れや汚染の心配はないことを強調していたものが，放射能汚染を事実として認めた上で，今度は心配しすぎである，と住民を諭すようになったのである．

『エネルギーフォーラム』誌[20]は，「放射線恐怖症（ラジオフォビア）の『処方箋』」というタイトルの特集を組み，「福島第1原発1号機，3号機建屋の水素爆発により，大量の放射性物質が放出された．爆発から半年以上たつが，危険性を強調する一部マスコミの過熱報道もあり，今も放射線におびえながら暮らす人たちは多い．放射線はDNAを傷つける．DNAには修復機能があるが，たまにはミスを犯す．すると遺伝情報に誤りが残り，がんが発生する原因となると言われている．だが，原発事故の放出量では，人体に影響を与えるほどの線量にならず，福島県の住民をはじめ，一般市民が将来がんになる確率は極めて少ない，と多くの専門家は指摘している．チェルノブイリ原発事故の後，国際機関などにより周辺住民の健康調査が行われた．その結果，健康に影響を及ぼしたのは，放射線よりもラジオフォビア（放射線恐怖症）によるストレスの方が大きい，という報告がある．放射線を過剰にではなく正しく怖がる——．求められているのは，まず正確で信頼できる

情報，そして，それに基づいて正しい対応をとることだ」（下線は筆者による）と，うったえている．

　同誌は岩崎民子原子力安全研究協会評議員や斗ケ沢秀俊毎日新聞編集委員などを登場させ，上述のうったえに説得性があることを示そうとしている．問題は科学的なベースで論証されるべきことがらであるので，ここでは十分に議論できない．したがって，別途，そのような機会を持ちたいと考えているが，上述の議論に対して，少なくとも，次の点は指摘しておきたい．ここで議論されているのは，福島第一原発事故によって現実に放射能汚染の危機にさらされている福島県民を中心とした被災者（被害者）の問題であるが，上述の議論はそのようには聞こえてこない．まるで他人事である．将来への展望を失いかけ，思い悩んでいる県民に向かって，「がんの心配はない」「放射能を気にしすぎである」「それではストレスで病気になります」と説教するという風である．原発事故がもたらしたものに対して，このように語れる思考水準のことを，後にみるように（注36参照），佐野氏は「精神のがれき」と呼んだのであるが，こうした思考は，事故を直接体験しない人々の間に時間の経過とともに確かに増えているのであろう．ここで，今一度立ち止まるのが人間的思考のあり方だと筆者には思えるのだが，残念ながら，「精神のがれき」はあちこちでみられる[21]．

　たとえば，電源開発大間原発などの安全性を議論した青森県検証委員会の2011年11月3日の会合における原発推進派委員の発言がその一端を示している．「放射能の安全を担保してくれというのがマスコミ，お母さん方の議論だが，リスクゼロは不可能」「新幹線でも車でもリスクを受け入れ，便益を享受してきた．わずかでも，（放射能が）出たらダメだ，というところに教育が必要だ」と．検証委員会は同日，同原発周辺で存在が指摘される活断層の問題に触れぬまま，安全性にお墨付きを与えた．また，電力業界も新たな"啓発"に力を注ぐ．……電気事業連合会は9月に発行を始めた小冊子の11月号で，「福島県民の多くは年間被ばく量が5ミリシーベルト以下．健康被害は発生しない」とする大学教授のコメントを掲載．だが，低線被ばくの

危険については識者の見解が分かれており，国際放射線防護委員会（ICRP）の平常時の勧告値は年間1ミリシーベルト以内．福島県民は放射能におびえる生活を強いられ続けている[22]．

この，記事に現れた委員のような「精神のがれき」ではなく，せめて，記事を書いた記者のような見方が一般的であると思われるようなレベルにならなければ，「精神のがれき」が増え続けるしかないのであろう．

原子力事故と確率の問題を考える際，「原子力損害賠償責任保険」と「原子力損害賠償補償契約」の関連を見ておくことが参考となる．両者は，1961年に制定された「原子力損害賠償法」にその根拠がある．同法の主な内容は次の規定である．

第1章　総則
第1条　この法律は，原子炉の運転等により原子力損害が生じた場合における損害賠償に関する基本的制度を定め，もって被害者の保護を図り，及び原子力事業の健全な発達に資することを目的とする．（目的）
第2条　この法律において「原子炉の運転等」とは，次の各号に掲げるもの及びこれらに付随してする核燃料物資又は核燃料物質によって汚染された物（原子核分裂生成物を含む．第5号において同じ．）の運搬，貯蔵又は廃棄であって，政令で定めるものをいう．
1　原子炉の運転
2　加工
3　再処理
4　核燃料物質の使用
4の2　使用済燃料の貯蔵
5　核燃料物質又は核燃料物質によって汚染された物（次項及び次条第2項において「核燃料物質等」という．）の廃棄．（定義）
第2章　原子力損害賠償責任
第3条　原子炉の運転等に係わる原子力事業者がその損害を賠償する責めに任ずる．ただし，その損害が異常に巨大な天災地変又は社会的動乱によって生じたものであるときは，この限りでない．（無過失責任，責任の集中等）

第3章　損害賠償措置
　第1節　損害賠償措置
第6条　原子力事業者は，原子力損害を賠償するための措置（以下「損害賠償措置」という．）を講じていなければ，原子炉等の運転等をしてはならない．（損害賠償措置を講ずべき義務）
第7条　損害賠償措置は，次条の規定がある場合を除き，原子力損害賠償責任保険契約及び原子力損害賠償補償契約の締結若しくは供託であって，その措置により，一工場若しくは一事業所当たり若しくは一原子力船当たり1200億円……を原子力損害の賠償に充てることができるものとして文部科学大臣の承認を受けたもの又はこれらに相当する措置であって文部科学大臣の承認を受けたものとする．
　第2節　原子力損害賠償責任保険契約
第8条　原子力損害賠償責任保険契約（以下「責任保険契約」という．）は，原子力事業者の原子力損害の賠償の責任が発生した場合において，一定の事由による原子力損害を原子力事業者が賠償することにより生ずる損失を保険者（保険業法第2条第4項に規定する損害保険会社又は同条第9項に規定する外国損害保険会社等で，責任保険の引受を行う者に限る．以下同じ．）がうめることを約し，保険契約者が保険者に保険料を支払うことを約する契約とする．
　第3節　原子力損害賠償補償契約
第10条　原子力損害賠償補償契約（以下「補償契約」という．）は，原子力事業者の原子力損害の賠償の責任が発生した場合において，責任保険契約その他の原子力損害を賠償するための措置によってはうめることのできない原子力損害を原子力事業者が賠償することにより生ずる損失を政府が補償することを約し，原子力事業者が補償料を納付することを約する契約とする．
第13条　被害者は，損害賠償請求権に関し，前条の規定により原子力事業者が供託した金銭又は有価証券について，その債権の弁済を受ける権利を有する．

　以上が「原子力損害の賠償に関する法律」の主要な内容であるが，これを，さらにまとめると，次の4点のようになる．

　①原子力災害は，異常に巨大な天災地変や社会的動乱の場合を除いて，原子力事業者に損害賠償の責任がある．

②原子力事業者に無過失の賠償責任を課す．
③賠償責任の履行を確実にするために，電力会社は「原子力損害賠償責任保険」を保険会社と結び，また国と「原子力損害賠償補償契約」を結ぶ（通常の商業規模の原子炉の場合の賠償措置額は現在1200億円）
④賠償措置額を超える補償については政府が措置する．

というところである．今回の福島原発事故は，地震と津波を直接的原因としており，法のいう「異常な天災地変」に当たるとして，東京電力は原子力事業者としての賠償責任を免れる，と主張してきたようであるが，同じ事象に見舞われながら深刻な被害を住民に与えなかった東北電力女川原発のこともあるので，この主張は受け入れられなかった．また，民間保険会社との契約に基づく損害賠償責任保険については，地震など自然災害による事故の場合保険責任が生じないという免責条項によって保険会社に支払い義務が生じないとされる．結局，補償財源として期待されるのは，原子力損害賠償補償契約に基づいて電力会社が政府に納める補償料（掛け金）ということになるが，これが年間8億9千万円にすぎず，しかも積み立てられていないというのである．補償契約に基づく賠償措置額が1200億円とされたのは何故か．また，何故，このような保険と賠償の仕組みとなっていたのか．疑問は尽きないが，結局，政府も電力会社も，そして保険会社も事故は起きない，と端から思い込んでいたとしか言いようがない．本当に事故が発生すると考えていたのなら，こんな補償体系ではどうにもならないのは，自明のことであろう．このように，「原子力損害の賠償に関する法律」はあいまいな規定をかずかず含んでいるように思われるが，2011年11月28日には，これに追い打ちをかけるような報道を目にすることとなった．同法の決定的な構成部分をなす「原子力損害賠償責任保険」の引受会社たる損害保険会社23社で作る「日本原子力保険プール」が，2012年1月15日で期限切れとなる現行契約の更新を拒否する意向を示したのである．「日本原子力保険プール」は，福島原発事故は収束に向かってはいるものの，依然としてリスクが高く，既に海外の

保険会社から「再保険の引き受けは難しい」との連絡を受けており，8月には東京電力に対して契約更新をしない旨，通知しているとのことである．これにあせった東京電力は，保険の代わりに1200億円の「供託」を行い，事態を乗り切りたいとの考えを示しているという[23]．

かくして，起きてしまった事故による損害賠償システムが全く機能しないまま，東京電力の行う被害者賠償活動を援助するための組織「原子力損害賠償支援機構」が設立されることになった．同機構には他の電力会社の負担金も予定されているが，資金源の多くは政府資金，すなわち税金である．電力会社の負担金も結局は消費者が料金負担するわけだから，この支援スキームは国民負担による東京電力の救済に帰結する．被災県民から見ると，自分の収める税金で救済されるという形になり，批判が出るのは当然であろう[24]．

事故時の放射能汚染対応については人命第一が大原則であるが，今回の事故時に取られた政府と東京電力の対応はその正反対であった．放射能汚染地域の住民避難指示と原発事故収拾作業に従事する作業者の被曝限度の値にそのことが現れている[25]．大気中に放出された放射性物質が原発から同心円状に広がるなどという推定は風向き1つ考えただけでもおかしい．実際，汚染地域は北西方面へと帯状に広がっていった様子を明瞭に示しており（図4-2参照），原発からの距離だけで避難誘導するのは危険に直面していた住民をミスリードしたことになる．飯舘村はその典型例である[26]．

原発にとって致命的なのは，使用済み核燃料の処理および処分の問題であり，現時点の科学技術ではこれが解決不能であるという点である．使用済み核燃料を再処理してプルトニウムとウランを取り出し，これを再び原子炉燃料とするのが核燃料サイクルの核心部分であり，歴代日本政府がもっとも力を入れてきたものである．しかし，こうして作られたプルトニウムの利用先として期待されている高速増殖炉は実用化の目処が立っていない．原型炉「もんじゅ」は1995年にナトリウム漏出事故を起こし，長期に止まっていた．2010年5月にようやく運転再開にこぎ着けるものの，8月には再び炉内に機器落下事故を起こし停止．政府発表でも実用化は2050年とのことだが，目

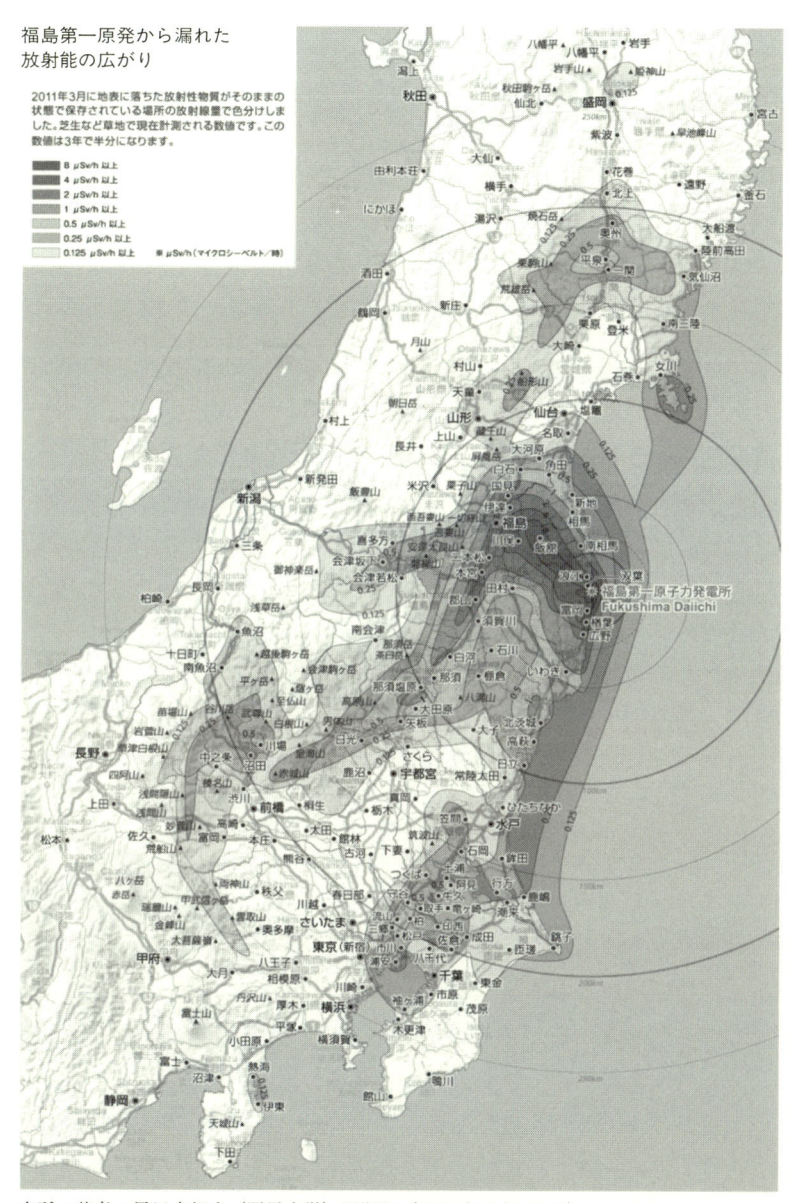

第 4 章　福島原発事故と日本のエネルギー政策　　　137

福島第一原発から漏れた
放射能の広がり

2011年3月に地表に落ちた放射性物質がそのままの
状態で保存されている場所の放射線量で色分けしま
した。芝生など草地で現在計測される数値です。この
数値は3年で半分になります。

- 8 μSv/h 以上
- 4 μSv/h 以上
- 2 μSv/h 以上
- 1 μSv/h 以上
- 0.5 μSv/h 以上
- 0.25 μSv/h 以上
- 0.125 μSv/h 以上

※ μSv/h（マイクロシーベルト／時）

出所：著者：早川由紀夫（群馬大学）四訂版（2011 年 9 月 11 日）

図 4-2　放射能汚染地図

標が逃げ水のごとく先へ先へと遠のいていくのが実態である（小林［2011］参照）．しかも，この間費やされた開発費用は，1968年の予備設計に始まり「もんじゅ」が完成する1995年8月までに，およそ6000億円，1995年12月のナトリウム漏れ事故から2010年の運転再開までにおよそ9000億円と言われている．六ヶ所村の再処理工場と併せて，これまで核燃料サイクル事業に投入されてきた費用が回収できる見込みのない無駄金になるという嘆きの声が各所から聞こえてくるのは無理からぬことであろう（熊木［2010］）．このような情勢のもと，細野豪志原発事故担当相が2011年11月26日，「もんじゅ」の廃炉を含めて検討する，と表明したことは，高速増殖炉技術の開発断念を意味しており，従来の政府の原子力政策の転換につながるものである[27]．また，使用済み核燃料の処理に四苦八苦していた日本に対して，2002年にはロシアが使用済み核燃料の受け入れを提案した外交文書を当時の内閣府と外務省が隠蔽し，ロシア側には回答せず，また資源エネルギー庁など国内の関係機関にも知らせなかったとの報道があった．今更の感もあるが，核燃料サイクルの推進に都合の悪い情報を握りつぶしたことになる行為であり，その秘密体質の強さに改めて驚かされる[28]．

いずれにしても，「もんじゅ」計画中止の余波は大きい．1995年12月に発生した「もんじゅ」の火災事故以後，運転の再開見通しが立たない中で始まったのが，プルトニウムを既存の原発で燃やす「プルサーマル」である．97年に計画が認められ，2010年までに16〜18基の原発で実施する計画だったが，立地自治体の了解を得るのに難航した．火災事故以降，政府はプルサーマルを高速増殖炉と並ぶ核燃料サイクルの基軸と位置づけた．高速増殖炉を断念しても，片方の軸のプルサーマルを使っての核燃料サイクルは可能だ．しかし，東京電力福島第一原発事故後，既存の原発の再稼働すら見通しが立たない．また今後，新たな原発を造らず，寿命の原発を廃炉にする「脱原発依存」政策を進めれば，核燃料サイクルは成立しない．そうなれば使用済み燃料は，再利用せずそのまま処分する道しかなくなる．「もんじゅ」を廃炉にするならば，使用済み核燃料の処分方法や，日本が保有しているプルトニ

ウムの扱いなど,解決の難しい問題にも,道筋をつける必要があるからである.わが国の政策当局にとっては,原子力問題は,進むことも,止まることもできない超難問のようである[29].

　この報道から,1週間後の12月2日,東京電力と経済産業省の幹部が,2002年当時,「核燃料再処理事業からの撤退」の方向で合意していたという報道がなされた.「毎日新聞」によると,当事者の中には「合意」の存在の明言を避ける者もいるが,撤退問題が議論されたことは否定できないようである.上述のロシアによる核燃料受け入れ提案のことともあわせて考えると,核燃料サイクル路線が「六ヶ所村使用済み核燃料再処理工場」のトラブルと建設費の膨張,そして「もんじゅ」のトラブルと建設費膨張によって,八方ふさがりとなり,そこからの撤退が検討されたとすれば,それ自体は極めて自然な流れであろう.2003年に電気事業連合会が再処理事業経費(バックエンドコスト)を18.9兆円と発表した意図について,筆者は電力会社がこの時点で原子力発電のコスト高を明確に意識し,少なくとも使用済み核燃料再処理事業からの撤退,あるいは,それの政府引き受けの方向を模索していたのではないか,と指摘したことと明瞭に符合する事実である[30].

3. 原子力発電の「持続可能性」:「原子力がなければエネルギーが足りなくなる」は脅迫である

　福島原発事故によって,東京電力福島第一,第二の合計10基(909.6万kW)の原子炉は定期点検中であったものを含め,すべて運転が止まっている.東京電力には新潟県に合計7基の原子炉(821.2万kW)を有する刈羽原子力発電所もあるが,ここでも3基が停止中である.つまり,東京電力は合計17基の原発(合計出力1,731万kW)のうち,2011年8月現在,刈羽発電所の4基(491.2万kW)を運転しているだけである.福島原発の事故収束の見通しがつくまでは,地元自治体と住民の合意を取り付けることは極めて困難であり,停止中の原発にゴーサインが出る可能性は小さい.加えて,

中部電力浜岡原発が政府要請を受けて，当面停止されることになった（原発5基のうち，1，2号機は廃炉決定済み．3～5号機が停止）．また，その後九州電力玄海原発の再開をめぐる九電の「やらせメール」問題（原発再開に向けた世論誘導を狙って関係者に原発の再開必要性をうったえるメールを送らせるように仕向けた）が発覚し，東京電力以外の電力会社においても定期点検を終える原発の再稼働に対して大きなブレーキがかかっている．かくして，全国の原発の設備利用率は低下の一途をたどり，2011年10月には18.5％となった．結果的に，原発なしでも日本のエネルギー供給は何とかなりそうであることを，利用率低下という現実によって証明しつつあるというのは皮肉である[31]．

このような事態を背景に，原発存続が必要と考えている論者が強調していたのが，短期的には，夏場の最大電力に対する供給不足問題である．さらに，短中期的には，原子力を火力等によって代替した場合の燃料費増（コスト増）の問題である．長期的には，原子力を自然エネルギー等によってどこまで置き換えられるのか，という問題ももちろんあるが，ここでは前者（短中期まで）の問題についてのみ触れる．

原発停止が長引けば，火力での代替発電が必要となり，日本エネルギー経済研究所の試算によれば，電気料金は来年度（2012年度）18％上昇するという．再生可能エネルギーの促進もコスト上昇要因である，と「日本経済新聞」は指摘するとともに，原発再稼働をめぐる政府対応の不明瞭さにかこつけて，電力危機によって産業の空洞化がいっそう進む，と嘆いている[32]．また，日本の電力供給体制に固有の問題として，東西日本の間で異なる周波数をかかえていることが両者の間での電力融通を難しくさせており，このことが原発停止による供給力不足の不安を加速させている，とうったえている[33]．

日本の電源が原子力に大きく依存していることが，政府によって強調され，それ故，「原子力がなければ」との仮定が信憑性をもつことになる．しかしながら，こうした数字自体に作為的な要素が入り込んでいないか，冷静にみる必要がある．たとえば，供給量は供給力×利用率で表される．同じ出力で

も利用率が高い電源はそれだけ多くの電力（量）に結果する．原子力の設備能力が全電源の21％であるのに，発電量では26％になるのはそのためである（2011年2月現在）．留意すべきことは，原子力を動かすために，あえて使える火力や水力を止めるということがある点である．原発は出力調整がしにくい（これを行うと機器に負担がかかり危険性を高める）ことから，フル運転を行うのを原則とし，ベース電源として位置づけられてきた．しかし，法で定められた定期点検と度重なる事故のため，その利用率が低下しているのは既にみたとおりである．この原発の不安定性を補うために，他方で天然ガスや石炭等の火力発電所を増設してきたが，原発優先政策のため，火力の利用率は50％を切り，水力に至っては，わずか20％となっている．原発が優先され，結果として発電量比率が高まってきたこうした経緯を前提にして，「原発を止めると電力不足になる」という意見がしばしば聞かれる．しかしながら，日本の発電設備の総設備容量は，2009年時点で，水力4,797万kW，火力18,174万kW，原子力4,885万kWとなっており，先述の利用率を考慮するならば，原子力の欠落を火力や水力によってカバーすることは十分可能である（小出［2011a］，藤田［2011］187ページ参照）．以上の設備容量は自家発を含む全国の数値であるが，電力会社管轄区域ごとにみた場合，その電源構成などによって多少の違いは生じるが，大勢に変わりはない．

　ちなみに，北海道電力管内についていうと，泊原発の1，2号機の，いわゆる「ストレステスト」の結果をまって運転を再開したいというのが北電の意向であろう．しかし，仮に審査が通っても，立地自治体や周辺自治体の合意をスムースに得られるかどうか，展望は暗い．加えて，運転中の3号機が2012年4月以降に定期検査に入る予定となっており，原発3基がすべて停止する可能性が大きくなってきている．こうした事態を受けて，北電はしきりに電力不足をアピールし始めている．2011年10月6日から始まった北電の「でんき予報」は，福島第一原発事故以降，本州各社に導入されたものと同じ試みであり，電力供給がいかに切迫しているか，したがって，消費者に対して「節電」を促すことが目的とされている．その効果は，本州において，

とりあえずは証明済みとはいえる．北電も，冬場の需給逼迫期を前に，その効果を期待して導入決定に至ったと思われる．しかしながら，北海道電力の真の狙いは，本州各社と同様に，やはり，原発の再稼働にあるとみられる．北電によると，「原発3基が停止した場合，来年8月の供給力は474万キロワットに落ち込む．猛暑だった昨年8月の最大電力506万キロワットを32万キロワット下回り，平年並みだった今年8月の485万キロワットにも達しない．今冬のように火力発電所の定期検査時期をずらし，運転を続ければカバーできる可能性があるが，老朽化が進む火発でのトラブル停止など不測の事態に備えて50～60万キロワットが必要とされる予備電力の捻出は難しい．北海道電力が1，2号機の再稼働を急ぎたいのもこのためだ」(「毎日新聞」2011年12月18日) と，伝えられている．

　既に見たように，最大電力に対する予備電力の比率を供給予備率というが，ここで重要なのは，供給力は固定された数字ではなく，基本的には，その時点で電気事業者（卸電気事業者を含む）が保持する電源設備（運転可能な最大値）のうち実際に供給力として稼働し得る電源の合計値である点である．上記にもあるように，定期点検や故障などによって臨時点検の対象となった設備などが電源から除外される．また，経営政策的に運転対象からはずれる電源もある．北電は，2010年度末の事業用電源として，合計763.5万kW（原子力207万kW，水力145万kW，火力406.5万kW，地熱5万kW）を有していた．すると，763.5マイナス207の556.5万kWが全原発停止後の供給用基本設備となる．かりに，この供給力で昨年8月の最大電力506万キロワットに対応するとすれば，予備率9.1%となり，決定的に困るということにはならない．もちろん，実際には，この基本設備から供給力として除外される設備があるので，予備率は9.1%を下回ることにはなるが，供給力離脱時期や期間を調整することによってピーク需要に備えることが出来る．また，本州地区と同様に，大口電力を中心に，需要側で節電することによって最大電力自体もおさえることが出来る．いずれにしても，供給力はもちろんのこと，最大電力さえも可動な数字であり，示されている数字からだけで

も，電力が足りなくなるという話にはならない．さらに，以上の数字は事業用電源についてのものであるので，これに236万kWにのぼる自家用電源の協力体制を構築することが出来れば，北海道における供給力には大きな問題はないといえる．そして，長期的には，特に2010年度末で風力発電（24万5千kW）や太陽光発電（5千kW）となっている自然エネルギー由来の電源が急速に拡大できればこの不足分を埋めるのに貢献出来よう[34]．

このような事情を考えるならば，原発に対する国民の信頼を得ることなく，拙速に原発の再稼働を目指すのは間違いである．むしろ，必要な電力を調達するというのであれば，火力，水力を中心とした既存の電源を活用することが，当面の電力供給を考える際の基本となると考える．問題は，火力の比重を高めることが二酸化炭素排出量を増大させること，そして，化石燃料価格によってはコスト増となることであるが，だからこそ，ここに再生可能エネルギーの開発普及の緊急性が生まれているといえよう．少なくとも，これまでの考察から推察されるように，見かけ上原子力発電の比重が高くなっているのは，政府の政策的判断や電力会社の経営的判断の結果であって，そこに，社会経済的な必然性があるわけではない．ましてや，原子力に頼るのは「宿命」であると主張することはできないのである．

ここで筆者が「原子力発電の持続可能性」というテーマで論じようとする意図はふたつある．1つは，原子力発電は紛れもなく原爆の直系であり，その出自からして地球環境と人間にとって持続可能な存在ではあり得ないということである．「原子力の平和利用」というスローガンはわが国に原子力発電を導入する際の「錦の御旗」となったのであるが，核分裂エネルギーを利用する形での原子力利用は未だ人間社会との整合性を確実に保障しているとはいえない段階である．その意味では「原子力エネルギーの平和利用」は依然として研究段階に止まっていると考えるべきであろう．確かに，各国で原発が建設され原子力発電が行われている事実があるが，それは，「安全技術」が確立されたから行われているわけではなく，ましてや，使用済み核燃料の処理問題など，人間社会と地球環境との絶対的不整合部分は基本的には手つ

かずのままである．現状では未解決の課題を先送り，ペンディングしたまま進んでいるのが原子力発電であり，いったん事故があれば，こうした不整合が人間社会に対して取り返しのつかない損害を与えるというしっぺ返しを用意しているのである[35]．

福島第一原発事故という衝撃的な出来事ゆえに原発の危険性がひときわ大きく示されているのではあるが，実のところ，福島県民はその危険と背中合わせの生活を原発建設以来ずっと強いられてきたのであり，事故によってその危険が顕在化したに過ぎないのである．そしてまた，原発で働く人々は日常的な被曝によってその危険を体現してきたのである．原発から遠く離れて生活する人々は，現にあるそうした危険を特に意識することなく，とりあえずは日々を送ることが出来ていたにすぎない．先述した「精神のがれき」論の主張者であるノンフィクション作家佐野眞一氏の発言が次のように紹介されている．

　福島第1原発事故とその被災者について，日本人のすべてが彼らの身の上を思いやれるか，その想像力を問うているのが今回の震災なんです．……（佐野が）最も嫌うのが"日本は一つ"キャンペーンだという．そして，日本って一つじゃなかったんですよ．福島県の原発は東京のため，中央のため．（沖縄の米軍）普天間飛行場と同じ植民地が福島にあった現実があらわになったんです．……原発で働く人たちは，作業をすればするほど放射線を浴びる．そして最後に捨てられる．体を張ると言うより，ある意味，体を売っている．原発に支えられた繁栄の前に原発労働者を踏み台にしての繁栄だったんですよ．私たちは，その事実にあまりに鈍感過ぎた[36]．

今ひとつは，原発に最終的に決別することなくしては，新たなエネルギーシステムを構築するという次のステップへとわれわれが飛躍できないということである．つまり，もし，われわれがエネルギー的に新たなブレークスルーを達成しようとするならば，それも，恐らくは自然エネルギーを中心としたそれを目指そうとするならば，原子力への依存がもはや選択肢としても断たれるという意味である．そのかぎりでは，正確に言うと，「原子力の持続

不可能性」である．われわれ普通の人間は，良くいえば「現実主義」的であり，眼前に存在するものを素直に受け入れる能力に「優れて」いるのかもしれない．しかし，これを，悪くいうと，単に現実，その多くは体制的な流れであるが，これに無批判に追随するだけの人間集団に身を置くことで自らの安住を確保しようとしているだけのことなのかもしれない．それ故，われわれは，絶えず現実に対する批判的目を養う訓練をする必要があるのだが，そうした訓練の指針を先取り的に与えてくれるものが時代の思想であり，文学などの芸術であろう．原子力に対する感覚を一番研ぎ澄まさなければならないのは，本来科学者であるべきであろうが，今回の事故でも露呈したように，多くの科学者が驚くほど原子力に鈍感であり，かつ現実肯定的な姿をさらした．すべての科学者がそうであるわけもないが，国民の目に触れることの多かった科学者たちが体制擁護と自己保身に走ったのに対し，少なくない芸術家たちが原子力に対する疑念と反対の声を率直に上げていたのが印象的であった．それだけ，彼らは社会に対する感覚を研ぎ澄ましているということなのである．また，そうでなければ人々に感動を与える作品を生み出せるはずもない[37]．

たとえば，平野啓一郎氏は，福島第一原発事故後の日本の状況と将来について次のように語っている．

> 震災後，日本には複数の時間の流れが生じました．……（震災で大きな被害を受けなかった東京は，既に日常の時間を取り戻したように見える．）宮城や岩手の時間と東京，西日本の時間，そして福島の時間．震災前は日本全体がある程度一つの時間で動いていましたが，震災後はそれぞれの時間の針がバラバラになってしまったと感じます．……深刻なのは福島の時間です．原発事故が終わらないからいつになっても日常の時間が始まらない．……日本では，新しいことを始めないといけないとみんなが百も承知しているが，古い時間が止まらないから始められないことがたくさんあります．例えばエネルギー政策．原発中心の政策が終わらないから新しい政策が始まりません．予算も労力も有限ですから，原発を続けながら自然エネルギー開発を本格化するのは無理だと思います．原発はやめないといけないし，続けられないと決断したところからイノベーション（革新）の

可能性が生まれます．……これまで時間やお金，労力を費やした分，やめられないことはあると思いますが，問題が若い世代にゆだねられていくわけですから，社会がその世代の決断を尊重してほしいのです．原発事故を機にやめるべきことが顕在化した今，それができるかどうかの正念場です[38]．

　人間と社会に対して正面から向き合おとする作家の眼は，ともすると現実に流されやすく，判断力を鈍らされているわれわれの意識を覚醒させてくれるが，この若い作家も，こうした鋭い眼の持ち主であることをうかがわせる一文である．

　以上見てきたように，原子力発電が有するとされる「経済性」「安全性」「持続可能性」という3つの根拠がそれぞれ虚構性に満ちたものであり，原子力をわが国の基幹エネルギーとするための，作られた根拠であることはほとんど明らかであろう．「経済性」については，政府系機関を含む各所から「原子力発電は必ずしも安価ではなく，安全コストや使用済み燃料の処理及び処分費用等を考えると，むしろ割高となる」との見解が相次いで出されるようになってきており，原発推進論拠の一角が完全に崩れている．したがって，原子力に未だに固執する論者が主張する論点は，「安全性の確保」を前提にしたうえで，温暖化対策のためにも，「二酸化炭素を出さない」とされる原子力発電が化石系エネルギーに代わり得る「唯一」のエネルギー源であるという点である．そして，自然エネルギーは賦存量とコストの面からみて，これに依存することができないものとされるのである．その意味では，原子力は積極的に推奨されているのではなく，あくまでも，相対的に，しかも「必要悪」的に持ち出されているとみることができる．

4. 原子力は未完の技術か？

　本章においては，福島原発事故をきっかけとして起きている，日本のエネルギー政策転換の兆しについて概略紹介するにとどめている．また，本章で

整理している原発を巡る「経済性」「安全性」「持続可能性」という論点は，原発に限らず，いかなる時代にあっても，技術選択にあたってわれわれが基準としなければならないものであろう．1970年代以降，したがって高度経済成長が既に基本的に終了した時点で選択したエネルギーの1つが「原子力」であったことが，日本社会にとって，とりわけ将来世代にとって意味ある行為であったのかどうか，深い省察が求められている．原子爆弾の開発に「貢献」した科学者たちが，後に痛烈な後悔の念に襲われることになったが，原発がそうならないという保証をわれわれは確実に手にしているとはいえないことを認めるべきであろう．近代科学の粋を集めたといわれる原発が暴走したとき，それを止める手立てが，ひたすら水を注入すること以外にないという現実をわれわれは直視すべきである．さらには，使用した燃料の後始末が出来ないという点も深刻である．核燃料は原子炉で使用した後，一定の処理をし，半永久的に地層処分することになっているが，日本ではその場所が決まっていない．いわゆる「トイレ無きマンション」状態である．地震発生と原発事故から半年以上を経過した現在にあっても，岩手，宮城，福島を中心とした被災地域が依然として厳しい状況にあることは既にみたとおりである．物理的な被害は時間とともに徐々にではあるが回復に向かい始めたとの報道も聞かれるが，復興には程遠い．とりわけ，福島県を中心に放射能汚染問題は，むしろ広がってきているとの見方ができる．「毎日新聞」は遅々として進まない「除染」について，次のように記している．

　東京電力福島第1原発事故で広がった放射性物質を除去する作業が，各地で動き始めた．だが，毎日新聞が実施した調査では，各自治体が一刻も早く除染したいと考える一方，汚染物質の保管・処分先が決まらないため作業が思うように進まない実態が浮かぶ．
　……汚染物質を保管・処分する用地取得のめどが立たないのは国も同じだ．除染を担当する環境省内では，仮置き場や中間貯蔵施設での保管期間，施設の規模などを盛り込む中間貯蔵施設の工程表について，「このままでは決意表明に終わってしまう」と実効性を疑問視する声も上がっている[39]．

「除染」の結果生じる土壌などの放射能汚染物質の仮置き場の確保に汲々としている自治体の様子，そして，これらを集約する「中間貯蔵施設」をまだ決めていない（決められない）国・政府の戸惑い状況がこの記事から窺い知ることができる．そして，ここにみられる混迷が，実のところ原発から出る使用済み核燃料の処分と処理にそっくり当てはまることを，われわれは確認できるのである．

また，使用済み核燃料からプルトニウムを取り出すという核燃料サイクルは，同時に放射性物質を排出，蓄積し続ける無限サイクルでもある．加えて，今回の原発事故は，過酷事故が起きた場合，その被害が甚大であり，取り返しがつかないことを，改めて知らせてくれた．地震や台風の被害ももちろん大きいことがある．航空機等の事故もある．しかし，原発の被害は時間的，空間的広がりの点で，これらと比較しようがないものであり，近未来はもちろん，人類存続の間，放射能の危険と同居し続けなければならない．原発は未完の技術であるといわれる所以である．原発事故と安全性を確率論から論じる手法が間違いであることが，今回の事故によって明らかとなった今でも，相変わらず数字をいじくり回す議論が横行するのは，悲しいことである．

原発をめぐる議論は，既に次の段階に進むべきなのである．すなわち，逆説的ではあるが，原子力研究もまた，これまでとは違った目的をもって，しかも持続的な体制をもって追求されるべきである．大学を中心とした研究機関において，原子力科学や原子力工学が然るべき位置をもつ社会でなければ，人類にとって安全な社会を構築することは難しいからである．原子力発電所を建設・維持・管理することだけが原子力技術ではない．既に出来上がってしまった原発関連施設ではあるが，これらを安定的に収束させることも原子力技術の重要な要素である．そして，この面での技術に致命的な欠陥があることが次第に明らかになりつつある今，原子力研究に新たな光を当てることが求められているといえよう．まして，過酷事故によって大きなダメージを受けた設備の処理がより大きな困難を伴うことは，チェルノブイリ原発や福島原発のケースを見れば明らかである．いずれにしろ，将来世代に処理しき

表 4-2　海外原発プラントの受注状況

原発プラントの商談		
国　　名	原子力協定	原発受注の状況
ロ シ ア	来年1月にも発効	現地企業強く，現時点で具体的商談なし
韓　　国		
ベトナム		日本が政官民一体で受注に成功．プラント建設企業は未定
ヨルダン		三菱重工・仏アレバ，ロシア，カナダの3陣営が受注競争
トルコ	交渉中	東芝と三菱重工が受注目指すも東電離脱で不透明 (インド・ブラジル・南アフリカ・UAE とは協定交渉中)
リトアニア	発効済み（欧州原子力共同体と）	日立・米 GE が7月に優先交渉権獲得．20年までに新設予定
フィンランド		東芝が受注活動参加へ．仏アレバと競合
ポーランド		日立・米 GE，東芝傘下の米 WH などが受注活動参加へ
チェコ		米 WH が受注活動参加へ．仏アレバ，ロシア企業などと競合

出所:「日本経済新聞」2011 年 12 月 7 日.

れない放射性廃棄物を押し付けることは，もっとも避けるべき環境負荷のひとつであると考える．

　以上の結論は，本章の第 1, 2, 3 節で取り上げた原発をめぐる 3 つの論点を検討した結果である．そして，この結論はかなりの程度国民的合意になりつつあるように思われるが，他方では，「旧原発村」の住民たちを中心とする原発を何としても延命させたいと考えている勢力が，猛烈な巻き返しを図ろうとしていることも見逃せない．筆者のみるところ，巻き返しは海外と国内の両にらみである．海外についていうと，福島原発事故以前から東芝，日立など原子炉メーカーは海外での原子力発電所建設の受注獲得に積極的に動いていた（表 4-2 参照）．福島原発事故によって，せっかく獲得できそうな契約がキャンセルになることを恐れていたが，ベトナムが日本への受注方針

を変えなかったことに勢いを得て，その他の国でも活発な活動をしている．国内での新規受注はほとんど展望がみえないなか，海外市場への傾斜はいよいよ強まっていくことになろう[40]．

　問題は国内である．原子力発電所と放射能の危険性を知ることとなった国民に対して，全原発停止による「電力不足」と社会経済の混乱可能性を猛烈にアピールし始めたのである．その布石は，事故直後の「計画停電」実施によって既に打たれてはいたが，原子力以外の電源の動員と産業と家庭の節電によって「電力不足」を乗り切れる現実性が証明されてしまった今，新手の原発必要性論拠さがしに躍起となっている．東京電力の存続問題を含め，原子力発電からの脱却は新たな局面に入りつつあるようである．

注

1) 東日本大震災と福島第一原発事故からの復興という課題は，通常の事故や天災からの復興という課題を越えているという認識が必要である．ある意味，第二次大戦敗戦後の日本の復興とも重なるような根本的な転換を準備しなければならない程のものであり，経済成長を基軸とした戦後の支配的価値観自体も問われていると言える．故郷への帰還がほとんど展望ないとされる福島の被災者の心情を逆なでするような政府の「原発事故収束」宣言は，原子炉内部の状況も把握出来ないままの無責任なものであり，後は除染と賠償さえ済めば（これさえも簡単なことではないが），元の「元気な」福島と東北，そして日本が取り戻せるかのような発想からのものであり，政府にとって，福島は一刻も早く通り過ぎたい，アンタッチャブルな部分であるようである（「毎日新聞」2011年12月17日）．
2) 震災後，どこの書店に行っても，東日本大震災と福島原発事故を特集した書籍や雑誌のコーナーが設置されており，さらに類書の刊行は続いている．
3) 学者ばかりでなく，電波や冊子等に載せて原発推進の旗を振ってきた「文化人」や「芸能人」の役割を厳しく追及しているのが佐高信である（佐高［2011］）．また，朝日新聞をはじめとした全国紙各社，そして民間放送局などが，電力会社と電気事業連合会による広告攻勢を受け，原発に批判的な記事を書けなくなっていた事情についても多くの指摘がなされている．福島原発事故でそのようなマスコミのあり方に対して，改めて警鐘がならされている（明石昇二郎「福島取材で試される報道機関の存在理由」『朝日ジャーナル』緊急増刊号，2011年6月所収）．
4) 『週刊ダイヤモンド』2011年5月21日号，42ページ参照．
5) 他方，「毎日新聞」は，「原発リスクで企業逃避の懸念」が生じているという浜

岡原発周辺自治体の苦悩を紹介している．報道によると，中部電力浜岡原発から10キロ圏に位置する牧之原市の議会は9月に浜岡原発の永久停止を求める決議を賛成多数で可決し，市長も「永久停止は譲れない」との立場であるという．同市は元々原発容認であったが，茶農家のみならず，市内に立地する製造業なども原発をきらって，他地区への移転を検討し始めた，との動きを察知し，方針転換したのである．同市にとって，「原発関連収入は約174億円の歳入の1%に満たない．原発停止の不利益より，原発リスクを嫌って工場が撤退する方が，市財政にとってはるかに大きな痛手になる」，との判断があったことになる．牧之原市周辺の他自治体にもこうした動きが広がりつつある．原発によって地域が潤うという誘致策はこの地域では通じなくなってきたのである．他の原発立地自治体にとっても，見過ごせない事態と言えよう（「毎日新聞」2011年11月18日参照）．

6)「毎日新聞」2011年4月29日．
7)「日本経済新聞」2011年6月27日．
8)「朝日新聞」2011年11月29日参照．
9)「河北新報」2011年9月14日，「朝日新聞」2011年11月29日参照．なお被爆問題の深刻さについては，藤田［2011］124-74ページ参照．
10) 大島［2010］参照．本章において，筆者は大島氏の議論を全面的に肯定するものであるが，原子力発電の発電コストをこのように体系的に説明している議論は類をみない．この分野における，室田武氏以来の一橋大学の批判的精神が大島氏にも受け継がれているということであろう．大島氏の著書は，本来，わが国の再生可能エネルギーの早急な開発普及を目指すために必要な政策課題を明らかにすることに照準を当てたものであるが，この課題を達成するためにも，最大の障害となっている原子力発電を根本的に批判しつくさなければならないという，大島氏のミッションをそこから読み取ることができる．なお，「もんじゅ」と核燃料サイクル事業については，後に，改めて取り上げたい．
11) 原子力損害賠償支援機構の問題点については，第2節においてその核心部分だけでも議論することにしたいが，本格的な検討は別稿を期したい．
12)「毎日新聞」2011年11月9日参照．
13)「毎日新聞」2011年8月23日，『週刊ダイヤモンド』2011年5月21日号，「日本経済新聞」2011年9月29日および「毎日新聞」2011年10月27日参照．
14)「日本経済新聞社」2011年7月19日．
15)「毎日新聞」2011年8月2日．(財)地球環境産業技術研究機構システム研究グループのグループリーダー秋元圭吾氏（東京大学大学院総合文化研究科客員教授）による論文「発電コストの推計」2011年5月23日，参照．秋元氏の推計根拠などについては，なお検討の余地が大きいと考えるが，ともかくも，その結果は次のように要約される．

　　すべての発電設備は電源を問わず，上昇傾向にある．現状では，kWh当たり，
　　　石炭　　8〜12円

天然ガス（複合発電）　10〜14円
　　　原子力　8〜13円（バックエンド・廃炉時の解体費用を含む）
　　　風力　　16〜18円
　　　太陽光　55〜63円
とみられる（いずれも，送電費用として2〜4円程度を含む）．
　将来的には，太陽光発電は費用低減が見込める．
　風力，太陽光は導入量が大きくなったとき，追加的な系統安定化費用が必要になる．ただし，この費用の不確実性は大きい．
　原子力は，今後，安全対策の強化によってコスト増が見込まれる．
　この結果から，原子力の優位性を政府系の機関も主張できなくなったと理解するのは自然の成り行きということであろう．

16）　小坂［2005］第2章，「朝日新聞」2003年11月12日参照．
　使用済み核燃料の再処理と直接処分を比較して，後者がコスト的に低いというのが順当な評価かと思うが，政府部内での検討でも，再処理は直接処分の3倍から4倍のコストがかかるとの試算を行っていた．しかし，再処理路線に悪影響があるとして，当時の資源エネルギー庁原子力政策課長が試算結果を隠蔽するよう部下に指示していたことが発覚した．「またか」というか，「やはり」というか，わが国のエネルギー政策担当官庁の隠蔽体質は底なし状態である（「毎日新聞」2012年1月1日参照）．

17）　「北海道新聞」2011年11月11日．

18）　原子力の専門家であって「反原発」を唱える研究者は多くはない．原子力村から排除された小出裕章氏は，京大原子炉研究所に勤務する助教であるが，既に年齢は61歳．とっくに教授であってもおかしくないが，この世界では「反原発」と出世は両立しないということの生き証人ということであろうか．もっとも，当人は研究さえ続けられれば，出世は関係ない，と発言している（佐高［2011］参照）．
　また，2011年8月17日付「毎日新聞」は，政府の「事故調査・検証委員会」（畑村洋太郎委員長）の聴取を受けた東京電力の証言として次のような，記事を掲載した．
　1号機の水素爆発は，東日本大震災の翌日の3月12日午後3時36分に発生．建屋の上部が吹き飛んだ．水素は，燃料棒に使用されるジルコニウムが高温になって水と反応し発生したとみられている．……東電側は原子炉や格納容器の状態に気を取られ，水素が原子炉建屋内に充満して爆発する危険性を考えなかった……「爆発前に予測できた人はいなかった」．また，ベントについては，マニュアルがなかったため設計図などを参考にして作業手順などを検討．全電源が喪失していたため作業に必要なバッテリーなどの機材を調達し始めたが，……
　「絶対安全」と言われた原発の肝心な所がこの有様である．東京電力が何を言おうとも，人々がまず首をかしげるのは当然である．それでいて，自分たち以上の原子力の専門家はいないと思い込んでいる節があるように見えるのは，筆者だけ

第 4 章　福島原発事故と日本のエネルギー政策

であろうか．
19)　「日本経済新聞」2011 年 7 月 31 日参照．
20)　『エネルギーフォーラム』2011 年 10 月号．
21)　「毎日新聞」2011 年 11 月 19 日．
22)　「北海道新聞」2011 年 11 月 11 日参照
23)　本間照光寄稿文「毎日新聞」2011 年 5 月 12 日，「毎日新聞」2011 年 11 月 28 日参照．
24)　森田章「日本経済新聞」2011 年 7 月 12 日，福井秀夫，同，2011 年 7 月 13 日参照．
25)　「日本経済新聞」2011 年 6 月 27 日参照．
26)　「日本経済新聞」2011 年 5 月 18 日，「毎日新聞」2011 年 6 月 15 日．また，いったん北西に広がった汚染地域が，その後は盆地に沿って南下したことが指摘されている（藤田［2011］124-6 ページ参照）．
27)　「毎日新聞」2011 年 11 月 27 日．
28)　「毎日新聞」2011 年 11 月 25 日参照．
29)　「毎日新聞」2011 年 11 月 28 日．
30)　「毎日新聞」2011 年 12 月 2 日参照．また，同紙によると，「高速増殖炉」開発の先進国イギリスにおいて，1954 年に実験炉，1966 年に原型炉を着工，1985 年に実証炉の設計に入ったが，その後のウラン価格の低下やイギリス自身が北海油田の開発に成功したという背景のもと，高速増殖炉の経済的優位性がゆらぎ，その開発計画を断念し，1994 年には原型炉を閉鎖した．今は総額 29 億ポンド（約 3500 億円）を投じ，約 2,000 人の技術者たちが施設の解体や放射性廃棄物の処分場建設を進めている．施設の解体終了目標は 2030 年．だが，「(1977 年に運転を停止した) 実験炉の解体は 1983 年に始まったのに，30 年近くたってもまだ，炉心にある燃料棒すら取り出せていない．順調に進んでも，終了まであと 20 年はかかる」，との現場作業責任者の声を紹介している．核燃料サイクル事業に固執し続ける「原子力村」の面々が，核燃料サイクル事業の先駆けであったイギリスのこうした経験をわが国に積極的に紹介してこなかった理由がよくわかる（「毎日新聞」2011 年 12 月 9 日参照）．
31)　「電気事業連合会」によると，2011 年 10 月は全原発 54 基中，43 基が停止，11 基のみ運転中とのことである．
32)　「日本経済新聞」2011 年 6 月 27 日，同，2011 年 7 月 9 日．確かに，一般論からいえば，労賃やエネルギーコストが上昇することによって企業の競争力が低下し，それを克服するために，よりコストが低い（エネルギーコストを含む）地域に企業が進出することはあり得るであろう．1990 年代以降，徐々に日本企業の海外進出が拡大してきた理由の一端もそこにある．しかし，企業の海外進出が増大してくる要因はそれほど単純ではない．少なくとも，エネルギーコストだけで企業の海外進出が決定されるわけではない．海外進出を製造業に強いるもっとも大きな

決定要因は進出先および近隣諸国の需要が今後とも拡大していくという見通し，つまりは，市場要因が重要であって，インフラや労賃などの生産要素は二義的であるとの指摘が的を射ているように思われる（「製造業の海外展開について―日本の製造業は『空洞化』しているのか」『みずほリポート』みずほ総合研究所，2011年3月29日，参照）．

33) 東西日本における周波数の違いと電力融通の問題については，第5章において「送電線開放問題」との関わりで改めて論じることにしたい（「日本経済新聞」2011年5月11日，同，2011年7月21日参照）．

34) 北海道経済産業局 [2010；2011] 参照．

　ここで，2010年度末における北海道電力の供給力を763.5万キロワットとしているのは，平成22年度北海道電力需給実績（確報）の事業用電源の総出力のことである．しかし，一方で，北海道電力の「2011年度供給計画の概要」によれば，2010年度末の事業用電源設備は826万キロワット（推定実績）とされている（ちなみに，『電気事業便覧』平成22年版によれば，823万キロワットとなっている）．事情はともかくとして，北海道電力自身が事業用電源設備として計算出来るものが2010年度末で823～826万キロワットであったことは供給計画に示されている通りである．したがって，これを供給力の基礎数字として押さえ，ここからどこまでを現実の供給力として機能させるかという，実際の運転計画が最終的な数字を決めることになる．

35) 「原子力の平和利用」というスローガンがわが国における原子力導入に当たって，いかに「有効な」力となり得たのか，その背景については内橋 [2011] 第2章を参照されたい．

36) 「毎日新聞」2011年11月19日．

37) 音楽家坂本龍一，作家池澤夏樹などは，自らのフィールドにとらわれることなく，原子力に対して常に批判的な意見を表明している．その影響力を恐れてか，原発推進論者は，彼らの主張がいかに根拠薄弱なものであるかを，折に触れ解説して回っている．その良い例が『エネルギーフォーラム』2008年6月号の報道特集「間違いだらけのロッカショへの反論」であろう．この「反論」は2008年のものであるが，福島第一原発事故からの収拾にもたつく東京電力と政府対応の現状，そして，「もんじゅ」の廃炉や核燃料再処理事業からの撤退が日程に上りつつある現在にあっても，この「反論」ができる人は，筋金入りの原発推進論者ということになろう．ちなみに，池澤夏樹氏は大学で物理を学んだというから，原子力の何たるかをまったく理解せずに，「ファッション」で反原発を唱えているわけではない．上述の『エネルギーフォーラム』の特集前文記載者は「反原発」「反六ヶ所運動」を「反核のファッション化」と揶揄し，理性的ではなく感性的な運動であると批判して止まない．理性を欠き，感性的な反論をしているのはどちらかと，むしろ問われるべきであろう（『朝日ジャーナル』緊急増刊号，2001年6月参照）．原発推進論者が目の敵にしている『ロッカショ』は，青森県に展開している核燃

料再処理工場について，その全容と危険性をわかりやすく伝えることを意図したパンフレット風の書物である．原発推進論者がすべきことは，上述のような感情的なキャンペーンを金に任せて展開することではなく，「ロッカショ」運動への参加者を含め，国民に原発と再処理事業に関わる情報を正しく伝え，理解を得る努力であろう．もっとも，それが出来ないからこそ，「やらせ」が起きるのである．しかし，「やらせ」の根本に「原発と再処理事業」の放射能汚染の危険性が存在する限り，こうした努力は徒労に終わるしかない．それを知っているからこそ，彼らは，また「やらせ」に走ることになるのである（STOP-ROKKASHO プロジェクト［2007］参照）．

38) 「毎日新聞」2011 年 11 月 12 日．
39) 「毎日新聞」2011 年 10 月 24 日．
40) 「日本経済新聞」2011 年 12 月 25 日参照．

第5章
福島県と電源立地問題
―遠距離送電技術の功罪―

　いつものことではあるが，われわれ人間は本当に懲りない動物である．自分たちの生活が自分たちだけの力で成り立っているのではなく，周りの人間と自然によって初めて可能となっていることを何かのきっかけを通じて確認しては，また忘れる．そのことの繰り返しである．とりわけ，自然との関係が希薄化する一方の都市生活においては，なおさらこの傾向が強いと言える．日々の食卓が農業の営みによって支えられていることは当たり前のこととして，知識として知ってはいる．しかし，このことが自分自身の存在と本質的に結びついているとは考えてはいない．だから，一次産業を中心とする地方の産業と地方の人々の生活がどうなっているか，気にとめることはほとんどない．土のついた野菜がきたないものとしてうとんじられたり，はなはだしくは，店頭に並んだ野菜が本来の姿であると思い込んでいる子供もいるという．それでも，天候不順が原因で不作にでもなれば，値段が上がり，十分に手に入らないということを通じて，時々は農業生産の意味を想起することがある．必要なのは，その意味を日常的に再確認し，都市と農村の相互依存関係をわれわれ社会の基本的なあり方として位置づける姿勢の確立であろう．

　都市の生活が地方によって支えられているという事実は農業以外にもたくさんある．福島第一原発事故によって，東京のエネルギー，特に電気が福島県を含む他県から送電され，経済活動と市民生活を支えていることが，改めて知らされることとなった．そして，停電になってはじめて，電気のない生活がいかに不便かつ危険であるかを知ることになる．手術や人工呼吸器など，

人命に関わることもある．かくして，都市における，とりあえずは「豊かな」生活が地方からの電気供給によって支えられていることが明らかとなったのであるが，今，その地方の1つ，福島県が原発事故によって未曾有の被害を受け，不便な生活を強いられている．否，不便な生活などという次元では語ることのできない事態，すなわち，放射能による人間性の否定という事態に直面していると言うべきであろう．加えて，向こう数十年間は帰還も難しいという状況に陥っている．この事実を知った都市住民は，それでもなお，自分たちの生活に必要であるとして，地方の原発の稼働を求めることが出来るのであろうか．

本章は，この問題について，まずは歴史を振り返る形で考えてみたいと思う．また，福島原発事故とその被害救済措置，とりわけ事故当事者たる東京電力の責任範囲，さらには原子力発電所を国策として推進してきた国家政府の責任問題とその必然的帰結としての東京電力の国家管理の問題，そして，最後に，最近とみに強調されている「送電線開放」問題を見据える形で，福島県と東京の関係を遠距離送電の問題から考察してみよう．その場合，電気事業が形成されてきた経緯を踏まえ，供給者と消費者のネットワーク事業であるという点に電気事業の最大の特色があることを軸点にして議論を展開してみようと思う．

1. 福島第一原発と猪苗代湖：東京電力と福島県の歴史的関連性

東京電力は東京都を中心に関東一円および山梨県と静岡県の一部を供給地域とする地域独占電力会社である．その東京電力のベース電源が原子力発電とされており，今回の事故によって失われた供給力の大きさから，東京電力管内の停電問題が事故直後から取りざたされ，実際に「計画停電」という供給制限措置が実施された．また，東京電力の電力需要ピークが夏場にあることから，2011年夏の電力需要に対して，供給力不足が心配され，原子力なしで夏場が乗り切れるのか，さらには，中長期的にも，原子力抜きの供給電

源のあり方が問題となった．これらの問題全体については，別途検討する機会をもちたいと考えているが，ここでは，そもそも，なぜ東京電力の原子力発電所が東北地方の福島県にあるのか，その歴史的な経緯から問題を考えてみたい．迂回的ではあるが，東京電力の原子力発電所が福島県に立地したという歴史的事実を振り返ることを通じて，現代の電力システムのかかえる問題性の一端を明らかにすることが出来ると考えたからである．

東京電力の原子力発電所は新潟県柏崎刈羽発電所（第1から第7まで合計出力821.2万kW）と福島第一，第二原発の合計（10基909.6万kW）である．しかし，福島県と新潟県はともに東北電力管内であり，東京電力管内ではない．今回の福島第一原発事故によって，東京電力の電源が消費地から遠く離れた地域にあり，そこからの遠距離送電によって東京の経済活動と消費生活が支えられていることを改めて知らされた人も多いはずである．東京電力の原発が，なぜ新潟と福島に建設されたのか，その背景を考えておくことは，今更ながらの思いもあるが，少なくとも，東京に住む人々が，福島や新潟と切っても切れない関係性の下に否応なく組み込まれてきた歴史を知ることによって，福島での出来事が本質的に他人事でないことを確認する意味でも，必要な作業であろう．

福島県に原発が立地することになった経緯を『東京電力三十年史』（東京電力社史編集委員会編［1983］562-78ページ参照）は次のように述べている（下線は筆者による．以下同じ）．

　　当社は，供給区域をはじめ隣接地域を含めて，広範な立地調査を実施したが，東京湾沿岸，神奈川県，房総地区で広大な用地を入手することは，人口密度，立ち退き家屋数，設計震度などの諸点から困難であった．そこで，需要地に比較的近接した候補地として，茨城県，福島県の沿岸に着目し，東海村をはじめ大熊町など数地点を調査し，比較検討を加えた．
　　福島県の双葉郡は六町二カ村からなり，南の小名浜地区は良港や工業地帯をもち，また，北の相馬地区は観光資源のほか，小規模ながら工場もあるのに対し，双葉郡町村には特段の産業もなく，農業主導型で人口減少の続く過疎化地区であ

った．したがって，県，町当局者は，地域振興の見地から工業立地の構想を熱心に模索し，大熊町では，32年には大学に依頼して地域開発に関する総合調査を実施していた．

こうした地域事情を勘案しつつ，当時の佐藤善一郎福島県知事は，原子力の平和利用に熱意を示し，……県独自の立場から双葉町内の数カ所の適地について原子力発電所の誘致を検討していた．そのうち大熊町と双葉町の境にあり，太平洋に面する海岸段丘上の旧陸軍航空隊基地で，戦後は一時製塩事業が行われていた平坦地約190万平方メートルの地域を最有力地点として誘致する案を立て，当社に対して意向を打診してきた．

当社は，前述の検討経緯もあり，35年8月，大熊町と双葉町にまたがる広範な区域を確保する方針を固め，県知事に対し斡旋を申し入れた．知事は，この申し入れをきわめて積極的に受け止め，同年11月には原子力発電所誘致計画を発表した．

このように，当社が原子力発電所の立地に着眼する以前から，福島県浜通りの未開発地域を工業立地地域として開発しようとの県，町当局の青写真ができており，この先見性こそ，その後の福島原子力にかかわる立地問題を円滑に進めることができた大きな理由といえよう．

38年10月，当社は，大熊町地内約190万平方メートルのうち一般民有地約95万平方メートルの取得の斡旋方を知事に依頼した．……次いで双葉地区についても，大熊町の場合と同様，県開発公社を介して，41年3月に約20万平方メートルを，43年9月に約99万平方メートルを取得し，大熊，双葉両町にまたがる原子力発電所用地の取得をほぼ完了するに至った．

この地域は太平洋に面した山林原野の台地で，冷却水なども容易，豊富に確保出来，交通の面でも国道6号線に近く，常磐線の大野駅には約4キロメートルの至近距離にあった．さらに地質は段丘堆積層で，地表下約30メートルに第三紀層があって地盤も強固で，気象条件も良好など，原子力発電所立地にはまことに適地であった．

41年12月には，県開発公社に委託していた海域の漁業権の消滅とその漁業補償問題も解決した．……

大熊，双葉地域の海岸線は，標高約35メートルの切り立った丘陵地で，太平洋の波浪が四六時中断崖を洗っており，……

大熊，双葉地点の用地確保が進み，原子力発電所建設の見通しがついたことから，当社は昭和40年9月，第2の原子力立地点として，大熊，双葉地点の南方

第5章　福島県と電源立地問題

約10キロメートルの富岡，楢葉両町の境界にまたがる太平洋岸の区域を選定する方針を固めた．この地区が選定されたのは，地盤，取水をはじめ原子力発電所としての立地条件を満たしているとみられたこと，大熊，双葉地点の立地を進めている経緯から，地域の理解，協力が得られると期待されたことなどによるものである．

……43年1月，福島県知事は，年頭記者会見において「第2の原子力を富岡，楢葉地区に建設」と発表，地元町長も「受入態勢は万全」との見解を述べた．

これらを受けて，当社は43年1月，第2地点の開発計画を発表，44年5月には，具体的計画として出力100万キロワット級4基を建設することを明らかにした．

……当社としては，供給力の長期安定確保のためには，これらに続く第3の原子力立地点を確保することが重要であるとの見地から，通商産業省による原子力発電所立地適地調査の動向を注目していた．柏崎・刈羽地点の立地は，このような背景のなかで浮上してきたものである．

……柏崎市と刈羽村にまたがる一帯の土地は，冬季，北面の強い季節風にさらされる砂丘地で，開発の手だてもなく，旧県道の山側の部分に，わずかに開拓農場があった程度の利用，活用の難しい土地であり，これをどう活用すべきかについて当時いろいろな議論がなされていた．

……4期16年間（38〜54年）にわたり在任した小林治助柏崎市長は，地域の振興に情熱を傾け，市政発展の観点からこの土地を活用するため，原子力発電所の立地を促進するという方針を立て，その実現に一生をささげた．

……原子力立地が決定した柏崎・刈羽地域の情勢は，先行する福島県浜通り地区の2地点とはかなり情勢が異なっており，当社の立地が歓迎される一方で，この時点で反対運動がスタートした．

……このような反対運動の動きは，発電所規模が巨大であることや時代背景によることはもちろんであるが，福島県浜通りとは異なって，人口8万余の柏崎市を控えていたこと，豊かな穀倉地帯に位置し独立した経済圏を形成していたこと，農民運動の長い歴史があったこと，新潟水俣病事件などの公害問題が県民に心理的影響を与えていたことなど，各種の事情によるものであったと思われる．

福島県浜通り地区に東京電力が原子力発電所を建設することになった事情は以上のとおりであるが，われわれは，ここからいくつか確認すべき点を見出すことが出来よう．すなわち，原子力発電所は原子炉本体の冷却水を確保

するという技術的要請から，わが国では海岸立地を宿命づけられており，東京電力管内では基本的にその適地が得られないという事実である．もっとも，万一の事故を考えると，わが国にはその意味での適地は存在しないと言うべきではあるが，東京電力管内からそう離れていない地域で，かつ万一のことを考えると，ある程度は都心部から離れた地域という意味での相対的適地という限定を付して，この脈絡を読み取るしかない．実際，アメリカにおいても原発は低人口地域に立地させなければならないと考えられていたが，その理由は放射能汚染を伴うような万一の事故を想定した場合，避難人口が少なければ少ないほどよいとされたからである．東京電力にとって，福島第一原発立地点は人口密集地東京から200キロあまり離れてはいるが，自社供給管内に隣接したもっとも近い他電力会社管内であった．また，新潟県柏崎・刈羽地区も，同じく日本海側に得られる東京電力にとってもっとも近い海岸であり，また，この地区が東北電力管内であった．両地区は共に東京から約二百数十キロの距離にあり，上述の条件に最もかなった立地点と考えられたことになろう．地理的な意味で，厳密にいえば，静岡県伊豆半島西海岸が自社管内における候補地になり得るかもしれないが，御前崎の中部電力浜岡原発のケースと同じく，予測されている東海地震震源域に近く，立地点としては問題にならなかったのかもしれない．

　福島県にある発電所が電力の大消費地である東京のために設置され，東京まで遠距離送電されているのは原発だけではない．東京地区のための電源という意味では，電気事業の発展初期には水力発電が注目されていた．福島県にある猪苗代湖が東京のためのダム湖の役割を果たすようになったのは水力発電が本格化した明治後期から大正時代にまで遡る．明治から大正期にかけてのわが国電気事業，とりわけ東京電燈（株）のような大都市部の電気事業者にとって安価な電源を確保し競争上有利な条件を獲得することが死活問題となりつつあった．この点を，当時の東京電燈（株）の電源確保問題における猪苗代湖の位置を確認する形でみておこう．

ほとんどの都市型電気事業がそうであったように，東京電燈も小規模な石炭火力発電所をその出発点としている．1ヶ所当たりの需要家数はその規模に規定されていた．したがって，需要家の増大には新たな発電所を設置して需要に応えなければならないことになる．東京電燈はこうして次々に市内に発電所を増設し，5つの電灯局を有するに至っている．しかしながら，こうした小規模分散的な発電所による配電システムでは効率が悪く，また石炭を焚くことから人口密集地での発電所の増設，新設もおのずから限界があった．かくして，明治30年，浅草集中火力発電所を建設し，各電灯局を配電局とする集中火力発電所方式が採用されることになる．この発電所は，単相交流式200kW 4基と3相交流式265kW 6基の発電機を擁する出力約2,400 kWの，当時としては画期的なものである．……第2期工事のドイツ・アルゲマイネ社製3相交流式50サイクル265kWの発電機は，わが国最初の3相交流式発電機の採用であり，……その後，関東一円で50サイクルが用いられる契機となった．……その後，東京電燈では家庭用照明の他に，東京市街鉄道との600kWの需給契約をはじめ動力需要も急増し，36年には第2発電所として千住火力5,000kWを計画し，38年から浅草火力と連系した．この千住火力は，蒸気タービンを採用した最新式の発電所であったが，桂川水系の開発に伴い，41年には浅草火力とともに早くも予備火力となった（電気事業講座編集委員会編［2007a］32-3ページ参照）．

したがって，東京電燈(株)は，明治30年から40年にかけて，既に石炭火力による集中火力発電所方式を採用していたにもかかわらず，41年にはこれらを予備電源に位置づけることになるわけである．そして，その原因は桂川水系における水力電源の開発によって，安価かつ大量の電力を供給できる体制が整ってきたことにある．こうした経過からうかがえるように，初期の都市電気事業は，小規模な発電・配電事業から始まり，需要家が増えてくるのに応じて，同様の小規模発電所を増設するという形で事業を拡大していった．しかしながら，このやり方では，土地制約と煤煙等の環境制約から立地場所が限られることから，発電所を1ヶ所に集中させ，既存の発電所を配電所へと再編成し都市全体への供給を実現する，いわゆる「集中火力方式」を採用するに至る．それが，「浅草集中火力」である．こうして設置された集中火力発電所すら，供給力としては「予備化」することになるのが，有力水

力発電所の建設と遠距離送電の実現であったことになる．これはまた，都市における電気需要に応えるべく形成された配電のための電気事業が，水力発電という供給側の要因によって経営システム自体が大きく左右される時代へと進んでいったことを示している．このような水力発電の急速な発展については，次のように述べられている．

　東京電力は，増大する電灯電力需要に対処するため明治36年，1万kWの千住火力発電所を計画していたが，炭価高騰のすう勢は衰えず，同火力発電所を5,000kWに縮小し，37年10月，桂川の水力開発に乗り出すことになった．桂川は富士山麓山中湖を水源とし，水量不変の優秀な電源であったが，需要地の東京への距離が遠いため，それまで放置されていた．しかし，アメリカにおける高度の送電技術を見聞することによって最初の計画を変更し，最終的には発電所を駒橋1か所にまとめ，その出力を1万5,000kWとし，55kVの電圧で東京へ送電することとなった（送電距離75km）．……さらにその下流から取水する八つ沢発電所の建設を計画し43年着工，翌年一部送電を開始，大正3年に完成した．この八つ沢発電所は，出力3万5,000kWの大発電であるばかりでなく，有効貯水量74万tの大野調整池を設け，ダム式としては画期的なものであった（同上，41ページ）．

　以上の経過からみると，当該時期に水力発電が石炭火力発電にとって代わって電源の主役へと躍り出てくる背景は，基本的には4点あることがわかる．第1に，石炭火力発電所は，煤煙や土地取得の制約から，都市部において拡張や新設が困難となっていたという初期の分散型発電システムそのものの限界である．第2に，エネルギー源としての石炭の価格高騰によって石炭火力の競争力が低下してきたという点である．第3に，富士五湖や猪苗代湖を天然のダム湖として利用し得る安定的かつ安価な水力発電地点の開発が相次いで行われたことである．そして，第4に，アメリカやドイツなどで遠距離送電技術が確立され，その技術をいち早く導入することによって，山間僻地にある水力電源開発とその送電が可能になっていたことである．

　これらの背景を念頭に置きながら，猪苗代湖水力開発の経過について，た

第5章　福島県と電源立地問題

どっておくことにしよう．『現代日本産業発達史　III 電力』において，猪苗代湖開発の経過について，次のように記されている．

　　猪苗代湖の開発については，農業用水としては古く徳川時代に会津藩により戸の口用水（820町歩），つづいて布藤用水（250町歩）が開かれており，さらに明治になって安積疏水（5,500町歩）が開墾され，さらに，その後この水路を利用した発電が郡山絹糸紡績によって行われた……ついで猪苗代水電による大事業となる．（猪苗代水電はもともと別個に日橋川を利用した水力開発を計画していた東北電力株式会社と日本水力電気が合併して成立したものである．筆者）猪苗代水電の手により，第1発電所は明治45年の6月着工，大正4年1月一部竣工，第2発電所は5年9月の着工で7年12月の完成，第3発電所は第4とほぼ前後し13年12月の着工で15年11月の竣工となっている．なおこの間11年1月東電との合併がある．……

　　猪苗代湖水系におけるその間およびその後における開発と発電所を表示すると，当初の郡山絹糸紡績による安積疏水を利用した沼上発電所を初めとして……15をかぞえている（栗原編［1964］92-3ページ）（表5-1参照）．当時としては，非常に巨大な水力開発となる猪苗代湖水力開発に当たっては，発電所の建設とともに東京までの高圧送電が可能なのかといった技術的問題に加えて，生み出された電力が，その供給力に見合うだけの需要家を見出し得るかという市場問題が大きな壁となっていた．

　　猪苗代の開発に前後し東電では桂川水系に駒橋・八ツ沢の両発電所を建設しまた建設中で，それらを合わせてもその発電力は水力が5万kW，既設火力が1万3,400 kW，合計6万3,400 kWにすぎなかったのである．ここにほぼそれと同額のものをもちこもうというのだから，……

　　……猪苗代水電の開発は，その後間もなく三電競争※による，はげしい市場競争と料金の値下げ，これを裏返しにすれば電力経営の採算割れという背景のなかで，しかも事実上市場の見通しなしに工事を着着と進めざるをえなかったが，これを支えたのは猪苗代湖という有利な立地条件による低コストであり，しかも出来てみると東電はこれから買電するということで妥協が成立することになったのである．もっともその当時，東電ではさきにみたように駒橋，八ツ沢の両水力開発を見ており，あらたに猪苗代水電より大口の電力購入をするなど需要に対し供給がオーバーする情勢で，そのため大正6（1917）年千住火力を廃止することを余儀なくされたのだから，この妥協は東電にとってなかなか大きな犠牲を強いた

表 5-1 猪苗代湖水系の発電所一覧表

系統	発電所名	使用開始年月	有効落差(m)	最大使用水量(m³/s)	認可最大出力(kW)
安積	沼　　　上	明32. 6	40.9	5.6	1,560
	竹　　　内	大 8. 7	68.5	5.6	3,000
	丸　　　守	大10.10	88.2	6.1	3,850
長瀬川	小　野　川	昭13. 7	60.9	50.1	26,300
	秋　　　元	昭16. 6	160.4	66.9	93,600
	沼　ノ　倉	昭21.12	28.0	45.3	10,400
日橋川	猪苗代第一	大 4. 1	106.5	67.5	53,500
	第二	大 7.7	68.2	67.5	36,000
	第三	大15.12	40.0	65.7	21,000
	日　橋　川	明45. 4	19.2	65.7	10,000
	猪苗代第四	大15.12	61.8	67.3	33,000
	金　　　川	大 8.10	12.6	64.7	6,500
戸ノ口堰	戸ノ口堰第一	明45. 2	102.4	2.7	2,080
	第二	大 8. 9	43.0	2.7	850
	第三	大15.11	72.4	2.5	1,400
計	15				303,040

出所:『猪苗代電源の栞』(東京電力株式会社猪苗代電力所)による.
　　　栗原編[1964],92ページ所収.

ものである(同上,94ページ).
　※三電競争とは,上記の猪苗代水電の開発を背景に供給力を拡大した東京電燈,鬼怒川水力から供給を受けた東京市,桂川電力から供給を受けた日本電燈の三事業者間で東京市場をめぐって展開された顧客獲得競争である.この競争は各社に対して深刻な影響を与え,結局,大正6年(1917年),三事業者間で供給区域および供給条件等で妥協をみることで終決した.この取り決めを「三電協定」という.

　当時の東京周辺の水力電源には猪苗代湖以外に季節的な調整を果たしうる大規模なダムがなかったから,猪苗代湖および猪苗代水電にかけられた期待の大きかったのは当然であろう.これがさきにみたように第3,第4両発電所の建設になったほか,これらを補完するものとしての湖水水位の低下とその有効貯水量の増大があげられる.これによりとくに渇水期における京浜市場での強力な電源が確保されることになったのである.
　しかしこの湖水水位の低下と有効貯水量の増大には湖水を古くから利用している農業用水(の取水)との間に衝突が生ぜざるをえない.なかんずく安積疏水と

の関係がそうである．すなわち猪苗代水電は，日橋川筋における発電水利使用の許可に当たり湖水をその東部から引用している安積疏水の水利権を侵害するおそれがあるため，両者の契約書の締結を余儀なくされている．というのは，安積疏水の引用にはある一定の湖水面の水位が必要であるが，他方水電としては日橋川における自然流量の他猪苗代湖の貯水をも利用するとなると水位の低下が必要になるからである（同上，97-8 ページ）．

猪苗代湖は，明治 44 年に発足した猪苗代水力が大正の初期に開発し，その発生電力を東京電燈に卸売りしていたが，後に東京電燈へ吸収合併され，同社の有力な電源となった．
<u>この猪苗代湖発電所は天然の湖沼に水源を求め，その落差を利用した最も経済的な発電所であったが，地元に適当な需要地がなかったので，市場を東京に求めざるを得なかった．しかし，当時の東京市場では，東京電燈でさえ，その需要電力は 6 万 kW 程度に過ぎず，しかも東京電燈，東京市，日本電燈による 3 電競争の激しかった時期であったので，猪苗代水力が 3 万 7,000 kW の電力を東京市場で消化することは非常に困難な状態であった．</u>しかし有利な立地条件による低コストをよりどころとし，動力 100 馬力以上の需要を対象に，東京を供給区域とした事業の許可を得，45 年 6 月から工事に着手し，大正 4 年 1 月第一発電所を完成，続いて第二発電所の建設にとりかかり，7 年 11 月完成をみた．

猪苗代の開発に伴う東京田端変電所までの送電は 200km 以上の長距離であったため，わが国初めての 11 万 V 送電となった（電気事業講座編集委員会編［2007a］42-3 ページ参照）．

以上見てきたように，明治から大正にかけての時期，わが国では本格的な水力発電の時代へと突入するのであるが，ダム建設が技術的にはまだ容易な時代ではなく，いきおい自然貯水池たる湖水の利用が注目され，その 1 つが猪苗代湖であったことがわかる．しかしながら，猪苗代湖の水力開発には 2 つの障害があった．1 つは，農業用水を取水している農業関係者との利害調整であり，今ひとつは，発生した電力の輸送，すなわち遠距離送電問題である（図 5-1 参照）．

前者については，会津藩の時代から続く問題であり，水利権問題として多面的な利害調整が求められる課題である．しかし，利害関係者が地元に限定

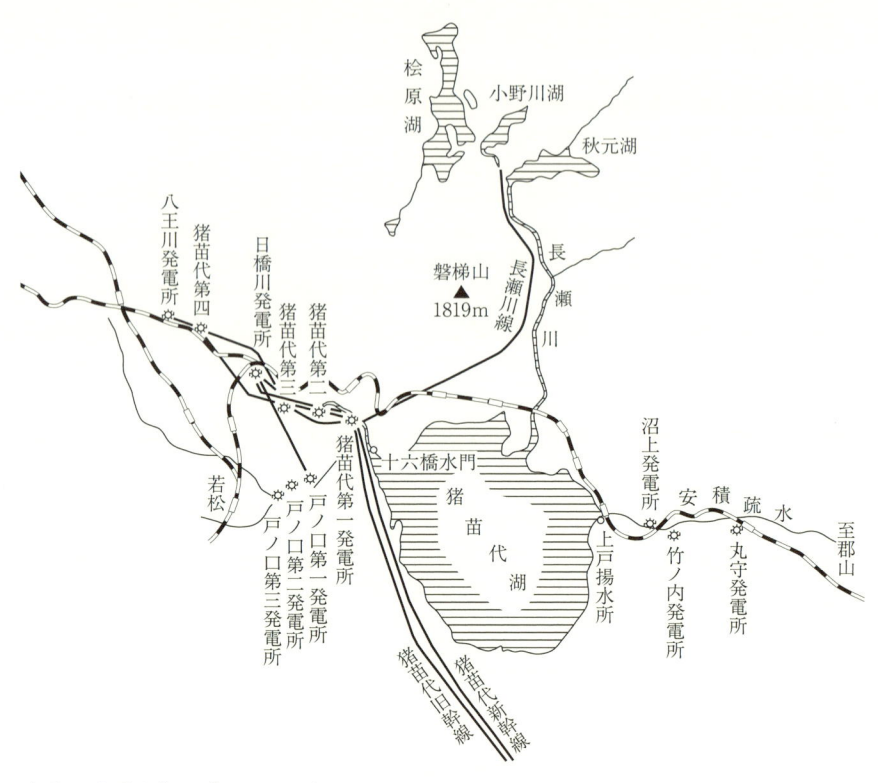

出所：栗原編［1964］93ページ．

図5-1 猪苗代湖の地図

されている限りは，地域内の利害調整として解決され得るものであろう．実際，開発初期の会社は，第1に東北電力(株)であり，明治39年11月に日橋川の水利利用申請が提出され，40年4月をもって福島県から許可されている．この事業計画は，磐梯村の大谷（字落合）から日橋川の水を引き，赤枝を経て駒形村の金橋に至る水路（2,850間）を開鑿し発電所を設け，若松市などの主として地元に電燈および電力を供給する目的のものであった（栗原編［1964］92ページ）．これとは別に，……日本水力電気なるものが設けられ，40年4月の申請，間もなく東北電力と相前後し4月の許可となっている．この日本水力の事業計画は，日橋川の戸の口堰下，栗畑，菅谷地，日橋

などの4ヶ所で日橋川の流水を引用し発電しようとするもので，この市場については初めて東京市が注目されている（同上）．

上述の日橋川開発は猪苗代湖の西岸側における水利開発であるが，他方東岸には安積疏水がある．安積疏水は，猪苗代湖の湖水を，いわゆる「流域変更」を行うことによって郡山地区に湖水を誘導し，もってこの周辺の農業用水を確保するものであった．また，農業用水として利用するだけではなく，郡山絹糸紡績がこれを利用し水力発電を行っている．

してみると，少なくとも，当初の猪苗代湖開発の意図は，明白に猪苗代湖周辺の農業用水と地元住民への電灯・電力の供給にあったことになる．ただ，結果として開発された猪苗代湖の水力発電は地元だけでは消化出来ないほどの巨大な電源であったため，ここに，電力消費地としての東京，そして，そこで電気事業を展開していた東京電燈など，石炭価格の高騰と立地難を抱えていた都市型電気事業者が触手を伸ばす背景があった．この場合，福島県という遠隔地から東京までの送電が可能であるという技術的条件が必要である．

かくして，後者の送電問題へとつながる．既にみたように，わが国における遠距離送電の開始は，アメリカやドイツにおける実験成功に大きな影響を受けていた．フランスのデプレの実験（パリークリル間，約15マイル・約24km），そしてドイツのフランクフルト国際電気技術博覧会（1890年）の際に行われた送電実験（フランクフルト―ラウフェン間，約175km）が注目されている．とりわけ，後者は，3相交流16,000Vによる送電であり，その後の交流時代の幕開けとなったものであった．

わが国の遠距離送電の嚆矢とされているのは，広島水力電気(株)の黒瀬川広発電所から呉市，さらには広島市に至る16マイル（約26km），11,000V送電であり，明治32年（1899年）のことであった（同上，56-7ページ）[1]．もっとも，既に見た郡山絹糸紡績は，明治30年（1897年）2月，福島県郡山町を区域とし，その電燈，電力を供給するため水力発電所の建設に着手し，翌々年（1899年）の6月に初めて営業を開始している．広島水力と同じように，当時として画期的な11,000Vの高圧線により郡山まで14マイル（約

23km）を送っている（同上，59ページ），とあるので，両者はほぼ同時期ということになろう．猪苗代から東京への送電はこのような基盤の上に展開されたことになる．

このような経過を見ると，猪苗代湖を皮切りに福島県は明治大正時代より，その地区で生み出した電力を東京へと送電する電力送出県であったことになる．つまりは，最終的に生み出された電気そのものは福島県民が主として利用するものではなく，東京地区の産業と住民のためであることには変わりがない．この構図は歴史的に一貫したものであり，第二次大戦後の只見川流域の電源開発へと続いていくことになるのである．その結果，福島県只見川には奥只見ダム，田子倉ダムなど全国屈指の巨大ダムが電源開発（株）によって建設され，今日，東北電力を含め，総計 370 万 kW（電源開発約 233 万 kW，東北電力約 137 万 kW）の設備を有する，一大水力電源地帯となっている[2]．

福島原発は，そのような歴史的基盤の上に，「原子力の平和利用」というかけ声のもと，多額の交付金と電力会社からの寄付金と引き換えに建設されたことになろう．水力発電の場合は地域の水力資源が東京のために利用されたのに対し，原発の場合，地域に有効な生産資源を持たないが故に，他には有効な使い道のないとされた土地を発電所建設用地として提供することを通じて，電力供給基地となったという違いがある．

2. 電力広域連系と送電線開放問題：送電線は誰のものか

電力関係者のみならず，国民の全英知を結集することなしには，福島第一原発事故の収拾は，その抜本的解決に向けて動き出すのは困難であろうと筆者には思われる．原子力発電技術の致命的欠陥は，その「安全神話」によって，「万一の事故」に備える予防思想を欠落させたこと，また，それ故に実際の事故時の対応技術と対応マニュアルがきわめて不十分にしか用意されていなかったことにあった．福島第一原発事故後に取られた数々の事故収拾策が，ことごとく泥縄式であったことがその点を如実に語っている[3]．その結

果，一方では，現場作業者の被曝線量の蓄積を伴うことなしには，原発事故対応がなされないという作業者犠牲の再生産が延々続くこととなっている．また，他方では，放射能汚染の継続のため，営々と続いてきた福島県民の生活と営みを元通りに戻すことが，控えめにみても数十年間は不可能となり，少なくない県民が県内，県外各所に移住を強いられる事態となっている．いずれにしても，多くの福島県民にとっては，将来の見通しが描けない最悪の結果となっている．皮肉ではあるが，使用済み核燃料の処理及び処分技術，廃炉技術など，原発の建設及び運転技術とは異なる，こうした「原発収束技術」ともいうべき技術開発に力を振り向ける時期の到来を告げることになったのが今回の事故なのかもしれない．小出裕章氏はこのような状況を踏まえて次のように述べるのである．

　原子力がかつての輝きを失い，さまざまな深刻な問題が見えてくるなかで，原子力を学ぼうとする学生は減りつづけていきます．七帝大からも原子力工学科，原子核工学科は，すべて消えてしまいました．原子力を専攻する学生がいなくなってしまっています．これは非常に危機的だと思います．……理想と夢の失われた学問を学生たちが目指すはずもありません．しかし，私は，誰かに原子力工学を学び続けてほしいと思うのです．福島第一原発についても，これから長い年月にわたる課題が残ります．それは誰かがやらなければいけません．また，40年以上も原子力発電を続けてきたために，膨大な量の放射性廃棄物が既に残されています．さらに，原子力発電所自体が廃炉になっていきます．それらを安全に処理していかなければなりません．そのためには，必ず専門的な知識を持った人が必要なのです．後始末のために学問をやるということには希望はないかもしれません．しかし，どうしても必要なのです（小出［2011b］53-9ページ参照）．

　原発を推進し原発事故を引き起こすことに手を貸すことになった立場ではなく，原発の危険性に警鐘を鳴らし続けてきた小出氏から，このような発言を聞かなければならないという事実が，まさに，わが国の原子力研究の主流がどこを向いていたのか，また，原子力開発史上，未曾有といえる原発事故とその惨禍を目の当たりしても，なお国民に原子力発電の必要性をうったえ

ようとの意欲が衰えていないことを示しているように思われる．

こうした問題とは別に，それとは次元を異にするような，あえて今この時点で急いで議論する必要があるのか，筆者にとっては，にわかには理解しがたい問題が急速に持ち込まれている．その1つが「送電線開放問題」である．筆者自身は，「送電線問題」が電気事業を考える上で重要な問題であることをこれまで何度も主張してきたつもりである．しかしながら，現在議論されている「送電線開放問題」の取り上げ方には，今ひとつ釈然としないところがある．この原因について少し考えておきたい．

「送電線開放問題」が議論される背景は基本的に2つある．第1に，地域独占である「電力会社」の支配力がこの送電線の独占に基づいており，これを開放させることによって「電力会社」の支配力を弱めることができるとする独占規制の手立てとして提起する考え方である．そして，この主張を行う勢力は，まずは，PPS※など，電力自由化の結果生まれた，いわゆる「新規参入事業者」である．彼らは，2000年以降の小売参入自由化にもかかわらず，十分成果が上げられていないとの判断から，今回の事故が，巻き返しの好機となると考えている．今ひとつの勢力は，風力など，自然エネルギー推進派である．これまで，風力発電の適地と考えられる地域に風力発電機を設置しても，発電した電力の買取を電力会社が渋ってきたため，風力発電の発展が妨げられてきた経緯があった．ようやく，2012年から電力会社による風力等の固定価格買取制度が曲がりなりにもわが国で導入されることになり，この壁を越える展望がわずかに見えてきたが，電力会社は，送電線容量および電力供給の安定性等々，さまざまな技術的条件を口実にこの発展に水を差しそうな気配である．結局，この壁を最終的に突破するためには，送電線を電力会社の所有物から切り離すこと（送電線開放）が必要であるという結論に至ったということであろう[4]．

※ PPS Power Producer & Supplier の略．特定規模電気事業者のこと．

第2の背景は，東京電力や東北電力における「計画停電」実施騒動の影響によるものである．この際，西日本地区から十分な電力融通を受けられる体

制，具体的には送電設備が整っていないことが指摘され，同時に電力会社相互を結ぶ送電線の不十分性が問題とされたのである．わが国の電力会社は，基本的には広域連系体制をとっており，電力会社間の電力融通は随時行われてはいる．しかし，各電力会社の電力供給システムはさしあたり自社管内で完結するものとして形成されており，電力会社間の融通は二義的に，必要に応じて行うのが一般的である．さらに，60 ヘルツの西日本地区と 50 ヘルツの東日本地区では周波数変換所の制約から，現状では最大 120 万 kW の融通が可能であるにとどまっている．こうした，現状の広域連系による不活発な融通状態を克服し，もっと自由に全国的な電力融通を行うためには，送電線を既存の電力会社管理から全国大の一元的管理へと移行させる必要があるとの考え方が生まれる．その方向性が「送電線開放」という表現に集約されるのである．したがって，かつて「電力自由化」論が華やかであった頃の「構造分離論」の再製と言ってもよい議論である．わが国の電力自由化は，2005 年に，契約電力 50kW 以上の範囲まで対象が広げられたのを最後に休止した形である．また，全国大の電力取引を支援する目的で 2004 年に設置された「(社)電力系統利用協議会」は，同時に送電線管理のための中立機関となることが期待され，既存電力会社，PPS，卸電気事業者・自家発設置者，学識経験者などから構成されて発足したものである．形として，従来の中央給電連絡会議や中央給電連絡指令所の機能を発展的に受け継いだものと言えよう．しかしながら，発足の経緯からして，「電力取引所」の運営に比重がかかっており，送電連系それ自体は旧来のスタイルを踏襲したままとの印象はぬぐえない[5]（図 5-2 参照）．

以上述べた 2 つの背景は，互いに重なりつつ，福島第一原発事故後の電力供給体制のあり方をめぐる議論に関わってきている．筆者は，原発の存続に反対であるし，原発がなくても，わが国を含め，世界のエネルギー供給に支障を来すとは考えていない．また，将来のエネルギー源として自然エネルギーが大きな役割を果たすことになること，そのためにも，今こそ，自然エネルギーを急速に普及させるための各種政策を動員することを強く望むもので

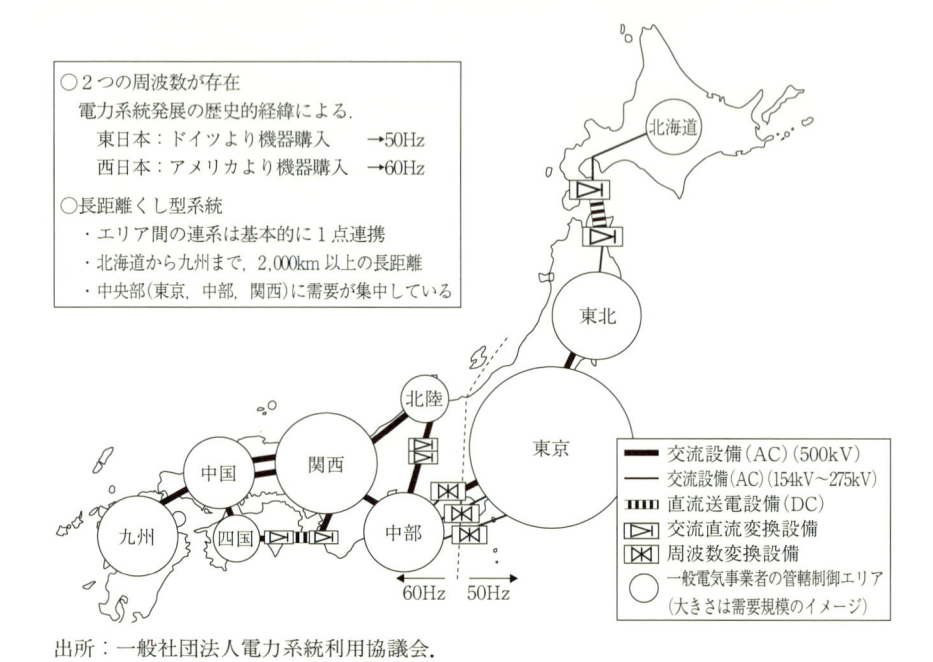

○2つの周波数が存在
電力系統発展の歴史的経緯による．
　東日本：ドイツより機器購入　→50Hz
　西日本：アメリカより機器購入　→60Hz
○長距離くし型系統
　・エリア間の連系は基本的に1点連携
　・北海道から九州まで，2,000km以上の長距離
　・中央部(東京，中部，関西)に需要が集中している

―　交流設備(AC)(500kV)
―　交流設備(AC)(154kV〜275kV)
ⅢⅢ　直流送電設備(DC)
▷◁　交流直流変換設備
▷◁　周波数変換設備
○　一般電気事業者の管轄制御エリア
　　(大きさは需要規模のイメージ)

出所：一般社団法人電力系統利用協議会．

図5-2　電力系統

ある．しかしながら，そのためには「送電線開放」が必要であると主張する場合，どのような意味で「開放」を捉えているのであろうか．自然エネルギーの普及のためには送電線開放が必要であるという主張と電力自由化推進論者が主張していた「発送電分離」とどう違うのか，あるいは同じなのか，この点を明確にしておかないと，送電システムという点では，両者が同一歩調で同一方向に向かって進むことになるのではないだろうか．ここでは，そもそも，送電線開放とはどのような意味なのか，その原点から考えてみることにしよう．

筆者は，かつて電力自由化と送電線開放問題について，次のように主張した．

2000年に深刻な電力不足と計画停電を経験することになったアメリカ・カリフォルニア州における電力自由化失敗の教訓については，既にいくつか

の論稿が発表されている．その最大の教訓が，需要と供給の価格弾力性が小さく，貯蔵もできないという電気財の性質を無視ないし軽視したことにある，との指摘が興味深い（藤原［2001a］，木船［2002］参照）．問題の本質は，こうした性質を有する電気財を自由化された市場機能によって好ましい形で供給することが可能なのか，という点にある．

　ここでは，送電線設備の隘路問題と送電ネットワークの管理問題に即して考察しておこう．それは，とりもなおさず，電気財を消費者の手もとまで届ける送電・配電ルートとその設備群を自然独占性あるものとして規定する根本問題について考えることである．こうした設備はその所有主体が誰であれ，消費者全体が共同で使用するものであり，各消費者は電気料金を負担することによって，応分の設備使用料を支払っていることになる．自由化によって参入する電気事業者が既存電気事業者の所有する送電線設備を借りるという形式を採ることから「託送料金」という概念が生ずることになるが，これも最終的には消費者が負担することになるので，消費者の共同利用という枠組みは変わらない．この視角から，発電・送電の構造分離に理論的基礎を与えたとされるエッセンシャル・ファシリティ論（不可欠施設論）について考えてみると，次のような点が見えてくる．

　線路・導線・導管等のネットワーク設備を運営するに当たって，利用者に対して非差別的に利用が認められるか否か（オープン・アクセス化），認められる場合，こうした設備はコモン・キャリアとなるのか，という問題に対してひとつの法理論的な根拠を与えるのがエッセンシャル・ファシリティ論（不可欠施設論）である（丸山［1997；1998］，岸井［2000］，藤原［2001b］参照）．この議論は，私有設備である送電線等が他者に対して提供されなければならないと判断される際の説明原理を求める議論であることは明瞭であるが，その根本には，「資本の私有原理」と送電線が消費者による「共同利用設備」であるという矛盾関係の存在があるのである．送電設備を利用するのが一般消費者のみに特定される場合は公益性あるいは公共財的性質によって説明が可能と思われるが，利用者が大口の自家発所有者や競争電

力事業者の場合は資本の私有原理と真っ向からぶつかることになる．そして，後者について託送（料金）によって処理するというのがこれまでの処理方法である．しかし，この問題は，この種の共同設備を資本の私有原理に基づいて運営する限り，永遠に続く性格の問題であることを自覚すべきである．

送電線管理の中立性を担保するために独立系統運用組織を設立しなければならないという要請も基本的には同じ理由から発生するのである．

「米国における電力自由化の経験から学べることは，コア需要家を重視する必要性と市場メカニズム万能主義からの決別である．十分に有効な競争が機能しない限り，引き続き元の電力会社から電力の供給を受けるコア需要家に対しての安定的な供給は必要であり，そのためには，十分な供給力が確保されなくてはならない．市場メカニズムのみで電源や送電設備の拡張を行いうるとの考えは間違いである．市場メカニズムの有効性を完全に否定するわけではないが，同時に計画も重視されるべきである．電力は貯蔵ができず，また，設備建設のリードタイムが長いなどの特徴を有している．また，国民生活や産業活動にとっての不可欠な財である．自由化制度の構築に際しては，このような電力の財の特殊性を十分に考慮する必要がある」（矢島・グラニア［2003］），という主張が，現時点におけるカリフォルニア州における電力自由化失敗についての評価として妥当なところであろう．また，矢島氏がプールシステムであれ，相対システムであれ，自由化モデルが成功するためには堅固で効率的な送電ネットの構築が不可欠であり，そのためには送電線の混雑管理や系統運用者へ新たな送電線建設へのインセンティヴが決定的に重要であると指摘しているのは，上記のような基本問題から当然導き出される結論である（矢島［2003b］参照）．

また，カリフォルニア州に続いて，2003年8月には，アメリカ北東部においても深刻な停電事故が発生している．すなわち，2003年8月14日14時ごろに始まった送電線障害に端を発するとみられるアメリカ東部における大停電事故は，16日までにはほぼ回復したものの，同地域に住むおよそ5千万人に影響を与え，産業，生活上の被害は計り知れないものとなった．原

因は，この地域における送電線設備の脆弱性にあったとみる見解が有力であるが，今なお定かとなっていない．事故発生当初，アメリカ，カナダ両国の側からお互いに相手側に原因があったとする「非難合戦」が行われ，罪のなすりあい的様相が見られたが，その後，8月20日に両国メンバーによる「合同調査団」が正式に発足し，原因究明に本格的に動き出すこととなった．

　この事故をきっかけにして，当然のごとく「電力自由化」の見直し論が勢いづくことになる．自由化によって設備投資が遅れたことが原因であると自由化反対派が主張すれば，自由化推進派は，競争が本格化すれば設備投資は進む，と反論する．自由化による競争が不十分だから設備投資が進まない，という論法は自由化によるマイナス効果が現れたとき，その原因は自由化の遅れにある，と主張する自由化論者の常套手段である．しかしながら，問題の本質は，なぜ電力設備，とりわけ送電設備の建設が自由化によって促進されないのか，それは電気事業のもつ産業特性と関わりがないのかどうか，そうしたこれまでの事実関係の解明にあるのであって，自由化が進めば投資拡大がなされるであろう，という将来の理論的可能性の解明ではないのである．

　こうした点については，既に，「発電や送電の設備を十分に確保することが，信頼度を維持していく上での，また競争を有効に機能させるための必要条件であること，市場メカニズムに委ねるだけでは十分な設備形成は図られないこと，また，設備形成を図っていくためには計画的要素を取り入れるべき」であると指摘されている．もっとも，これを具体的にどのように行うか，「計画・規制と価格メカニズムをどのように組み合わせるべきか」については，研究者レベルでも十分解明されていないとも指摘されており，課題としてわれわれに課せられていると言える[6]．

　以上の筆者の主張は，さしあたっては，電力自由化との関連において，「送電線は誰のものか」「それは，いかに管理運営されるべきか」という問いに答えようとしたものであって，福島第一原発事故後のわが国の電力供給体制のことを意識していたわけではもちろんない．しかしながら，この事故の有無にかかわらず，筆者の議論はその基本的理解として依然として有効であ

ると考えている．

　法律論的にいえば，送電線が電力会社の所有物であることは明瞭であり，議論の余地はない．にもかかわらず，「送電線は誰のものか」という問いを発すること自体に，筆者の意図は既に示されている．法形式的には，送電線は電力会社のものではあるが，しかし，それは同時に消費者にとっての共同利用設備であって，消費者は電気料金の支払いを通じて，その応分の負担をしているのである．税の負担者が同時に設備の共同利用者である一般道路の場合，道路の所有者が国家または自治体であることを特段意識することはない．しかし，電気の場合は，共同利用という形式は同じであるにもかかわらず，その設備が電力会社という私的会社の所有物とされているため，問題が複雑となる．その複雑さが，先に見たような，いわゆる「エッセンシャル・ファシリティ（不可欠施設）論」というような，回りくどい法理論を必要とするようになるのである．逆に言うと，電力会社が国有や公有であれば，この種の理論立ては基本的に不要となる．アメリカにおける「公益事業概念」の成立過程，あるいは不可欠施設論に根拠を与えることになったオッターテイル事件※のケースをみると，以上述べた事情が理解されよう（小坂［2005］，浅賀［1974］参照）．

　　※民間電力会社であるオッターテイル電力から供給を受けていた自治体が，連邦営等の卸電気事業から電力供給を受けて自前の電気事業を始める際，オッターテイル電力の送電線を使用できるかどうかをめぐって争われた裁判．

　いずれにしても，電力自由化が政策の基本方向と考えられている限りは，今後のわが国の電力システムと供給制度を構築する上で核心的論点となるのが送電線整備のあり方とその管理組織の問題である．従来のように，電力会社が発電・送電・配電を垂直統合し，一括して自社管内を管理している場合は，各電力会社の供給区域をまたぐような管理組織はとりあえず必要がない．このような供給区域をまたぐ管理組織が必要とされるにいたった理由は，電気事業における発電・送電・配電といったトータルなシステムから送電部門を「構造的」に分離するという考え方に出発点がある．逆に言うと，そのよ

うな分離は必要がないという考え方にたてば，この問題自体が存在しないのである．もっとも，筆者がこのように言うからといって，垂直統合企業同士の電力融通を筆者が否定しているわけではないのは既に述べたとおりである．一定の範囲で完結したネットワークを越えた電力融通は従来から行われていたし，今後もその意義が低下することはないであろう．実際，「電力系統利用協議会」設立以前から，わが国の地帯間融通を円滑に行うために，全国を東，中，西という3地域に分け，それぞれの地域に給電連絡指令所を置き，合理的な融通運用を目指すとともに，これらを統括する形で中央給電連絡指令所を置いて広域的な観点からの調整を行ってきた（電気事業講座編集委員会編［2007b］第4章参照）．もちろん，一定のネットワーク内での需給調整を前提としたネットワーク間電力融通の問題とネットワーク境界をはずした形の電力取引問題の間にはなお深く検討されるべき問題が残されているように思われる．その最大の問題は，50, 60ヘルツ変換に伴う両地域間の変換容量の大きさにあるということは多くの識者が指摘している通りである[7]．

ここから，将来的な電力系統として筆者が想定しているのは，50ヘルツ地域と60ヘルツ地域がそれぞれ1つに統合され（全国2社体制），その上で両社の融通体制を充実させること（周波数変換所の拡充）である．周波数統一に時間と資金をかけるよりは，既存設備を前提として系統ネットワークを拡充することの方がよほど経済的である，と考えるからである．また，この問題と並んで，わが国において，今もっとも強化しなければならない課題は，エネルギーの多段階利用に基礎を置くコージェネ・システムや自然エネルギー等の利用に基礎を置く，分散型電源システムを上記の系統システムに接合する筋道をつけることである，と考えている．この点については，後ほど改めて触れることにして，ここでは，一般に提起されている形での「中立管理組織」の立論に沿う形で，送電線問題についての筆者の考え方を述べておこう．

アメリカやわが国のように，電気事業が公益民間企業による発電・送電・配電一貫事業として展開されるのが一般的な場合，その送電線が当該企業に

よって所有・管理されるのは形式上当然である．そして，その送電設備は他の電力設備とともに，当該地域独占区域内の消費者にとっての共同利用設備となっている．この消費者のうち，ある者が既存電気事業者以外の発電事業者から電気を購入しようとすることから問題が発生する．すなわち，購入にあたって新たな送電線を建設するか，それとも既存電気事業者の送電線を借りるかという選択問題が生じるからである．いわゆる「エッセンシャル・ファシリティ（不可欠施設）」論は，この際に既存電気事業者の送電線を利用させるための論拠を求める立論であった．また，この立論は，同時に地域独占の制限ないし廃絶の議論ともなり，自由化論と裏腹の関係にあることが理解されるであろう．したがって，公益事業を独占禁止法上の適用除外としてきた従来の取り扱いが検討されることになるのは必然的である．

　その意味では，この問題は公益事業ないし公益企業概念の根本問題であるのだが，そこまで掘り下げた議論が必ずしも多くはないのは残念である．「マン対イリノイ事件」に端を発するといわれるアメリカの公益事業概念の成立過程を想い起こせば明らかなように，消費者にとっての社会インフラともいうべき共同利用設備を私企業による「私的独占」支配から州ないし連邦政府の監督下にある「公益独占」支配へと組み替えた結果として生まれたのが公益事業であり，公益企業であると筆者は考えている．この対比で言えば，現在進められている自由化は，この「公益独占」を再び「私的独占」へと転化させ，その所有する設備を新規参入企業に開放する道を歩んでいる，と指摘できる．元来，「消費者にとっての不可欠施設」という意味であったのが，「新規参入企業にとってのそれ」へと転化してしまっているのである．送電線管理における独立系統運用者が既存事業者と新規参入事業者双方から「中立」であるとの理解がそれを証明している．重要なのは，送電線に限らず，電気事業にとってのシステムおよび制度総体が，長年の公益独占体制の下で，既に地域独占区域内の全消費者にとっての共同利用設備となってきたということであり，そのような地域共同を構成するメンバーにとって「中立」でなければならないことである．現代社会，とりわけ，もっとも具体的な地域共

同社会の構成員たる消費者のことを忘れ、供給者たる企業同士だけで「中立」を云々することからして、既に「公益」から逸れ始めたことを示していると言えよう。筆者が、公益事業の本質的なあり方として、縄田栄次郎氏の所説に注目し、「公益産業を生活基盤とする近代的都市生活を、単なる消費者と生産者の利害相克の場としてではなく、固定的導体（電線、ガス管、水道管、鉄道など）を媒体とする生産者と消費者の直接的地域社会」あるいは「封鎖的地域社会」という概念に賛同したのは、公益事業についての本質理解の上でだけではなく、まさにこの概念把握が現代公益事業の核心をもついていると考えたからに他ならない（小坂［2005］第5章参照）。

ともあれ、既に各国における電力市場の自由化の進展に伴って、送電線のオープン・アクセス化を実現する手だてとして、送電線の中立的系統運用のため<u>「独立系統運用者」ISO（Independent System Operator）、あるいは地域送電機関RTO（Regional Transmission Organization）</u>が設立されるケースが目立っている。このような機関の設立は、私有財産権の制限の下に、設備の共同利用者による「共同管理機関」の確立という意味で捉えれば、新たな市民的公共性につながる試みということになる。しかし、これを私的会社による独占的管理機関（トラスト委員会のような）の設立とみなせば、私的電気事業独占の再構築ということになり、もっぱら「私的」利害に基づく組織機関という意味では、「公共」にはつながりにくい。また、逆に、こうした機関に、国家・政府の干渉・規制機関としての性格を持たせれば、それは、かつての「公的機関」に近づくことになる。

したがって、<u>ISO的機関がいかなる組織として形成されるか、独立した私的会社組織なのか、それとも、こうした会社の共同委員会なのか、はたまた会社以外の法人団体なのかといった組織上の問題が重要である。また、この組織がどのような機能を担うのか、送電管理組織の役割が、単なる「交通整理」ではなく、発電命令や停止命令、あるいは送電線建設を含むとしたら、その権限と資金はいかにするのか、といった問題がある。この最後の問題が、電力自由化におけるネックになっているとの認識が一般的になりつつある</u>。

本章の問題設定に即して言えば，この組織を「国家」「公」的権力から自立したものとして形成するか，それとも，国家的公共団体による公的規制機関として形成するか，という問題がある．筆者のみるところ，ISO的機関が最終的に私的領域における社会インフラの共同管理組織の問題として課題設定され，そして，国家等による公的規制がその補完的機能を果たすという姿がハーバーマス的な「市民的公共性」に最も整合的であるように思われる（同上）．

以上，送電線開放問題について，電気事業の歴史，とりわけ合衆国における「公益事業」成立過程をも振り返る形で整理してきた．この整理から，筆者として次の点だけは確認しておきたい．

まず，第1に，電気事業の特質として，その供給設備である発電・送電・配電設備が一貫したネットワークとして存在していること．そして，その生産物たる電気財は瞬時にこのネットワークを流れるということである．したがって，発電・送電・配電設備はそれぞれ単独では存在し得ないものであることを理解すべきである．

第2に，このことを前提とすると，いわゆる発電・送電・配電分離というのは，本来分離し得ないこの3種の設備を形式的に分けて考えるという手続き，架空世界の問題である．形式的分離のレベルは，基本的には所有権分離，会社分離，機能分離，会計分離という形で考えられるが，どのレベルで考えるにしろ，3種の設備がネットワークとして接合している本質を変えることは出来ないのである．

第3に，したがって，「送電線開放」論で留意しなければならないのは，送電線だけを単独で管理運営することは出来ないのであって，そこには，必然的に発電をどうするか，また配電および需要をどうするかという，電力系統をトータルとして考えなければならないという本質問題があるということである[8]．

これらのことを勘案するならば，「送電線開放問題」は，送電線のみをどのように所有・管理するかという問題に止まらず，最終的には電気事業総体

をいかに構築するかという問題としてのみ解決が可能だと筆者には思われるのである．少なくとも，発電・送電・配電の一体的管理を伴わない解決策が成果を上げることは難しいことだけは確かである．諸外国における電力自由化と構造分離の試みが，既に見直しの局面に入っていること，そして見直しの契機となっているのが，電気財の特質とその生産・流通設備，すなわち発電・送電・配電設備の一体性と管理の統一性という本質が再確認されつつある点にあるとすると，電力自由化という理論先行型政策の実施に当たって周回遅れであったわが国とすれば，これを幸いに，いま一度電気事業の原点に立ち返り，しっかりと学習すべきであろう（矢島［2007］第Ⅱ部第1章参照）．筆者が，発送電分離や構造分離に否定的なのは，その考え方が電気という財の特質とその供給設備のあり方に対して根本的な誤解があると考えるからであり，これまで築き上げてきた電気インフラと電気事業システムを単純に解体することにつながることを恐れるからである．必要なのは，むしろ「統合」である．しかも，自然エネルギーやコージェネレーションなど分散型電源システムを構成要素として含む，新たな次元での「統合システム」の実現である．その意味については，第3節において，改めて確認することにしよう．

　ここでは，送電線開放問題にしぼって議論したため，発電および配電問題については特段の言及をしなかった．既に見たように，わが国の電気事業は発電・送電・配電を一貫的に行う垂直統合型事業となっているが，諸外国の電気事業は，それぞれの歴史的背景もあって，わが国とは当然異なる形で運営されている．したがって，「自由化」といっても，実際は同じ土俵で議論できないことも多いのであるが，「自由化」推進論者は，しばしば，アメリカ（かつてはカリフォルニア州など）やイギリスの例を挙げて，同じような手法をわが国でも実施しようと模索してきた．しかし，たとえば，アメリカの場合，わが国と同様の経営形態をもつ電気事業者もあるが，局地的な配電事業を営む自治体電気事業者や協同組合営電気事業者が多数存在し，重要な役割を果たしており，一律に論じることはできない．また，イギリス（イン

グランド，ウェールズ）の場合は，従来，国有一貫事業であった電力事業を1990年に分割民営化し，発電2社と原子力発電会社1社，送電1社（ナショナル・グリッド社），そして12の地域配電会社へと再編成したことが自由化の出発点である．いずれにしろ，制度も歴史も異なる国の電気事業の事柄であるので，「自由化」の意味と創設されたシステム自体，わが国の場合と全く異なっていることに留意が必要である（電気事業講座編集委員会編[2007c]第3章参照）．たとえば，筆者もアメリカの電気事業，とりわけ公営電気事業ついて次のように紹介している．

　アメリカにおける公営電気事業者数は，1923年の3,083をピークとし，その後，持ち株会社による吸収合併が進んだことから，急速に減少した．1996年現在で，公営電気事業者は，およそ1,800あまりとなっており，その他協同組合営の事業者が約900存在する．……各自治体の電気事業に対する興味は，財政負担が比較的軽い配電事業への傾斜となって現れたのであるが，必要とされる電源は，連邦政府機関による急速な電源開発に依拠することができた．
　アメリカ中西部地域は，かつてのグレンジャー運動※の中心であり，二大政党に向こうを張って農民を中心として結成された人民党の基盤地域であった．このような風土を背景として，この地域では，今世紀初頭から，安価な肥料と安価な電力を望む空気が強かった．この結果，この地域は，アメリカの中では公営電力系統の比重の高いところとなっていたが，その遠因は，TVAや農村電化法などの成立以降，従来私営電力会社が手をこまねいていた大規模な水力の開発と農村地域での電化が急速に進められてきた点にある．従来，私営電力会社を中心として進められてきたアメリカの電気事業がこのような公的な電力開発と公営電力の展開という新たな要素が成長するに伴って，電気事業における「公」と「私」の対立協調の時代が出現していた．オッターテイル電力事件の背景にかかる事態が存在していたことに留意すべきことを浅賀氏も指摘している（矢島編[1999]109ページ，小坂[2005]第5章参照）．
　　※鉄道資本，製粉業者，倉庫業者などに対する農民の利益擁護のための組織と運動をさす．1870年代から90年代まで続く．

　自治体電気事業者（配電事業が主）が大きな役割を果たしてきた点は，ドイツの場合も同様である．このような事情を考えると，電気事業を発電の側，

したがって，供給の側からだけではなく，需要の側，とりわけ最終消費に近い配電部分からも考えることが必要なのである．少なくとも，電気を含めたエネルギーを生活と営業において，どれだけの量を，どのように消費するかということを出発点にして，そのために必要なエネルギーをどのように生み出すかという発想が求められているといえよう．わが国のこれからの配電事業をどのように構築するかという問題は，地域にとって必要なエネルギーと電気の生産・消費の体系を構築するための一環をなしているのであり，それこそが「地産地消」を目指すローカルエネルギーを考える際の視点であろう．その意味で，風力発電事業が電力会社への売電を軸に設置立案されることが多いことについて，筆者は一抹の不安を覚える．もちろん，風力発電事業などが投資行為としても成り立つことによって，普及が促進されるという諸外国の例があり，わが国もそうした制度の導入によって普及にはずみをつけるという考え方は理解できる．しかし，その場合でも，比較的規模の大きい大手風力発電企業と小規模な市民風力発電企業や組合風力発電企業の目指す方向は同じではないはずである．制度的制約をクリアすることが必要ではあるが，後者は発電した電気を自ら消費すること，そして，なお余剰があれば，それを売電するというスタイルを基本とすべきではないか．つまり，地域で発電し，地域で消費すること（配電事業）が，地域ローカルエネルギーシステムの原点であると筆者は考える．鹿児島県屋久町にみられるように，協同組合が電気事業を行い，地域住民に電気を供給している例が現に存在するし，特定供給制度，さらには特定電気事業制度など，「自由化」によって新しい可能性がとりあえずは付与されたといえる電気供給のあり方は，こうした道を，少なくとも形式的には開いているのである．屋久町の場合，屋久島の豊富な年間雨量と急峻な河川，そしてそれを利用する屋久島電工という企業の水力発電設備の存在等，恵まれた条件は確かに存在するが，同時に離島における電気事業が本土から自立した形で展開せざるを得ないという経過を屋久島もたどっていたということは確認出来よう（小坂［2005］序章，室田［1993］とくにプロローグ，第1章参照）．

繰り返しになるが，発電した電気は，まずその地域で消費する道を一義的に考えるべきである．その後，なお余剰がある場合に，電力会社の系統につなぎ，売電することはあり得ようが，系統接続は，むしろ当該地域の電力が不足した場合に系統からの電力供給を受けるルートとして確保する意味で考える方が現実的である．風力などの自前の電源を有しながら，配電を主たる目的とした各地域の電気事業者がまず考える必要があるのは，当該地域における需給の調整，すなわち需要に見合う供給力（自前電源と系統電源）の確保ということである．これを，系統の側からみれば，このような地域配電事業者を含む需要総体と系統の有する供給力の調整を行うということである．

これらをまとめると，地域の分散電気事業と系統ネットワーク電気事業との連系ということになる．重要なことは，地域のエネルギー資源を基礎にした地域電気事業者（筆者の見通しでは自治体あるいは協同組合的組織が現実的であると考えるが）が地域の共同インフラとしての電気事業の担い手となることである．言うまでもなく，この組織は，その地域では「独占」組織である．そしてまた，この組織が次々と隣接する組織とネットワークを構成することになるのである．

確かに，19世紀末から1世紀以上をかけて構築されてきたわが国の電気事業とそのネットワークシステムが，技術の発展と社会的要請によって変化することは避けられないであろう．ただ，その場合でも，維持されなければならないシステムと変換されなければならないシステムは厳密に区別される必要がある．その意味では，原子力を含む巨大発電所を消費地から遠く離れた地域に建設し，そこからの遠距離送電によって主要な電源を確保するという手法は既に限界がみえている．求められているのは，コージェネや自然エネルギーを中心とした多様な電源が需要地において配置され，これらの分散型エネルギーがネットワークを構築することであり，同時に従来の全国送電ネットワークがこれらと有機的に結合するという姿である．

3. 送電線問題のゆくえ

　本章のこれまでの議論から確認すべき諸点を整理し，また，現時点で中心的論点の1つとなっている「送電線開放」問題を考える際の，筆者の基本的視点を述べておこう．
　第1に，第1節で見てきたように，他人や他地域に対する依存関係の上に成り立っている社会のあり方，とりわけ，非都市地域からの一次産品，エネルギー，そして水の供給によって，はじめて利便性の高い都市生活が享受できているという事実に，都市生活者は，改めて想いをいたす必要があるという点である．「精神のがれき」という位置に身を置く不名誉から都市住民は脱却すべきであろう．
　そして，第2に，第2節で見てきた「送電線開放」問題の議論の紹介から明らかなように，電気財という特殊な財供給に当たって，送電線を電力会社から分離すること，あるいは，発電・送電・配電を分離するということが何を意味するかについて，慎重に検討する必要があるのではないかという点である．それ故，逆に，今こそ電力改革にとって何が一番必要なのか，じっくり考えてみる態度が求められている，との思いから，前節を展開したつもりである．この点は，電力自由化の議論と政策展開が始まったときからの筆者の主張であったが，2005年の改革を最後に，やや下火となっていた感がある電力自由化論，とりわけ構造分離論が福島第一原発事故をきっかけとして再燃してきたのはなんというめぐり合わせであろうか．原子力発電が自由化政策のネックとなるという考えは，2000年代初めには当の電力会社も受け入れざるを得なくなってきていた．それ故，原子力は自由化と両立できないものであり，原子力を維持することは自由化を断念することでもある．橘川氏が言うように，「原子力ルネッサンス」ゆえに「電力自由化」は失速したのである．福島原発事故後において，原子力をなお存続させようとすれば，これを限りなく国家的管理のもとに置くしか道が残されていないことを，福

島第一原発事故の処理過程，とりわけ東京電力に対する対応過程が具体的に示している[9]．原子力発電の，いわゆる「国策民営」路線の破綻である．そして，原子力という「自由化にとっての重荷」が取れそうな情勢の展開を受けて，「電力自由化」政策が再び勢いづいているというのが，発送電分離論復活の背景にあると読み取れよう．

したがって，第3に，われわれにとって，重要なのは，この破綻した路線の修復の方向である．今後のわが国にとって必要なのは，廃炉と使用済み核燃料の処分を中心とした「原子力発電収拾」のための国家管理であって，「原子力発電事業」の国家管理ではないという点である．同時に，この過程は，第二次大戦後，半世紀以上にわたって存続してきた九電力（沖縄電力を含むと十電力）体制の再編ということも射程に入れなければならないものである．それ故，原発部門のみならず，既存の電力会社（さしあたっては東京電力）それ自体が国家管理されなければならないことを見据える必要が出てきていることを，われわれははっきりと認識すべきである．今回の福島第一原発事故後の東京電力を企業組織としてどのように処理するか，様々な考え方が示されている．原子力部門を東京電力から切り離し，国家管理しなければならないという点では，大方の意見が一致しているように思われるが，その場合でも，東京電力を会社として存続させる上で，原子力の負担は大きすぎるという理由で提案するのは筋違いである．国家管理の根拠は，使用済み核燃料の最終処分を含め，原子力関連事業を最後まで責任をもって遂行できる主体が，現状では国家政府しかないという点にあるのであって，原子力発電事業を国家政府であれば安全に遂行できるということではない．

また，第4に，自然エネルギー等の再生可能エネルギーを急速に普及させるという課題を実現する上で，コストと価格，したがって利益を指標とする市場原理はいかにも不釣り合いだということである．自然エネルギーの普及には，当面は補助金的システムやボランタリー的システムが不可欠なのであり，それは，つまるところ，「公共原理」によって普及をはからざるを得ないことを意味する．「公共原理」を徹底させるために必要なものは，共同体

的なルールであって，市場取引ルールではない．現状において，共同体的なルールを不十分ではあれ実現しているのが自治体であり，国家政府はこれを建前として「実現」していると言えよう．いずれにしても，自然エネルギーの普及にとって必要なのは「自由市場」はなく，「公共空間」であるということである[10]．誤解のないように付け加えておきたいのは，筆者のいう「公共原理」は，単に国家や自治体による規制だけを想定しているのではなく，さまざまな階層レベルにおける「市民的公共」による規制も含まれている点である[11]．

電力会社の基幹設備である送電線をどのように管理すべきか，という問題は，以上述べた脈絡において考えなければならない．つまり，「送電線開放」は，消費者の共同利用設備としての本質を実体化するという手続きに進むとき，はじめて意味ある形になり得るのであり，その場合，既存の電力会社の管轄を越えるような送電管理機関がどのような内実をもつかが重要である，と筆者がかつて述べたことが想起されるべきである．全国一元的な送電管理会社が国有企業であるのか，それとも民間企業なのかがまず問題である．もし前者であれば，かつての(株)日本発送電の再現（発電部門抜き）ということになるかもしれない．また後者であれば，巨大民間送電独占企業の出現ということになる．アメリカにおける ISO（独立系統運用者）のように，関係する電力会社同士の連携機関ということであれば，わが国の現状の送電連系の発展型で考えることが可能かもしれない．「送電線開放問題」は，少なくとも，ここで述べたような事情を押さえた上で，議論すべき事柄である．また，その際に，最終消費者に電気を届ける配電部門との関連づけに留意が必要である．その筋道の確たる展望もなく，ただ「開放」を主張するのでは，明治以来，営々として，作り上げられてきた電力システムを闇雲に分断するだけの結果になりかねない．その意味では，われわれは，国鉄の分割民営化問題を改めて想起する必要があるのかもしれない．

国鉄の分割民営化に対して，あれだけのエネルギーをかけて反対の論陣をはった人々が，電気事業の分割には全く無抵抗である．それどころか，進ん

で解体分割の主張を行うのは何故であろうか．国鉄は国有鉄道であり，もともと国民の財産であったのに対し，電力会社は株式会社であり，しかも，地域独占会社として君臨し，あろうことか「原発事故」まで引き起こし，国民に多大な損害を与えたからだろうか．電力会社は確かに株式会社であり，その限りでは民間会社である．当然，会社の資産は会社のものであり，株主のものであるとの考えが生まれ，この考えを正当化するための理論も形成されることになる．しかし，この考えは，説明不要の，したがって公理とされるほど自明なものではない．だからこそ，「会社は誰のものか」という経済学・経営学上の論争も長く続いているのである．少なくとも，社会生活にとっての必需性が高い財の供給を担う「公益事業会社」が，株式会社一般の論理で説明され得ない要素を有するのは当然なのである．筆者は，現行の公益事業会社の本質が，消費者の利益を実現するという公共要素と私有会社として利益追求を求められるという民間資本要素との対立・矛盾関係にあると考えている．そしてまた，この矛盾関係は，公共要素が支配的になることによってしか最終的な解決の道がない，とも考えている．公益事業会社の本質的内実は消費者要求の受託という点にあるのであり，少なくとも，消費者は共同利用者としてこの会社の決定的なステークホルダーの地位を占めているのであり，単なる「お客様」ではない．一般の会社や商店に対する消費者の地位や関係とは異なり，公益事業会社に対する消費者の地位や関係は，その事業への共同利害性によって説明される必要がある．歴史的には，配電事業を中心に地方公営事業者が大きな役割を果たしていたことに，その点が現れていた．現在は，十電力会社による地域独占体制によってその面影がほとんど残されていない状況であるが，十電力会社が有する「公益事業会社」という名称と消費者に対する供給義務がかろうじてその痕跡をとどめているにすぎない．しかし，それでも，屋久島の例などを見るにつけ，電気事業を地域住民の手に取り戻すことは不可能ではない，と考えられる．消費者が「お客様」以上の存在であることを，筆者が再三にわたって強調してきたのも，その脈絡においてである．その立場からいって，公益事業会社の資産が勝手に

分割されてはならないのは，国鉄の場合と変わらないのである[12]．

　確かに，現状ではこの電力システムが消費者にとって，最大限有効な機能を発揮しているとは言えないであろう．しかし，だからといって，これを分割するのは，消費者にとっての，それ故，国民にとっての財産を分断することになる可能性が大である．こうした状況に一定の方向づけ与えることになると思われる「電力制度改革の論点整理」が，2011年12月政府によって示された．これによると，「企業や家庭が電力会社を選択できる仕組みづくりや新規事業の参入を促進するのが柱．前提となる送配電部門の中立性を高めるため，発電と送配電を一体運営する現行体制の見直し検討を促す．緊急時の停電を避けるため『需要抑制』の仕組みの導入も明記する．東京電力の公的資金の注入を見据え，電力市場の改革を進める」のが狙いとされる．また，特に送電については，「発電と送電の分離により，送電部門がどの発電事業者の電気も公平に受け入れるようにする．すべての利用者に必要な電力を送る供給責任も維持する．既に採用している発電と送電の『会計分離』の徹底に加え，送電部門を完全に切り離す『所有分離』，持ち株会社などの下に発電と送電を別会社で置く『法的分離』，送配電網の運用を中立機関に委ねる『機能分離』の4類型を列挙」して，今後具体的な制度設計に入るとされている[13]．これらの議論はまだ始まったばかりであり，結論がどうなるかは，もちろん分からない．財界主流がもっとも嫌う流れは，原子力部門の国有化が電力会社本体にまで及ぶことであり，電力会社に対する国民的監視の仕組みが強化されることである．現在のところ，最有力の「送電線開放」の方法として，所有権を電力会社に残したまま独立機関に管理を委託するという，機能分離型のISO的方法が示唆されているのは，作業部会のスタンスから考えると，もっともありそうな「解決」である．

　もちろん，今回示されたのは，今後の制度改革に向けた議論を行うための「論点整理」であって，細目はこれからではある．しかし，この「論点整理」にあたった作業部会の大勢がどこにあるのかは垣間みることが出来るように思われる．まず，今回の震災で明らかになったわが国の電力供給システムの

問題点が，①供給力確保が主眼で「需要を抑制して供給力に余裕を持たせる」視点が乏しかったこと，②「分割された区域内での供給」が重点で全国規模での最適需給構造を目指す視点がとぼしかったことにあるとし，結局，目指すところが「競争的で開かれた電力市場」の構築という，かつての電力自由化を構造分離によって「完成」させるという，旧態依然たる電力自由化政策の羅列に落ち着いているのである．ここで作業部会が，①需要を抑制して供給力に余裕を持たせる視点が乏しかったこと，②全国規模での最適需給構造を目指す視点が乏しかったこと，という2点の問題点を挙げ，その解決のために「競争的で開かれた電力市場」の構築を示唆するのは自己矛盾であろう．なぜなら，市場ルールに従えば，供給側が需要側に消費抑制を求めるなどということはあり得ない．あるとすれば，需要圧力によって価格が上昇し，結果として需要が抑えられるというメカニズムの発動であろう．そのメカニズムが期待できないからこそ，需要抑制という「市場外措置」が必要となるのである．こうした矛盾から逃れるためには，市場ルールを捨てるか，少なくとも「電気財」が一般的な「市場財」とは異なり，需給メカニズムを適用することが不適当な財であることを認めることである．

　また，特に筆者が疑問に思うのは，「送配電部門の中立性」確保という主張である．作業部会メンバーのいう中立とは何か，が問題なのである．ISO（独立系統運用者）や「電力系統利用協議会」に関わって筆者が何度も指摘したように，この中立は既存電気事業者と新規参入事業者との中立であり，市場競争参加者の競争条件のことを指していることは明瞭である．しかし，送電線は，供給者だけが利用しているのではなく，消費者も利用しているものであって，まさしく，地域共同に参画する全メンバーにとっての「共同利用設備」であり国民の誰一人としてそこから排除されてはならない「社会インフラ」である．この点を組み込まない議論は，必ず消費者と国民を忘れた政策や制度に帰結することになろう．

　かくして，「論点整理」においては，福島第一原発事故をどう収束させるか，また，今後の原子力政策をどうするか，自然エネルギーの拡大をいかに

実現するか，という喫緊の課題は自然エネルギーの託送ルールに関わって触れられるのみであり，原子力については完全にスルーされている．他方で，東京電力については原子力損害賠償をめぐって「実質国有化」への道が着実に迫っており，わが国の電気事業体制が本質的に変わらなければならない時期にさしかかっていることが政府部内でも取りざたされている様子が伝わってくる[14]．福島第一原発事故がわが国の電気事業に問いかけている本質問題は，まさにこの後者の問題，すなわち，電気事業の国家的管理と公共規制の方向性をめぐる，消費者国民と財界資本との対立という点にある．「送電線開放問題」もこの関わりで論じるべきである．

　こうした問題の渦中にあって，既存の電力会社は，今や抜けるに抜けられないジレンマに陥っているようである．原子力をめぐる既得権益関係に縛られる形で，瀕死の原子力発電に固執しようとすればするほど，国家政府からの干渉を甘受しなければならず，この道は，場合によっては，原子力だけでなく電気事業総体の国家管理をも想定しなければならないものかもしれない．逆に，あくまでも民間会社としての地位を守ろうとするならば，原子力とは手を切り，自由化をいっそう拡大しなければならず，その一環としての「送電線開放」に応じなければならなくなるのは必至であろう．ところが，この「送電線開放」というのは，事の本質からして「送電線を公共財とすること」に帰着することになるから，自由化論者が期待することとは真逆の結果が待っているのである．このことに気がついているかどうかは分からないが，機能分離を軸とするISO設立で事を済まそうとする発想は，資本の本能的直感から来るものと言うべきかもしれない．そして，このジレンマの一角に自然エネルギーが入り込んでいることになる．つまり，彼らにとって問題解決を難しくさせている大きな要因は，電力会社が依然として原子力に拘泥しながら，民間企業としてのフリーハンドを保持しようとしているところに，自然エネルギーの導入拡大をうたわなければならないことにある．なぜなら，自然エネルギーの普及拡大には公的および市民共同的な枠組みが必要であり，この枠組み自体が，企業的，市場的自由化の推進という方針と二律背反状態

にあるからである．

　以上のような，ねじれ状態を放置したまま，「エネルギーのベストミックス」の名のもとに，原子力にあくまでもしがみつく姿勢は賢明とは言えない．さらに，将来のわが国のエネルギー供給構造と供給システム，とりわけ電気事業体制を抜本的に再構築しなければならない，まさにこの段階で，原子力事故などさしたることでもなかったかのように，安い電気をいかに市場供給できるかという，市場競争論レベルの議論に付き合わされてはたまらない．まして，福島の人々にとってはなおさらであろう．原子力問題をとりあえず置いて，「自由で競争的な市場」を構築するために，「送電線開放」が必要であるという発想が，既に市場主義的と言える．必要なのは，むしろ，送電線の市民的，公共的管理であり，送電線を消費者の手に取り戻すことである．飯田氏が，送電線を「公共財」として位置づけると言っているのは，この意味では正しい．問題は，送電線を実質的に「公共財」とするためには，その所有権と管理権を国民のものにしなければならないという点にあり，究極的には，発電，送電，配電を含む電気事業の公的管理あるいは公共規制の確立に帰着するという点にある．そして，送電を管理するというのは，すなわち発電と配電，あるいは供給と需要を調整管理することであるという点の理解が肝要である．送電線があれば，そこを自由に電気が行きかうことが可能であるかのような「送電線開放論」が多く見うけられるのは，送電ネットワークを，あたかも与えられた「市場」のごとく考える素朴な電力自由化論の影響である．現実は理論よりはるかに複雑な過程であることを知るべきである[15]．福島第一原発事故以降においても，全く動揺することなく原発推進を主張し続けている確信犯はともかくとして，反原発，脱原発の嵐が過ぎ去ることをひたすら待ち続け，「だんまり」を決め込んでいる「かくれ推進派」とも言うべき人々に勇気を与えるのが，やはり国民に対する「電力不足」と「計画停電」の脅威宣伝である．2012年の年明けから，全原子力発電所の停止と供給力不足の到来を「不安」げにうったえる動きがいっそう強まっている[16]．

注

1) なお，ドイツのフランクフルト国際電気博覧会の内容については，森［2009］に詳しく紹介されている．また，同書はフランクフルト市が初期の電気事業に社会政策的配慮から取り組んでいた経過も紹介されており，ドイツ電気事業の歴史とその性格を知る上でも参考になる．

2) この只見川をはじめとした河川総合開発は，アメリカのTVAにならったものとしてしばしば紹介される．しかし，わが国の場合，電源開発に著しく特化し，かつ地元の地域経済との有機的関連性をほとんど意識していなかったという意味で，TVAとは内容がかなりずれていたようである（小林［1994］参照）．

3) 発電所の電源が外部からのものを含め，すべて失ってしまった場合（全電源喪失），外部から電源車を派遣してもらう必要があるが，実際到着しても，接合部が規格違いで接続できなかったこと，原子炉格納容器内にたまった水素を抜くためのベント弁の開放操作マニュアルが電動を前提していたため，手動で行うまでに時間がかかったこと，放射能汚染水の処理施設がなかったため，急遽フランスアレバ社から処理施設を導入し，また国内メーカーに製造依頼したこと等々，事前の準備がまったく不十分であったことが露呈した．万一の備えを本当に考えていたのかどうか，そこに「安全」に対する過信があったのではないか等々，検証はやり過ぎてこまることはないのである．

4) 前者は，発電コストの低さを武器に，主として大口電力やまとまった業務用電力市場を対象に参入を果たそうとしてきたが，その際，既存の電力会社が提示する「託送料」の高さを問題とし，これが新規事業者にとって参入障壁となっていると主張することになる．もっとも，新規事業者が参入する決定的契機は「託送料」の高低の問題というよりは，電源として依拠出来るエネルギーコストの高低問題であった．鉄鋼業のように，高炉ガスやコークス生成ガスなど，生産過程から生み出される安価なエネルギーを利用できる，あるいは，大量買い付けを背景に安価な石炭を利用できる等々，恵まれた条件を背景に電力分野に参入した，というのが真相であろう．逆に言うと，こうした条件が失われれば，参入どころか，撤退が進むのである．実際，2000年代後半になって，石炭，原油等のエネルギー国際市場の価格高騰を受けて，相次いで新規参入組が撤退し，また，自家発に頼ってきた企業が，こうしたコスト高に耐え切れず，電力会社からの購入に転換したりするのも，基本的には同じ理由による（「日本経済新聞」2006年8月17日および9月1日参照）．

また，後者は，普及率の上昇や技術進歩による将来コストの低下を見込みつつも，現状では，なお発電コスト自体が高い（特に太陽光発電）という条件をかかえ，継続的な運転を実現するためには電力会社の買取価格水準をコスト回収可能なレベルまで引き上げるよう主張している．したがって，さしあたっては，この買取価格問題が解決されればよいことになるが，事態の根本的解決のためには，まずは，自然エネルギーに対する優先接続制度を実現し，その上で，次の段階で

発送電分離が必要となると考えられている．自然エネルギー派の代表とも言える飯田哲也氏は，送電線を高速道路と同じように「公共財」として認識することの重要性を確認した上で，こうした主張を展開している（飯田［2011］155-8 ページ参照）．

5) 電力会社を民間会社と位置づけ，その経営自主性を基軸に考える飯倉穰氏と，電力会社の本質を地域共同の公益会社と捉える筆者との間には越えがたい見解の相違があるが，発送電分離それ自体に対して批判的な主張を飯倉氏が行っている．飯倉氏の発送電分離反対の論拠は概略以下のようである．

　　発電と送配電が相まって，規模の利益（範囲の経済）を享受するという電気事業の性格は変化していない……電気事業を考える基本的視点は，①規制産業といえども，一般的に競争環境の下で合理的・有機的一体性で運営されている．企業活力を損なう市場介入は慎重に行うべきである（経営の自主性尊重），②送配電と発電設備の一体的開発が合理性を有している（垂直統合利益），③現在の九電力体制は一応，経済的合理性があり，大きな齟齬は見当たらない．その理由は，系統運用上の送配電の適正規模，歴史的設備形成に関わる固有の事情，競争の工夫などである．これまでの発送電分離論は，歴史的事情や現状評価を看過して，自由化という市場を教科書的に考え，机上で形を整えたいという思いが先行している（飯倉［2011］86-90 ページ）．また，橘川武郎氏は，原子力発電部門の国有化と発送配電一貫会社の存続を行った上で，発送配電一貫会社同士の競争を促進すべき，との論陣を張っている．目指すところが電力会社同士による全国大の競争展開という点にあるのが橘川氏の主張の特色であるが，筆者はこの意見には賛成しない．しかし，最終消費者に対する供給義務を課せられた電気事業者が自前の発送配電設備を有することがノーマルであること，また，電源や流通設備を持たない事業者は供給義務を全うすることが時として困難となるという事情を考えると，発送配電一貫体制が有するメリット自体は否定されえないとする議論については，筆者も賛成である．要は，この発送配電一貫体制が地域共同の利益と齟齬をきたしているかどうかであり，現状の十電力体制が，その点で，曲がり角に来ているということであろう（橘川［2011］参照）．

6) 「朝日新聞」2003 年 8 月 19 日，21 日，矢島［2003b］参照．

7) 各電力会社は，一義的には，自社管内の供給管理をもっぱら行っているのであり，隣接電力会社等への融通が時として必要となるだけである．2000 年の有珠山噴火に際しては，北海道電力が東北電力や東京電力から融通を受けたし，今回の東日本大震災後は北電が両社に融通している（同上書ならびに小坂，前掲書，第2章参照）．本章では，議論の混乱を避けるために，卸電気事業者の「電源開発（株）」の位置づけについては触れなかった．同社は，戦後の九電力体制が形成されるに際して，各社の有する電源設備のアンバランスを調整するという意図の下に設置されたものであり，各電力会社にとっての共通電源ともいうべき存在である．現在，その発電設備は，59 ヶ所の水力発電所（計約 856 万 kW），7 ヶ所の火

力発電所（計841万5千kW），合計約1,699万kWに達する（電気事業連合会統計委員会編［2010］16-7ページ参照）．この巨大な電源が九電力の電源と密接な関連をもって運用されていることになる．同社の性格として，もう1つ確認しておく必要があるのは，元来「国策会社」として設立された経緯から明らかなように，同社は，ある意味「日本発送電(株)」の直系ともいうべき存在であり，民間公益事業会社として出発した九電力に対して，「国家公益」的側面から牽制する位置にあったということができる（川村［1975］参照）．したがって，国家的規制を充実させるという観点からすれば，同社は戦略的位置を占めていると言える．2003年，同社を民営化することになったのは，民営化論的自由化推進論からすれば当然の結論であったのかもしれないが，送電線開放を基軸とする構造分離論からすれば，得策であったとは思えない．なぜなら，開放された送電線を管理する立場からみて，自前あるいは自由になる電源をもつことが格段に需給調整力を上げることになるからであり，電源開発(株)の電源はその際の切り札的な存在になり得るからである．

8) 筆者も含め，電気技術の専門家でない者にとって電力システムの本質を正しく理解することは難しいことではある．原子力技術もそうであるが，その道の専門家が一般の国民にも理解可能なように説明することが求められている．この種の文献として，送電線問題については，さしあたり，飯島［2001］を挙げておく．同書は，電力系統システム（発電・送電・配電の一貫システム）の特質を分かり易く説明することを目的とした書であり，自由化によって利益目的の安易な発電事業者が増えることが系統を混乱させることに警告を発している．もっとも，他方では，風力発電事業についても系統不安定要因をもたらすものとして批判的である．

9) 実際，報道によると，政府は，東京電力に少なくとも総額1兆円規模の公的資本を注入する方向で調整に入った．福島第一原発の事故対応費用の増加などで13年3月期に東電が債務超過に陥る可能性が高まっているため．来年6月の定時株主総会で新株を発行する枠である株式授権枠の大幅拡大について承認を得た上で，原子力損害賠償支援機構が東電の新株（優先株）を引き受ける形で来夏の実施を目指す．勝俣恒久会長ら東電の現経営陣の大半を退陣させ，東電の一時，実質国有化に踏み切る構えだ，と報じられている．今後の推移にもよるが，東京電力を民間会社として再生させるという筋道は限りなく閉ざされたとみるのが順当であろう（「毎日新聞」2011年12月8日参照）．

10) 橘川氏は，先に紹介した著書の中で，「自由化」と「原子力」の関係について，次のように述べている．

「エンロン撤退に加え，電力自由化を妨げたもう一つの要因が『原子力ルネッサンス』である．……CO_2をほとんど排出しない原子力発電を再評価，推進しようという動きが世界中で巻き起こり，『原子力ルネッサンス』と呼ばれた．……ところが，電力会社にとって，初期コストが非常に大きい原子力発電所を増設するこ

とは，財務面での負担が大きく，自由化に備えた競争力を強化するうえでは短期的に見ると重荷となる．……自由化が進んで，完全競争ということになれば，競争するライバル同士の情報共有はむずかしくなる．一方で，原発が立地する地元自治体や反原発派などへのむずかしい対応を迫られる原子力発電を推進するうえでは，電力業界が一枚岩で動くことが要求されるから，情報の遮断に結びつく自由化は，原子力の障害ととらえられる．……政府が，自由化よりも原子力発電を重視する方向に舵を切ったのが，2004年の『原子力大綱』の見直しのときだった．このとき，原子力発電のボトルネックになっているバックエンドの問題をめぐって非常に踏み込んだ議論が展開された．……核燃料サイクルとワンスルーのコストの比較が行われ，いったんは核燃料サイクルを廃止するワンスルーのほうがコストが安いと結論されかけたが，……結局，核燃料サイクル推進を決断することになった．以上のような経緯で，2004年ごろから，原子力ルネッサンスの推進と電力自由化の停止という流れが確定していった．その経緯を踏まえれば，電力の自由化をさらに進めるためには，官民もたれ合いの元凶でもある，国策による原子力発電の推進体制を見直す必要がある．……ここで筆者は，民間電力会社からの原子力発電事業の切り離しを提案したい．……全国の電力会社が一律に原発を推進すべしという国策の縛りがはずれれば，電力会社の経営面でも，かなり選択の余地が広がるのではないだろうか．場合によっては，原発を他社に売り払うという選択があってもいいはずだ．そうした大胆な選択は，電力会社が民間活力を取り戻し，自由化を進めるうえで，重要なポイントとなるだろう」(橘川[2011] 146-9ページ)．

　つまり，橘川氏の原子力国有化論は，電力自由化を進める上で，既存の民間電力会社にとって原子力が重荷，すなわち，競争上の阻害要因となっているが故に切り離すべきだという立場に基づいている．したがって，国家が原子力を規制すべきとか，ましてや，電力会社に対して国家的な公共規制を強化すべき，という観点とは逆の発想からのものであることが理解される．いずれにしても，原子力が市場競争には耐え得ない電源であることが指摘されたことにはなる．他方，自然エネルギーについてはというと，(社)日本風力発電協会が2012年1月10日に発表した2011年度の風力発電導入量（推定）が，実態をよく示している．同協会によると，2011年度の風力発電導入量が単年度で33台，82MW（82,000kW）にとどまり，前年度の256MW（256,000kW）から大幅ダウンとなった．同協会は，この原因を政府の助成措置（補助金）の打ち切りにあるとみている．太陽光発電の助成制度でも同様の経験をしており，普及期にある新技術を根付かせる上で，補助金等の国家助成が大きな役割を果たすことが端的に読み取れる事例である (http://log.jwpa.jp/category/0000027524.html 参照)．

　なお，わが国の電力自由化に伴って制度化された新しい電気事業制度については，小坂[2005]のほか，電気新聞編[2003]を参照されたい．

11) 筆者の想定する「公共原理」については，小坂[2009；2011]参照．

12) 古くは，バーリー＝ミーンズによる著書，A.A. Berle and G.C. Means, The Modern Corporation and Private Property, New York, 1932, Revised Edition 1967. 北島忠男訳『近代株式会社と私有財産』文雅堂書店によって展開された，「所有と支配の分離」論にその原点があるといえる．彼らの後，さまざまな研究者がこの問題を論じてきたが，結局は，株式会社における「所有と経営の分離」問題がその本質にあることは明らかである．近年のステークホルダー論や会社の社会的責任論，そして株主資本主義論も，この枠組みにある議論ということになろう（ここでは，参考文献として，北原［1984］を挙げるにとどめるが，わが国の研究に限っても相当な研究蓄積があり，完全に定まった見解があるという状況ではない）．
13) 「電力システム改革タスクフォース『論点整理』」経済産業省，資源エネルギー庁電力・ガス事業部（http://www.meti.go.jp/committee/kenkyukai/energy/denryoku_system/007_giji.html），「日本経済新聞」2011年12月26日および12月28日参照．
14) 同上．
15) 注13で紹介した『論点整理』を受けて，2012年2月から「電力システム改革専門委員会」（委員長・伊藤元重東大教授）が発送電分離の議論を開始した．同委員会は2013年1月21日の会合で，電力会社グループ内で送配電部門を分社化する「法的分離」案で大筋合意し，この内容が電気事業法改正案に盛り込まれる見込みである．しかし，委員メンバーの中にも異論があったし，また電力業界の反対も根強いことから，今後どう進むかは定かではない．今回，不採用とされた「機能分離」案にしても，この「法的分離」案にしても，鍵を握っているのは「系統運用機関」のあり方である．同機関が発電所や潮流の統合管理を有効に実施できない限りは，2案とも表面的な制度改変にとどまる可能性が大である．ましてや，送電線を含む電力システム総体を地域住民のための共同インフラと位置づける筆者の考えとは隔たりがある．
16) 「毎日新聞」2012年1月8日．そのような事態の推移のなか，原発の耐用年数を40年とし，原則として廃炉にするが，安全性が確認されれば，最長60年まで運転を認める，との考え方を民主党政府が表明した．また，関西電力大飯原発のストレステストの評価結果（想定以上の地震や津波に耐えられる）に対して，原子力安全・保安院が「妥当」との判断を下した．福島第一原発事故の「収束宣言」以来，着実に原発再稼働の路線が敷かれてきたと言えるが，また，新たな段階に突き進みつつあることを示す事態といえる．この政府の「脱原発」表明の底意がどの辺にあるかが，かくも早く露呈してしまったと言うべきであろう（「毎日新聞」2012年1月7日，19日参照）．

終章
3.11 と再生可能エネルギー・ルネッサンス

1. 3.11 と公共性

「公共性」とは何か？　その答えはいまだ曖昧模糊としたままである．この 10 年余りの「公共性」ブームとも言える集中的議論を経て，一定の輪郭らしきものが見えてきたようにも思われるのであるが，それでもなお，明示的に論じられているとは言えそうもない．それ故，さまざまな学会や領域において真剣な議論がなされているとはいえ，現状では「確たる答えはない」と言うべきであろう．しかし，それは悲観すべきことではなく，議論がまだ続いている限りは，前に進む展望があるということであると筆者は確信している．答えがすぐに出ないことが問題なのではなく，答えを出そうと模索し議論を重ねることを止めてしまうことが問題なのである．社会科学上の問題に対しては，一般的にはベストアンサーではなくベターアンサーを追求すべきである，と筆者は考えている．したがって，それを追究するエネルギーが存在している間は，その分野は健全性をとりあえずは保てるのである．筆者がこれまで主張してきたのは，そのような状況において，われわれは対話を続けるための土俵を必要としているし，できるだけ多くの参加者が議論可能な枠組みと考え方をそこで提示すべきではないか，ということである．筆者自身もこの対話に参加するために，公益事業論を研究する立場から「公共性」について問題提起を行ってきたつもりである．

このような「公共性」論議を続けるわれわれに対して，東日本大震災と福

島原発事故がもたらした災禍は何を問いかけているのであろうか．「公共哲学」について精力的に発信している研究者のひとり，山脇直司氏は「3.11の衝撃」について，次のように述べている．

　2011年3月11日は，間違いなく，日本の歴史にとってのみならず，世界の歴史にとっても，永遠に記憶され，語り継がれる日となるでしょう．それほどまでに，この日に起こった東日本大震災という出来事は衝撃的であり，その前と後では，人々の社会観や価値観が劇的に変化したように思われます．その衝撃度は，比較的最近の出来事としては，1989年11月9日のベルリンの壁崩壊，2001年9月11日のアメリカ同時多発テロに匹敵するといっても過言ではないでしょう．……
　一口に3.11の出来事と言っても，この日には，間接的に重なり合うけれども，基本的に区別されうる二つの出来事が起こりました．一つは，当日の午後2時46分に起こったマグニチュード9の大地震とそれが引き起こした大津波による約2万人の死者・行方不明者などの大災害です．二つめは，地震と津波が元で引き起こされ，計り知れない不安を今もって人々に与え続けている福島第一原発事故です．前者は，そこに人災的要素を読み込もうとしている論者もいますが，少なくとも私には「天災」としか呼ぶことができません．しかし後者は，明らかに，天災が引き起こした「人災」です．
　したがって，善き公正な社会を追求し，現下の公共的問題を考える公共哲学は，その双方に関心を向けなければなりません．……
　……本書は相対的に，原発事故という人災の方により多くの比重が置かれることになるでしょう．というのも，フクシマの原発事故は，まさに公共性（公益性，公正性，公開性）という公共哲学のコンセプトを直撃する数多くの問題群と諸課題を，否応なく突きつけているからです．
　……明らかに，3月11日以前に原発に非を唱える日本人は，非常に限られていました．そして，原発こそが，地球温暖化問題を乗り越えるための環境にやさしいエネルギー源であり，日本は原発技術の大国になって，世界をリードしていくべきだという論調が主流でした．これを「プレ3.11」の社会状況と思想状況と呼ぶことにしましょう．
　……3月11日の人災によって，原発のイメージは一変しました．それまでごく少数であった脱原発を唱える人々の影響力は急激に増大し，今や世論の半数近

くの支持を得るようになりました．そして，これからの日本のエネルギーに原発は本当に必要なのかという議論があちこちで始まり，……「ポスト3.11」の何よりの意味は，3月11日以降に，こうした大きな変化が起こり，今後の社会的・思想的課題が突きつけられている状況を意味すると受け取ってください」（山脇［2011］13-9ページ）．

　以上の指摘からも明らかなように，2011年3月11日は，「大きな地震・津波と深刻な原発事故」のあった日と記憶に留めるだけでは済まない，根底的な問題をわれわれに提起していると言えよう．一方において，歴史的経験から学んできた知恵と自然科学上の知見の蓄積によって，日本国土が地震源の真上に置かれていることを十分に認識していたはずであるにもかかわらず，その揺れと津波に抵抗することがどれほど困難であるかを，改めて骨の髄まで思い知らされたのである．結果として，人間がその知識と技術によって自然を超えることができると思うのは傲慢以外の何物でもないことも身に染みて悟らされるところとなったと言える．他方においては，「夢のエネルギー」と言われ，近代科学と技術の粋を集めた最先端技術とされてきた原子力が，ひとたび過酷事故を引き起こすと，人間にとって制御不能の怪物となり，支配者であるはずの人間がなす術もなく立ち尽くす姿を目の当たりにして，世界一と豪語してきたわが国の原子力技術の到達点レベルがどれほどのものであるかを実感させられることになった．汚染水の処理作業に象徴されるように，対応が泥縄式そのものである．「安全神話」のために事故対策を怠ってきたということがあるにしても，この作業が周到に，そして確実な見とおしをもって行われている状況にはないことは明らかである．いずれにしても，緊急に求められている事故収拾・対策もメルトダウンした原子炉をひたすら冷やすしかないというのが基本的実態であろう．こうした実態は，1999年のウラン燃料加工会社（JCO）における「臨界事故」が，バケツに入った高濃度ウラン溶液を作業員が手作業で別のタンクへ移す際に起きたことを想起させるものであり，「最先端技術」と言われる原子力技術が原始的かつ危険極まりない手作業と背中合わせであることをわれわれに教えてくれている．

そもそも，現在進行している，福島第一原発各号機における原子炉解体へ向けての道のりが，現場作業員の被曝との闘いの連続であり，基本的には人海戦術に頼らざるを得ないということも，併せて認識しておく必要がある．生身の人間が容易に近づくことができない環境下であるが故に強いられる困難性それ自体が原子力とは何たるかを明瞭に語っている．

したがって，こうした事実に加えて，福島第一原発でなお続いている放射能汚染水の処理作業と，その過程で頻繁に起きている水漏れ等のトラブルを見るだけでも，「原発事故は収束した」などという発言は現実を見ないものだけが発することのできる言葉であり，「虚言」でしかないことが理解される．しかも，放射能汚染による被害補償が遅々として進まないこと，汚染土壌などの除染作業の進捗がはかばかしくないし，作業の結果生まれる汚染物質の保管場所も決まらないこと，総じて福島県民が平穏な生活を取り戻す道筋がまったく見えていないことが県民の不安をいやがうえにも大きくしている．原発事故によって放出された放射能は，故郷を汚し，生活の大地を奪い，そして県民として，また人としてつながろうとする心までも粉砕しつつあるのである．

「公共性」「公益」は，「不特定多数あるいは全体の利益」ではなく，むしろ「社会的少数者，社会的弱者の利益」を擁護することにその本質を求めるべきである，と筆者は主張してきた（小坂 [1999] 序章，あとがき参照）．この議論からすると，福島県と福島県民が直面している問題を，われわれ一人ひとりがわがこととしてどこまで受け止めることができるのか，この 1 点が今問われているように思われる．山脇氏が指摘するように，3.11 は重大な歴史的転機となり得ると筆者も考えるものであるが，それを現実のものにするために行動すべきわれわれにとって，課題は重く，また複雑である．それでもなお，この課題に取り組むことが後世の世代に対するわれわれ現世代の義務であるとするならば，そこに進む道筋を探る営みを続けるしかない．この課題に取り組むうえで，留意しなければならないことは多い．しかし，最低限，われわれは，清水修二氏の次の発言を肝に銘じておくべきであろう．

福島県民はいま，原発事故によって二重の被害を被っている．第一の被害はもちろん事故そのものに由来するもので，懸念される健康被害も含め，社会的・経済的な被害は実に甚大である．第二の被害は，まるで放射能のように見えにくいこの国の「システム」由来の重圧とでも呼んだらいいだろうか．第一の被害の犯人がむしろ必要以上に特定されているのに対し，第二の被害の犯人は不特定多数である．しかも「正義」や「善意」の名のもとに被害者に重苦しい圧迫を加える人々もそこには含まれている．それどころか被害者同士の間にさえ，相互に傷つけあう関係が持ち込まれてしまった．放射能災害による「人心の分断」は悲劇的なまでに根が深い．福島にとどまって，あるいはとどまらざるを得ずして生きて行く人々にとって，これは容易ならざる試練であり，乗り越えられるかどうかはやってみなければ分からない．

　そしてこれは同時に，日本国民の試練でもあろうと思う．いま日本では停止中の原発の再稼働が問題になっている．そして原発が立地している現地の基礎自治体がむしろ再稼働を望み，大消費地に「理解を求める」という倒錯した構図が出現している．立地地域の自治体や住民が再稼働を望むのはもちろん経済的な事情からだが，原発のリスクと地域雇用や地方財政を天秤にかけていること自体が，福島災害の実情を理解していない証拠だと言わざるを得ない．他方，大消費地の側が再稼働に待ったをかけるのは，被災現地の被害を心配するというより，万一の際に大都市にまで被害が及ぶことを恐れるからだろう．そこにやや疑問を感じるとはいえ，ともかく都市の消費者が当事者意識を持つようになったのは一大進歩だ．

　「福島の再生」は，この国にとってシンボリックな意味を持つことになるだろう．福島が今後どうなるか，どのような位置に置かれるかは，日本社会の未来を占う一つの試金石といえるかもしれない．同時にそこでは，この国の反原発・脱原発運動の質が試されるともいえると私は思う（清水［2012］18-9ページ）．

　ここでは，以上の点を念頭におきながら，これからのわが国のエネルギー需給のあり方について，その基本について考えてみることにしたい．3.11以後，わが国では原子力技術に対する国民の信頼が大きく崩れ，「脱原発」を基調とする国民的世論が広範に形作られつつある．既にある原発をどのように時間をかけて廃止・縮小していくか，そのスケジュールについての考え方の差はあるが，最低限として既存原発の耐用年数が終了するまでには，わが

国の原発をなくすという点では大方のコンセンサスができつつあるように見受けられる．もちろん，「原子力村」の住人を中心に，産業，経済活動を優先する財界グループなどは，原子力がなければ電力・エネルギー不足が起こり，ひいては日本経済が立ち行かなくなる，とのキャンペーンを張り，既存原子力発電所の再稼働と，あわよくば新増設までもと執拗に目論んでいる．そして，時間経過とともに，この巻き返しの力が強まり，原子力の危険性に目覚めたはずの国民が，ふたたび原子力推進勢力のまき散らす黄金の魅力によって煙に巻かれる可能性が生まれていることも確かなのである．福島以外の原発立地自治体において，首長が先頭に立ち，原発再稼働や増設の旗を振り，地域住民もまたその旗の下にはせ参じる事態を見るにつけ，金と権力に弱い人間の性と遠い将来よりも今日の糧が優先される人々の暮らしの現実を改めて確認せざるを得ないし，われわれもまた，紛れもなくその一員である可能性が高い．だからこそ，その弱いわれわれが，こうした誘惑に負けず，良心に従い，家族，とりわけ子供たちが，将来にわたって平和で安全に暮らす道を開くために，今ここで踏みとどまらなければ，また原子力の復活を許し，事故のたびに批判を遠吠え的に浴びせるだけの，むなしい作業を繰り返すことになるのではないだろうか．原子力や化石エネルギーに全面的に頼ることのないソフト・エネルギー社会を本気で構築するという，根本的なシステム変換が求められているのが現在のわれわれの歴史的な立ち位置であると，筆者は考えている．

　しかしながら，想い起こしてみると，エネルギーの分野については，われわれは自然エネルギーなど再生可能エネルギー，それ故，ソフト・エネルギーに依拠する社会の構築を国民的に推進するチャンスをみすみす逃してきた経験を既に持っている．すなわち，二度の石油危機を経た1980年代がまさにその時期であった．福島原発事故の悲惨な結果を前にして，確かに，現在のわが国では，「再生可能エネルギー」が明確なトレンドとなっている．今度こそ，ソフト・エネルギーが定着しそうな気配ではあるが，これがまた「一過性」のブームや流行に終わることのないように，ここで，なぜ，かつ

て再生可能エネルギーへの転換というチャンスをわれわれはつぶしてしまったのかを振り返っておくことは，あながち無意味ではないだろう．また，その際，原子力エネルギーとの対比を念頭に置くことが必要であると筆者は考えている．なぜなら，1980年代の「再生可能エネルギー」ブームはバブル経済的志向と原子力エネルギーを許容する社会的風潮によって頓挫したのであり，原子力と再生可能エネルギーは本来並び立つことができないものでありながら，わが国では常に同じ土俵上で優劣を競う場面に置かれることが多かったからである．1990年代からの原子力の退潮傾向からの脱却を図ることを狙った2000年代の「原子力ルネッサンス」が3.11によって，日の目を見ることなく次第にフェードアウトし，結局は，ふたたび「再生可能エネルギー」の開発・普及の時代を迎えつつあるのが現下の基本的な姿である．こうしたプロセスを「再生可能エネルギー・ルネッサンス」として描いてみることが本章の課題である．なお，1980年代の状況の再確認にあたっては，小坂［1991］をベースにした．

2．「脱石油」と省エネルギー

「第一次石油危機」以後，わが国の経済活動や社会生活において，「省エネルギー」という言葉ほど頻繁に掲げられ，声高に叫ばれた言葉は例を見ない．企業の場合，この言葉は「減量経営」や「節約」と並んで最終的には「省コスト」に帰着することは言うまでもない．つまり，企業の「省エネルギー」はエネルギーの節約自体を必ずしも求めているのではなく，あくまでも，コストの節約につながる限り追求される課題である．それ故，石油等の化石燃料価格次第では，その消費が拡大することも起き得るのである．

「省エネルギー」とは，本来の言葉の意味するところは，人間が生産活動をするにあたって，できるだけ小さなエネルギー投入量によって所期の目的を達成するということであるが，通常行われている「省エネルギー」議論の中には，これとは違った意味合いで語られる「省エネルギー」論も見られる．

例えば,「脱石油」についてである.

「第一次石油危機」によって結末を迎えた日本の高度経済成長システムがそのエネルギー基盤として石油に圧倒的に依存していたため,わが国経済への打撃は諸外国と比べてもより深刻であったことは周知のとおりである.エネルギー的に石油に依存し,それも99%以上輸入に頼り,加えて,その輸入も中東産原油をメジャー(国際石油資本)経由でもっぱら供給を受けるという構造を作り上げてきたわが国のエネルギー供給構造は,ほとんど完全な袋小路に入り込んでしまった感があった.このような,「油上の楼閣」とさえ言われたわが国の産業体制を再構築する際,中東の原油に一面的に依存することの危険性を十分学習したわが国経済は,官民こぞって新しいエネルギー供給体制を整えることに腐心した.この新しいエネルギー供給体制は様々なレベルの対策の複合から成っている.今,これらを便宜的に3つに分類すると,(1) 緊急対策的施策,(2) 省エネルギー,(3) 脱石油ということになる(資源エネルギー庁編［1992］160-1ページ参照).

(1) 緊急対策的施策というのは,石油備蓄を強化することによって,「石油危機」のような緊急事態が発生しても,一定期間は石油供給が保証される体制をはじめ,OPECやメジャーからの調達比率を下げ,自主開発原油の割合を引き上げること,あるいは石油供給国を中東以外の地域(中国,メキシコ,インドネシア等々)へ分散化させることなどを指している.これらの施策は,いずれも「中東有事」の際のわが国の石油供給を確保することを基本的な狙いとしている点で共通である.いわゆる,「エネルギー安全保障」という考え方である.
(2) 省エネルギーというのは,石油について言うと,石油消費の削減および石油の効率的使用を指しており,「省石油」ということになる.
(3) 「脱石油」は,石油以外のエネルギーに転換することを意味しており,「石油代替エネルギー」の開発・利用の促進やそれへの転換を内容としている.したがって,これはエネルギーそれ自体の節約を直ちに意味す

るものではない．

　以下，これらの対策について，若干の考察を加えてみよう．
　「脱石油」が強調され，「石油代替エネルギー」が重視されるようになった直接の背景は，言うまでもなく「石油危機」であり，エネルギーの大半を石油に頼り，それもほとんど「輸入」に依存しているわが国経済の弱点，すなわち，中東有事によってたちまち経済混乱に陥らざるを得ない経済構造に対する認識から生まれたものである．したがって，<u>石油に代わるエネルギー・セキュリティに優れたエネルギーは何かという意味が「石油代替エネルギー」に込められている．つまり，産業活動や経済活動に必要なエネルギー量はそれとして確保しなければならない，という考え方が大前提としてあるのである</u>．アルミニューム1tを精錬するのに必要な電力量が1万8千kWhであるとき，その電力を生み出すエネルギー源が何であれ，1万8千kWhは必要なのであって，それが石油であるか石炭であるかによって変わるものではない．だから，「脱石油」ということは，それ自体としては全体として供給されるエネルギー量とは本来関係のないものである．それ故，「省エネルギー」とも関係ない．この点は，IEA（国際エネルギー機関）が，1979年の閣僚理事会で「石油火力発電所の新設禁止」を決めたことを受け，石炭火力発電所の建設を促進することになったわが国の電気事業にも当てはまる．発電源を石油からそれ以外のもの（石炭，原子力等）に転換することが，直ちに「省エネルギー」であるがごとき主張は，まったく的外れである．にもかかわらず，この転換が「省エネルギー」であるかのように言われたのは，この転換が「省コスト」的であると認識されたからである．エネルギー源が石炭に代わったからと言って，必要な熱量が同じであるとすれば，「省エネルギー」的ではありえないわけだが，少なくとも，この同じ熱量を生み出すために消費される石炭の価格が石油に比べて安ければ，コスト的には負担が軽くなるのである．国際市場における石炭価格はそれ自体で単独で動くのではなく，しばしば石油との競争によって変動する．当然，石油価格高騰時に

は，石炭に有利となる．この状況下で，エネルギー源を選択する交渉力が買い手側に有利であれば，需要が石炭にシフトするのは必然的である．この時期の，エネルギー源別平均CIF価格（円/1,000kcal）を見ると，1974年以来，一貫して輸入一般炭価格が原油のそれを下回っており，1985年で原油＝3.88に対し，輸入一般炭＝1.60である（通産省編［1986］30ページ）．これ以後，原油価格は低下傾向を続けていたが，イラクのクウェート侵攻後，再び上昇に転じ，1990年10月で，原油＝2.77に対し，輸入一般炭＝1.09となっていた．1989年から1990年にかけて，一時期小さくなっていた格差がまた広がってしまったのである（日本エネルギー経済研究所編［1991］84ページ）．

こうしてみると，「脱石油」という行為が「省エネルギー」を達成しようとする動機よりは，むしろ「省コスト」を達成しようとする動機に支えられていたということが理解される．石油から石炭への転換が，IEA対OPECの関係，すなわち石油収入に依存するOPECに対し消費国側が石油需要を抑え込むことによって圧力を加えるという戦略から誘導されたものとはいえ，この戦略に沿って，わが国のように見事な石炭シフトを採用した国も珍しい．ともあれ，この時期，わが国は石油から石油以外のエネルギー源への転換を推進することになるが，この法的表現が1980年に制定された「石油代替エネルギーの開発及び導入の促進に関する法律」（以下，石油代替エネルギー法と略記）である．同法に基づいて展開されることになった主な施策は以下の点である．

①資源開発
　海外炭，水力，地熱等の内外エネルギー資源の開発を促進するため海外炭の探鉱・開発に対する助成，地熱開発促進のための調査など．

②導入促進
　日本開発銀行融資，経済社会エネルギー基盤強化投資促進税制，地方都市ガス事業天然ガス化促進，ローカルエネルギー開発利用の促進，ソー

ラーシステムの普及促進などの産業部門及び民生部門における石油代替エネルギーの導入の促進．
③技術開発
石炭生産・利用技術等の開発とともに，石炭液化・ガス化，燃料電池，太陽光，風力などの新エネルギー技術開発の促進．
④原子力開発・利用促進
核燃料サイクル事業化の推進，軽水炉改良技術確証，新型転換炉実証炉建設補助など（資源エネルギー庁編［1992］65ページ）．

既に指摘したように，二度の「石油危機」を経て，石油から「石油代替エネルギー」へのエネルギー転換を目指したのは，基本的には「対OPEC」戦略の存在という背景があった．したがって，石油の消費を抑えるという目的意識はあっても，必要なエネルギー消費を全体として抑えるという発想はそもそも存在していない．あくまでも，それまで石油によって賄われていたエネルギー消費分をその他のエネルギー源によって「代替」することが目的なのである．そのような限界はあるものの，新たなエネルギー源の1つとして，ローカルエネルギー，ソーラーシステム，太陽光，風力など，いわゆる「再生可能エネルギー」や「自然エネルギー」の開発と利用促進がこの法律でともかくも謳われ，一定の予算措置もとられたのである．問題は，「石油代替エネルギー」として対象となったのが，これらの「自然エネルギー」だけではなく，海外炭の開発，石炭液化，燃料電池など新エネルギーの技術開発の促進が同時に目標とされていることであり，とりわけ，原子力開発・利用促進のため，核燃料サイクル事業化の推進，軽水炉改良技術確証，新型転換炉実証炉建設補助などが強調されていることである．①から④の施策を注意深くみると気がつくことであるが，これらは決して同列にあるのではない．たとえば，①資源開発は，現にある資源の探鉱・開発に向けての助成であり，また，②は都市ガスの天然ガス化，ローカルエネルギーやソーラーシステムの普及促進であって，既存技術によるエネルギー普及が中心である．それに

対して，③は，まだ実用化には至っていない石炭液化，燃料電池，太陽光，風力など新エネルギー技術開発をこれから進めるという意味である．社会的実用化のレベルが①や②とは異なっているのである．さらに，④の原子力にいたっては，既に全国に原子力発電所が続々と建設され，わが国の電源として比重を急速に高めつつあるところに，石油危機を契機として「石油代替エネルギー」に位置づけられることによって，ますます建設が促進されるお墨付きを与えられることになったと言える．このような状況の中で，社会的実用化の段階にあると考えられるものから順に導入が進むのは必然的であり，逆に，まだ「海のものとも，山のものともつかない」エネルギー，すなわち「新エネルギー」の開発導入が遅れるのも当然のことであった．

以上のように，問題点の多い「石油代替エネルギー法」ではあったが，第一次石油危機時（1973年度）に77.4％あった石油依存度（一次エネルギー総供給に占める石油の構成比）は，1980年度66.1％，1985年度56.3％までになっていた．その限りでは，同法のねらいは効果があったと，ひとまずは言えそうである（資源エネルギー庁長官官房企画調査課編［1989］342-5ページ）．ただ，1985年度以降，ふたたび石油依存度が上昇に転じ，1990年度には58.3％になっていた．いわゆる「バブル経済」の反映である．それ故，「バブル経済」期を別とすれば，石油依存度からみて「脱石油」それ自体は急速に進行したと見てよい．しかし，1973年からの一次エネルギー総供給をみると，1973年度を1とすると，1980年度＝1.03，1985年度＝1.05，1990年度＝1.26，1995年度＝1.41，2000年度＝1.45，2005年度＝1.47，2009年度＝1.34となっている．つまり，「脱石油」にもかかわらず，エネルギーの使用量そのものは減るどころか，増大し，2000年代に入っては，ほぼ1.5倍の水準になっているということなのである．筆者が，「脱石油」＝「省エネルギー」と考えてはならないということを強調する所以である（小坂［2012b］11-5ページ参照）．

3. 産業活動と省エネルギー

わが国の最終エネルギー消費の構成比は，1959 年以来，1977 年まで産業部門が一貫して 60％ 以上を占めてきた．それに対して，民生部門は 1960 年代に 20％ を割ってから，70 年代半ばまで 16〜18％ 水準にとどまり，1976 年にようやく 20％ 台を回復し，以後漸増している．2009 年には，下がったとはいえ，産業部門 45.6％ に対し，民生部門 28％ となっている．また，民生部門の中での家庭用部門を見ると，民生部門全体を 100 としたとき，1955 年＝74.5，1960 年＝69.5，1965 年＝57.2，1970 年＝52.9，1975 年＝51.6，1980 年＝53.2，1985 年＝56.0，1990 年＝53.7，1995 年＝53.6，2000 年＝52.8，2005 年＝54.0，2009 年＝56.1 という推移をたどっている（日本エネルギー経済研究所計量分析ユニット編［2011］参照）．

いずれにしても，1970 年代までの時期，エネルギー最終消費において，産業用の構成が 50％ から 60％ というような高い比率を示す先進国は日本だけであり，エネルギー消費の産業偏重ぶりは際立っていた．このようなエネルギー消費のわが国特有なあり方から考えるならば，「省エネルギー」は，まずもって産業部門から始めなければならない，とするのが道理である．わが国の高度経済成長期において，中心的な役割を果たした部門として，鉄鋼，セメント，石油化学，紙・パルプ，アルミニューム等，いわゆる「素材型」「エネルギー多消費型」の産業部門を挙げることができる．これらの産業部門は，「エネルギー多消費型」であるが故に，「省エネルギー」に対しても，エネルギーコスト削減を通じて競争力を高めるという内在的要求を持っていた．以下，わが国産業において最大のエネルギー消費部門である鉄鋼業を中心に，産業における「省エネルギー」について考えてみよう．

鉄鋼業は 1955 年以来，わが国最大のエネルギー消費部門であり，最終エネルギー消費に占める割合も 1970 年で 20％ を超え，製造業全体に対しては 1975 年で 36％ を占めるような多消費ぶりであった．鉄鋼業で消費されるエ

ネルギー量は，民生部門のうちの家庭用部門の消費量とほぼ同じであった（1987年）．つまり，1億2千万人の国民総体のエネルギー消費量と鉄鋼業という一産業部門が消費するエネルギー消費量がほぼ等しいということなのである．したがって，鉄鋼業において，何パーセントかでも「省エネルギー」が実現できると，わが国全体のエネルギー消費の削減に大きく貢献できることになるのである．実際，日本の鉄鋼業は「第一次石油危機」以後，急速な「省エネルギー」を実現し，粗鋼1tあたりのエネルギー消費原単位は，1973年＝100とすると，1983年＝82となり，約18％の「省エネルギー」を達成している（日本鉄鋼連盟［1984］17ページ）．以下，「省エネルギー」のために，鉄鋼業においてどのような対策がとられたのか，その概要を見ておこう．

まず，「省石油」についてである．1973年時点では，鉄鋼業全体で消費されるエネルギーのうち，21.3％は重油を中心とした石油系によって賄われていた．その後，「脱石油化」，特に，高炉の「オール・コークス操業」が目指され，1981年にはこれがほぼ達成され，石油系の比重は1982年で6.7％へと大幅に低下する（同上）．高炉だけについてみると，1975年で重油比45（kg/t）であったものが，1985年には0.3（kg/t）まで低下するのである．しかし，この重油比の低下は，他方でコークス比の上昇によって相殺される関係にあり，1979年まで低下してきたコークス比を反転させ，全体としても高炉の燃料比を上昇させることにつながっていくのである（小野崎［1990］35-6ページ参照）．既に述べたように，「脱石油＝省エネルギー」とは単純に行かない事情がここにも示されているのである．もちろん，コークス比が上昇し，微粉炭比が増大していくのは，製鉄所全体でのガス需給の達成という要請からくる問題があり，高炉だけで「省エネルギー」を論じてはならないが，鉄鋼業におけるエネルギー消費の半分は高炉による製銑工程で行われていることから見て，高炉における「省エネルギー」が重要であることに変わりはない（同上）．

鉄鋼業における「省エネルギー」施策としては，連続鋳造設備の導入など

生産工程の改善や高炉炉頂圧発電設備（TRT）など，排エネルギーの回収利用などの分野が代表的なものであるが，以下，後者に着目して，鉄鋼業における「省エネルギー」の性格について考えてみたい．

排エネルギー回収利用として行われているのは，上述の高炉炉頂圧発電，コークス乾式消火設備（CDQ），転炉ガスなどである．この時期に急速に設備拡充されたのがTRTとCDQである．TRTやCDQによって回収される電力量は，1983年時点で28億kWhに達し，高炉会社の電力消費全体の8%を占めている（日本鉄鋼連盟［1984］17ページ参照）．1980年以降の鉄鋼業における電力消費と自家発の推移を見ると，TRTを中心とした排エネルギーから回収される電力量はこの時期急速に拡大し，1981年において，鉄鋼業の電力消費全体に対して4.6%，自家発電総量に対して22.2%を占めていたものが，1989年になると，それぞれ8.6%，27.7%を占めるまでになっていた（小野崎［1990］42ページ参照）．この原動力になっているのが排エネルギー回収設備の拡充である．ちなみに，自家発電自体もこの間大きく伸びており，1980年＝15.9%であった自家発比率は，1985年以降20%を超え，1980年代からはほぼ24%水準を維持している（資源エネルギー庁長官官房企画調査課編［1989］，小野崎［1990］40-1ページ参照）．

このような排エネルギー回収による「省エネルギー」対策を中心に鉄鋼業の「省エネルギー」対策が推進され，全体として20%近い「省エネルギー」を達成してきたと言える．わが国の粗鋼生産1トン当たりのエネルギー消費原単位は，371×10^4kcal（1979年）であったが，同年，アメリカは511×10^4kcal，（西）ドイツは448×10^4kcalであり，わが国の「省エネルギー」ぶりは明瞭であった（日本エネルギー経済研究所編［1982］176ページ）．

以上のように，鉄鋼業における「省エネルギー」は1980年代の半ばまでは前進してきたと言えるのであるが，1987年以降は目立った改善が見られず，むしろ「省エネルギー」の停滞あるいは後退と見られる状況が続いていた．この原因としては以下のような事情があった．先述したような，オール・コークス操業と併行して行われた微粉炭比の増大化や加熱炉などの一部

で石油が再び用いられるようになったことなどが，全体として燃料比の悪化をもたらしたことが指摘される．しかし，根本的には，製品の高級化に伴って二次精錬や二次圧延の比重が高まり，その結果としての工程の増大化があった．特に，電気メッキ鋼板など二次圧延製品が高い伸びを示していることから，これら電力多消費の製品の生産拡大に伴う現象と見られる．したがって，鉄鋼業における製品の高級化がそのまま進むとするならば，大幅な「省エネルギー」は難しくなってきていたと見られよう（小野崎 [1990] 35-8 ページ参照）．

しかしながら，「地球環境問題」に対する鉄鋼業の社会的責任の大きさからして，二酸化炭素の回収を含む「環境保全」「省エネルギー」「省資源」に，これまで以上に積極的に取り組まざるを得ないのが鉄鋼業の宿命であった．こうした中で，従来から行われてきた CDQ の普及や，直流式電気炉などの設備拡充，さらには，発電設備のガス・タービン・コンバインドサイクル化を進め，工場周辺の産業用及び民生用需要への供給を含む，排エネルギーの回収を一層促進することが期待された．特に，最後に指摘された点は，鉄鋼業がエネルギー多消費産業であるとともに，「エネルギー供給産業」となることを意味しており，今日，電力自由化が進む中で，特定規模電気事業者として鉄鋼業が登場してくる基盤が，もともと備わっていたことがよく理解できるのである．鉄鋼業，とりわけ一貫メーカーにおいては，自ら消費するエネルギーを自給する体制を基本的には整え，一部では余剰エネルギーを外部に供給する体制をも構築してきたということである．工場内で発生する石炭ガスを電力会社との共同出資による共同火力や都市ガス会社に供給することがその原点であった（植田 [1990] 76-7 ページ参照）．

次節では，この点をコージェネレーションとの関わりで考えてみよう．

4. コージェネレーションについて

コージェネレーション＝熱電併給システム（以下，コージェネと表記）とは，

電気と熱の両方を供給するシステムという意味である．従来の発電システムでは，元の燃料の熱エネルギーを電気エネルギーとして取り出せる割合は極めて限られており，最も効率の良い発電所でも，せいぜい 38〜39% というところである．送電ロスも含めて考えると，需要家が利用できるエネルギーは，元の 33〜34% にまで減少してしまうことになる．したがって，発生する熱エネルギーの 60% 以上は結局，排熱として外界に捨てられていることになる．社会全体のエネルギーフローとして見た場合，おおむね 65% がロスとして捨てられており，35% だけを正味として使用していることになる（平田［1990a］118-49 ページ参照）．

コージェネは，このロスとして外界に捨てられている 65% 部分を少しでも正味のエネルギーとして活用するという考え方に基づいている．したがって，熱と電気を同時に消費するような需要家が想定されており，熱需要が相対的に大きい需要家の存在がポイントとなる．コージェネは，電気と熱の総合効率で 80% 程度を達成できるとされているから，極めて良好な熱効率であり，それだけ「省エネルギー」的である．ところが，このような優れた熱効率をもつコージェネであるが，その普及状況は，1988 年時点で，民生用 277 件，出力 121,180kW，産業用 825,109kW であり，合計 946,289kW であった．ちょうど原子力発電所 1 基分に相当すると考えてよい．民生用としてコージェネが設置されている建物は，病院，ホテル，ビル，スーパーなど，当然「熱電比」の高い箇所である（信濃毎日新聞社編［1989］132-5 ページ参照）．

このようなコージェネの普及にあたっては，法的な条件整備も大きなポイントとなる．1987 年 11 月に「電気事業法」の「特定供給」条項が緩和され，「同一の建物ならば，自家発業者が他人にも電気を売ってもよい」ことになり，テナントビルなどでコージェネが採用されるケースが増えている（同上，135-6 ページ参照）．したがって，コージェネは，民生用，産業用含めて着実に増加していたが，1990 年 3 月時点で，日本の電力設備容量総体の 0.9% を占めるにすぎず，まだまだ小さい（平田［1990b］67-70 ページ参照）．コ

ージェネの一層の普及のためには,発電機器の改良や廃熱回収技術の改善などが推進されることはもちろんであるが,コージェネが電力供給システムとの整合性を確保できるかどうかがもっとも重要な点である.小規模分散型電源としてのコージェネが孤立したままで進むのか,それとも系統電力との有機的な関連を作り出せるかどうかが問われていた.コージェネの熱効率の高さや「省エネルギー」性を認めるとしても,電力会社自身がコージェネに積極的になれない状態が依然として続いていたようである.たとえば,東京電力の西廣泰輝氏は次のように述べている.

「コージェネは熱需要が十分に大きく,熱電バランスの良い需要家にとっては極めて良い供給システムであるわけだが,この裏には,熱供給がほとんどの需要家や電力需要中心の需要家にとっては,コージェネは不適であり,もっと適当なエネルギーシステムがあるということである.

どのような供給システムをとるかは,いかなる需要があるのかを前提に議論するのが当然だが,コージェネの場合,これが逆転して『効率の良い供給システム先にありき』であったところに最大の問題があるように思える.……したがって,コージェネ・システムを普及促進しようとする場合,供給システムの効率性を訴え続けても問題の解決につながらないと思われる.なすべきことは利用者が不便を感ぜずに,自然に求めるような熱電バランスのとれた需要スタイルを作り出すことである.

具体的には,コージェネを組み込んだ地域熱供給事業を可能とするようなインフラ整備をするとか,電力会社の発電建設に対応した都市熱需要計画を探るなどが必要であろう」(西廣[1990] 39-40 ページ).

こうした西廣氏の主張は,電力会社が電気だけではなく熱供給を含めて総合的なエネルギー供給事業として活動すべきであるという点に力点があるのであれば,筆者も基本的には了解できるものである.しかしながら,後の叙述を見ると,必ずしもここに力点が置かれている様子はないようである.氏

は，この後，コージェネの課題として，コージェネに使用される発電機の効率が系統電力と比べて低く，また排熱利用の際の熱交換ロスが大きいこと，コージェネの排出する SO_x，NO_x，のレベルが大型火力に比べて高い水準にあり，環境政策上の難点をもっていること，そして，コージェネは事故や定期点検などによる停止などの際，系統電力との連系によって，これをカバーしなければならず，その分，系統電力に対して質の差を有することを挙げているのである（同上，41ページ）．

以上のような主張は，電力会社を中心として，まだまだ根強いものがあるように思われるが，「省エネルギー」という社会的な要請から見て，またそれを保障する技術的観点から見て，コージェネを否定する論拠は乏しい．したがって，現時点で中心的な論点となるべきなのは，「電気と熱を総合的に供給するシステムとはいかなる姿をとれば，最も効率的かつ需要家の要請に応えることになるのかという視角をベースにすること」である．そして，現状のわが国の電気と熱の供給体制，すなわち，自家発を含めた系統電力を中心とする電気事業，都市ガス事業，LPG，石油および石炭による個別ないし集団熱供給事業等にコージェネがどのようにコミットできるかを探る必要がある．その際，既成の法制度や規則が大幅に変更される可能性があり，これまでの「地域独占」論や「公益事業規制」論とは異なったレベルでの枠組みを構築せざるを得なくなるであろう．その兆候は既にあちこちで散見されるが，基本的には，わが国の電気と熱の供給システムを個々バラバラのシステムとしてではなく，文字通り「総合的」なエネルギー供給システムとして再構築することであろう．電力会社，ガス会社，石油会社，熱供給会社等が互いに競争する姿ではなく，これらを1つの会社経営として展開するとどうなるのか，という姿を想いうかべて，今一度エネルギー供給システムを考え直すことが必要である．コージェネはこの発想の転換を促す1つの契機であると言えよう[1]．

分散型のオンサイト型エネルギー供給として近年注目を集めているコージェネであるが，わが国の場合，工場等の設備を別とすると，その有力な出発

点は熱供給事業にある．熱供給事業の発足当初,「地域集中型」という表現が用いられてきたことから分かるように，個別ビルや個別住宅における分散エネルギーシステムに取って代わるエネルギー供給形態という位置づけがなされてきたことは明らかである．したがって，個別ビル等との対比上，熱供給事業は分散型ではなく，むしろ大規模集中型であることが含意されていたわけである．そうであればこそ，熱供給事業が公益事業の1つとして位置づけられる必然性も生まれてきたのである．各家庭のセントラル・ヒーティングが個別ストーブに対してはセントラル・集中型であっても，熱供給事業から見れば個別分散システムであるという関係と類似の関係がそこにあると言える．この考え方の有効性は依然として残っていると筆者は考えているが，それにもかかわらず，ここで熱供給事業を分散型システムの1つとして議論するのは，既存の電力や都市ガスの巨大供給システムの中に熱供給システムが組み込まれるプロセスを考察する際の方向から規定されたものである．コージェネは一般的に「熱電併給」と訳されることになるが,「熱電併給」という表現の中に，既にエネルギー複合供給にからむエネルギー間の競合と協同という問題が伏在していたのである．しかし，これまで，この観点からコージェネを扱う論調は必ずしも多くはなく，コスト節約的なエネルギー供給の一形態という扱いの域を出なかった（小坂 [1999] 第3章).

　これまで述べてきた，需要サイドに力点が置かれるコージェネ型のエネルギー供給システムのあり方は，今日ブームとなりつつある風力，太陽光などを中心とした「再生可能エネルギー」を既存のエネルギー供給システム，とりわけ電力系統システムに連系するにあたって考慮すべき事柄が何であるか，を示唆している．ここでは，十分な議論ができないが，少なくとも，これら「再生可能エネルギー」開発を地産地消型の地域エネルギー利用システムとして追求するのか，それとも，電力系統を構成する一地域電源として追求するのか，という視角が必要である，という点だけは指摘しておきたい．なぜなら，現在進行しているメガソーラー主流の太陽光開発は後者を基軸として進められており，必ずしも前者を意識しているとは言えないからである．事

態がこのような方向に向いているとするならば,太陽光発電や風力発電など,地域分散型の再生可能エネルギーを開発する意義が,地域住民にとってどこにあるのか,改めて考える必要があるのではなかろうか[2]。

5. 「原発ルネッサンス」から再生可能エネルギー・ルネッサンスへ

以上,1980年代を中心としたわが国のエネルギー供給について,「脱石油」「省エネルギー」問題を基軸にして論じてきた。既に指摘したように,この時期は二度の「石油危機」を経て,わが国が「脱石油」「省エネルギー」に大きく舵を切った時期ではあるが,経済成長とそれに必要なエネルギーはそれとして確保することが前提にあっての舵きりであったが故に,太陽光や風力など,再生可能エネルギー開発はテーマとして掲げられ,一定の予算措置も取られたものの,原子力開発の突出と石炭への傾斜という流れの中で,最終的には見捨てられることとなったのである。ここから得られる教訓は,再生可能エネルギー開発は,単にアドバルーンとして掲げられるだけで進むものではなく,実効性のある支援政策が不可欠であること,そして,原子力や石炭など既存エネルギー源との比較に際しては,コストや環境負荷だけでなく,これからの地域社会の構築にとって持続可能なものであるかどうかを軸点に行われる必要があることである。

この点から見て,原子力は再生可能エネルギーにとって究極の反対物であろう。その原子力の80年代以降の動き,特に90年代の低迷期と2000年代に入っての,いわゆる「原子力ルネッサンス」の内実を探る中で,改めて,3.11以後の再生可能エネルギーの位置づけについて考えておこう。

「原子力ルネッサンス」の意味を考察するに当たり,まず原子力と再生可能エネルギーとの関係を念頭に置きつつ「原子力ルネッサンス」前夜の状況を整理しておきたい(小坂[2005]第2章)。

1999年9月30日,茨城県東海村にあるウラン燃料加工会社JCOで発生した「臨界事故」は,加工作業に直接従事した作業員2名が大量被曝のため

死亡するという大惨事となり，また，半径 350m 以内の住民避難，同じく半径 10km 以内の住民の屋内退避という対応が取られた．この事故は原子力発電の抱える問題を考えるうえで，以下のような，重要な問題提起を行っている．

1つは，原子力発電を問題とする際に，発電所本体に関わる問題と使用済み核燃料を含む発電所から排出される放射性廃棄物の処理問題については，従来から広く議論されてきた経緯があったが，発電所原子炉の燃料棒に装荷されるウラン燃料の加工過程が国内で展開され，とりわけ，その加工過程を組み込んだ工場自体が発電所とは逆に都市近郊を中心に立地してきた事実を国民に初めて認識させたことである．一部の原子力関係者には周知のことであっても，多くの市民は全く知らないか，存在自体は知っていても，その危険な内容をあらかじめ知らされていたことはないのでなかろうか．

2つには，この事故をきっかけとして，原子力を国の基幹エネルギーとして何が何でも推進するという立場は完全にトーンダウンせざるを得なくなってきたことである．2000 年 2 月に北川三重県知事が芦浜原発計画を白紙撤回するよう要請し，中部電力もこれを受け白紙撤回することになったのは，その象徴的できごとであった．もっとも原子力発電に対する安全性・信頼性を著しく損なう事件がこの時期連続して起きていた．

95 年 12 月 「もんじゅ」のナトリウム漏れ事故
97 年 3 月 動燃東海事業所の「アスファルト固化施設」で火災爆発事故
99 年 7 月 日本原電敦賀 2 号機再生熱交換器から 1 次冷却水漏れ事故
99 年 9 月 英国核燃料公社，MOX 燃料データ改竄
99 年 9 月 JCO 事故
02 年 8 月 東京電力による原子炉格納容器損傷隠し
03 年 1 月 名古屋高裁金沢支部高速増殖原型炉「もんじゅ」設置許可無効判決

終章　3.11と再生可能エネルギー・ルネッサンス　　　223

　そのほか，96年12月に，東北電力巻原発が住民投票によって否定されたことも見逃せない．
　このように，JCO臨界事故の与えた影響は計り知れないものがあり，戦後のわが国エネルギー政策を抜本的に変更させる契機となる可能性があった．さらに，問題をいっそう複雑にさせているのが，規制緩和と自由化を推進する政策と原子力開発を促進する政策が必ずしも整合性を保てないという事実が明らかになってきたことである．エネルギーの安全保障の観点から，石油より石炭や原子力が強調され，また，環境政策の観点からは，天然ガスや原子力，時には自然エネルギーが強調されるのであるが，これらはコスト的にはしばしばトレードオフの関係にあるからである．原発立地県において相次いで「核燃料税」引き上げに動いていることも，電力会社として頭の痛いところであった．
　電力自由化を推進する立場がなによりも強調していたのは，日本の電気料金が国際水準からみて，割高であり，これを引き下げることによって，日本企業の競争力を高めることであった．この安価な電力を産み出すために動員されるのが，当時のエネルギー原料価格からして，石炭火力発電となることは経済原理からいって必然であった．しかし，同時に，このことによって二酸化炭素の排出増加など，環境へのマイナス影響が深刻になることは軽視され，「自由化」だけが先行したのである．1996年度から開始された卸供給入札制度に応じてきた企業が，従来から自家発電設備を有し，しかもその設備が過剰設備となっていた企業（鉄鋼，セメント，パルプ）や，残渣油など有利な発電原料を処理しようとしていた石油精製企業であったが，これらの設備が環境負荷の点で問題視されていたことは言うまでもない．この矛盾は，1997年京都会議において，2010年に二酸化炭素排出を90年レベルまで削減するという国際公約をなし，その切り札として原子力と新エネルギーの開発推進を掲げたことによって，さらに，深まっていく（「朝日新聞」2000年4月25日）．
　京都会議で確認された二酸化炭素削減の目標達成を目指すということで，

98年6月,通産大臣の諮問機関「総合エネルギー調査会需給部会」において,2010年を目標年とする「長期エネルギー需給見通し」が策定された.そこで強調されたのは,省エネ対策とともに,原子力と新エネルギーの開発促進であった.そのうち,電力に直接関わる原子力,太陽光発電,風力発電,廃棄物発電の目標数値は,それぞれ7,000,500,30,500万kWとなっていた.原子力発電の96年度末設備容量が4,255万kWであるので,差し引き2,745万kW(百万kW級で27基相当)が必要ということになる.他方,風力発電は97年度実績で2.1万kWに対し,目標年で30万kWとなっていた.しかし,国の助成措置もあって,風力発電設備の建設が全国で相次ぎ,2002年末で41.5万kWになっており,目標年の当初目標を既に超えていた(「日本経済新聞」2003年6月15日参照).とりわけ,北海道は地の利もあり,建設計画が目白押しで,99年段階で,構想を含め50万kWが計画され,その急速な増加にあわてた北電が15万kWの買い取り上限枠を設定する事態となったほどである.建設費の2分の1から3分の1を補助するということと,電力会社が1kWhあたり11円台で買い取るという優遇措置が増大の背景にあるが,この措置を継続し,風力発電を促進するとするならば,電力会社がその負担におびえて尻込みするような制度では具合が悪い.それにしても,当初の30万kWという政府目標はいかにも低すぎたようである.2002年末時点でドイツでは,すでに1,200万kWを超えていたが,これは総発電設備中にしめる比率からすれば,わが国ではゆうに2,000万kWを超える規模に相当する.このように,目標数値と現実の整備状況の乖離を埋めるため,2001年7月の「総合エネルギー調査会総合部会・需給部会」において風力発電の2010年度目標が300万kWと改められた.

　わが国のエネルギー政策上,新エネルギーと原子力がどのように扱われているかの実状を示す象徴的な出来事が2000年に起きた.すなわち,「自然エネルギー促進法案」と「原子力立地地域振興法案」の国会での取り扱いである.超党派の国会議員で組織された「自然エネルギー促進議員連盟」が成立を目指す「自然エネルギー促進法案」は,2000年春に原案が出来上がり,

国会提出を待つだけであったが，自然エネルギーよりも原子力発電を推進する自民党内の「原発推進派」や電力会社の反対が強く，国会提出できない状況が続いた．他方，原子力発電所の立地が思うように進まないことに危機感を持った「原発推進派」は，原発立地地域に今まで以上に手厚い補助が「期待」できる制度を盛り込んだ「原子力立地地域振興法案」を国会に提出し，2000年12月に成立させたのである．先述したように，トーメンなど民間企業による風力発電設備の建設や，地域自治体などによる風力発電による地域興し運動が全国で展開されたが，国会での両法案の取り扱い，また，北海道電力が風力発電からの買い取り枠を15万キロワットに制限したのに続いて，東北電力も30万キロワットに制限するなど，電力会社の風力に対する姿勢は明らかに後ろ向きであった．加えて，経産省が実施してきた太陽光発電に対する補助制度が2002年度をもって打ち切られることになっていたが，とりあえず，この補助制度は延長されていた．しかし，財務省サイドは，この補助制度の当初目標である1kW当たり40万円のレベルまで設備価格が下がったとし，2005年度中には制度を廃止することを考えていた（「日本経済新聞」2003年8月9日参照）．確かに，風力発電とは異なり，わが国の太陽光発電の普及状況は諸外国に比べて，当時は大きく前進していた，と言えるが，期待される水準にはなお遠いものがあった[3]．

2000年代初めに始まったとされる「原子力ルネッサンス」前夜の状況は，おおよそ以上のとおりである．原子力関連の事故・事件が続く中で，原子力に対する国民の信頼が大きく揺らいでいくのに対し，京都議定書に象徴される二酸化炭素削減への取り組みが強化され，自然エネルギーへの期待は高まる一方であった．しかし，政府はこの流れに便乗する形で自然エネルギーよりも原子力こそが二酸化炭素削減の切り札である，との言辞を前面に押し出し，結果として自然エネルギーを封殺する道を選ぶのである[4]．それでも，原子力は停滞していたというのが順当な見方であろう．ここから，さらに，猛烈な原子力の売り込みが開始されるのであるが，その間の事情について，飯田哲也氏は次のように述べている．

3.11以前の日本では，メディアに「原子力ルネッサンス」といった言葉が躍り，あたかも世界全体で原発の復興期を迎えていたかのように考えられていました．ところが現実には事態はまったく逆方向にすすんでいたのです．……今後，世界的に原発は急速な縮小期を迎えていくことがはっきりとわかります．これは，初期に原発を建設した米国・日本・欧州で，いずれも原発が急速に老朽化（経年劣化）しているからです．

　従来は，日本の電力供給の30％を原子力が担ってきましたが，今後10年で約10％にまで低下することを示唆するのです．ひょっとしたら国民投票などを受けてゼロになるかもしれない．いずれにせよ今後の原子力発電は，高々10％から0％の幅にとどまらざるを得ません．これが3.11後の日本の原子力の「新しい現実」であり，エネルギー政策の「新しい前提」なのです．

　……石油価格が今後安くなることは考えにくいので，電気料金のことを考えただけでも，原子力発電の減少分を化石燃料で補うという選択肢はあり得ないと考えられます．

　……しかも地球温暖化問題があります．

　……日本国内では，政府や電力会社などが「原子力ルネッサンス」という掛け声をばらまきながら原発推進に力をいれてきましたが，……「原子力ルネッサンス」どころか，世界全体では原子力発電が退潮する傾向がはっきりとあらわれているのです（飯田［2011］31-8ページ）．

　さらに，長谷川公一氏は次のように言う．

　原子力発電は「安くて，クリーンで安全な（cheap, clean and safe）」発電であるという「神話」は，アメリカやドイツなどでは1970年代半ばにすでに破たんしていた．

　アメリカでは原発の新規発注は，スリーマイル島事故前年の1978年を最後に途絶え，しかも1974年以降発注された原子炉は，1基も完成していない．息子のブッシュが大統領に就任した2001年から喧伝されるようになった「原子力ルネサンス」でもっとも注視されたのは，アメリカで原発の発注が再開され，30余年ぶりに建設工事が開始へと至るか，否か，だった．法人税控除などの優遇措置をあてこんで，ブッシュ政権末期までに駆け込み的に原発新設計画が30基分もつくられたが，11年6月末段階で，建設工事は1基も始まっていない．後述のように2010年時点で撤退が目立ち始めていた．それに追い打ちをかけたのが

終章 3.11と再生可能エネルギー・ルネッサンス

フクシマ事故である．……

<u>79年のスリーマイル島事故をきっかけにアメリカでは原子力離れが始まったという趣旨の記述をしている文献が多いが，それは正確ではない．アメリカの場合，原発離れは70年代半ばにすでに始まっていたのである．……スリーマイル島事故はそれを決定的に加速したというのが正確な理解である．経済的リスクの大きさという問題はそれ以前に顕在化していたからである．</u>

2001年，息子のブッシュ……温暖化対策を好機として，また石油や天然ガスなどのエネルギー価格の急騰を背景に，アメリカやヨーロッパで，また日本で「原子力ルネッサンス」の掛け声がかまびすしくなった．

日本では，これまでの電力の安定供給に加えて，運転中は二酸化炭素を排出しないとして，原子力発電を推進する新たな口実に地球温暖化対策が使われるようになった．

2005年，東芝はイギリスのBNFL（英国核燃料公社）が売却したウエスチング・ハウス社（WH）の原子力部門を落札し子会社化し，世界一の原子炉メーカーとなった．WHはGEのライバル……倒産寸前のBNFLが手放した，つまり背後にいるイギリス政府が見放した落日のWHの原子力部門を，原子力ルネッサンスを期待して，予想の倍以上の50億ドルで買収したのが東芝である．……日立製作所は，2006年，東芝に対抗するようにGEの原子力部門と事業統合をはかった．WHの落札で東芝に敗れた三菱重工は，加圧水型炉のメーカーであるフランスの国策会社アレバ・グループと提携した．……

原子炉の受注減という危機に直面した米仏のプラントメーカーを救済し，原子力業界再編の主役となって，原子力ルネッサンスによるビジネス・チャンスを拡大する——日本の原子力プラントメーカー3社いずれもがこの方向に賭けたのである．

東芝はじめ3社とも，フクシマ事故後も強気だが，原子力ルネッサンスのトップランナーを目指した3社の選択は，カードゲームでいえばジョーカーを引いたことにはならないだろうか．

80年代から風力発電に熱心な三菱重工をのぞくと，……原発一辺倒の両社は，フクシマ事故後にどのような軌道修正をはかるのだろうか．

2010年12月時点で，世界全体で運転中の商業原子炉は443基（IAEAによる．「もんじゅ」などの長期休止分をのぞく）．

1990年代以降は，欧米では原子力離れが進んでいる．原子力ルネッサンスが喧伝されたものの，15年間の実績は，フィンランドとフランスでそれぞれ建設中

の1基ずつにとどまる.

　しかもフクシマ事故によって，原子力ルネサンスは一夜で消し飛んだと言われている．……日本政府の狙いは，政府がODAとして資金を提供し，電力会社が技術援助するような形でベトナムやインドあるいは中国に原発を建てて，それによる温室効果ガスの削減量を日本の削減分にカウントすることにあった．……日本の主張には，本国では原発が安いと言いながら，途上国では原発が高くつくということを証明しなければならないという矛盾がある（長谷川［2011］第2章参照）．

　飯田，長谷川両氏は，原子力開発に対して否定的な立場から，「原子力ルネッサンス」の虚構性を明らかにしていると言える．それに対して，「原子力ルネッサンス」が生じ来る基本的な背景について，やや「客観的」な説明を加えているのが橘川武郎氏である．橘川氏は，次のように述べている．

　　1970年代に急増した9電力会社の原子力開発投資（原子力拡充工事資金実績）は，1980年代前半をピークにして1980年代後半から減少し始め，1990年代前半には9電力会社の火力開発投資（火力拡充工事資金実績）を下回るようになった．また，……
　　このように1980年代後半以降の日本では，「大原子力時代」にかげりが生じ，原子力開発のペースが明らかにダウンした．これは日本に限られた現象ではなく，諸外国においても原子力開発のペースがスローダウンした．それをもたらしたのは，1986年4月のソ連・チェルノブイリ原子力発電所事故をきっかけとする国際的な原子力反対運動の高まりであった．……
　　もちろん，1986年以降の時期にも，……新増設は継続した．……1974〜85年度に九か所にのぼった新規立地は，1986〜94年度には二か所にとどまった．その二か所も，それまで9電力会社のなかで原子力開発の点で取り残されていた北海道電力と北陸電力が，それぞれ泊原子力発電所と志賀原子力発電所を運転開始したものであった．早くも，1986〜94年度には，わが国で原子力発電所を新規立地することは，困難になったのである．
　　1986〜94年の時期の日本では，原子力開発がペースダウンするなかで，核燃料サイクルの構築をめざす動きも，当初の予定通りには進展しなかった．
　　しかし，1990年代後半になると，日本の原子力開発にとって，影の側面と呼

ぶべき事象が，相次いで現出するにいたった．それは，ひとまず，次の2点にまとめることができる．

　第1に，国内外の原子力発電関連施設でいくつかの重大事故が発生し，原子力開発の安全性に対する信頼が揺らいだ点を，指摘しなければならない．

　第2に，核燃料サイクルの確立が，当初の時期と異なり，十分な進展をみせなかった点も，問題である．……特に，1995年の事故で動燃の高速増殖炉原型炉「もんじゅ」が運転を停止したため，国のプルトニウム利用政策は，根本的な再検討を迫られることになった．

　一方，1980年代後半以降の時期には，原子力発電の社会的機能が新たな角度から注目されるようになった．二酸化炭素排出量削減に原子力発電が貢献するという機能である．

　日本において，原子力開発をめぐる影の側面が光の側面より前面に出る状況は，2000年代初頭にも継続した．例えば，2002年夏には，東京電力による原子力発電トラブル隠蔽事件が発覚した．

　2003年以降の時期，影は続いた．

　ただし，ここで注目すべき点は，2003年以降，光の側面が前面に出るようになったことである．その理由は，二つある．

　第1は，二酸化炭素排出量削減策として，1997年12月「京都議定書」が採択されたことが重要な意味をもった．

　第2は，原油価格上昇の影響を緩和するエネルギー・セキュリティの確保策として，原子力開発が有効であることが実証されたことである．

　ここで指摘した二つの要因は，日本だけでなく，諸外国においても基本的には同様に作用した．そのため，2003年ごろから世界的規模で，それまでの「原発離れ」が後景に退き，「原発回帰」の動きが目立つようになった．……2003年フィンランド，2004年フランスで新規発注があり，天然ガスシフトを強めていたイギリスでも，2007年のエネルギー白書において「原子力発電のオプション確保」を確認した．アメリカでも，包括エネルギー政策法が原子力開発の積極化を明確に打ち出し，アジアでも原子力発電所の建設計画が目白押しであり，2003年ごろから世界的規模で，「原子力ルネサンス」と呼ばれる状況が現出したのである．

　2004年の『核燃料サイクル政策についての中間とりまとめ』結論に基づいて，日本政府は，2005年10月に『原子力政策大綱』を閣議決定し，バックエンド問題に関して再処理方式の堅持を再確認した．また，同月には，再処理に必要な資

金を電気料金の一部として徴収し積み立てる仕組みを構築する目的で，使用済み燃料再処理積立・管理法が施行された．再処理工場は，その後いく度も竣工が延期され，2011年6月時点でいまだに完成をみていない．

　原子力ルネサンスの動きは，その後も加速した．例えば，経済産業省は，2006年5月に発表した『新・国家エネルギー戦略』のなかで，原子力開発をエネルギー・セキュリティ確保にとっての要件として高く位置づけ，「原子力立国計画」をとりまとめた．

　2005年12月には，12年ぶりの新規立地となる東北電力の東通原子力発電所1号機（110万kw）が運転を開始した．また，2009年12月に九州電力玄海原子力発電所3号機，2010年3月に四国電力伊方原子力発電所3号機，2010年10月に東京電力福島第1原子力発電所3号機，2011年1月関西電力高浜原子力発電所3号機で，それぞれ，プルサーマル発電での営業運転が開始された．

　以上見てきた，飯田，長谷川，橘川各氏の叙述から，「原子力ルネッサンス」と呼ばれていた実態がおおよそ何を意味するか理解できる．それを要約するならば，次のようになろう．原子力開発利用は，20世紀の終わりまでには，既に低迷・縮小期に入っていたこと，そして，度重なる事故・事件によって国民の信頼を失い，この傾向を加速していたことがまず底流にあったことが第1である．第2に，電力自由化の流れは基本的に原子力開発にとって向かい風となることから，原子力開発を推進する立場から自由化にブレーキがかけられたことである．第3に，自然エネルギー推進の立場と新電力からの自由化圧力を封じ，原子力の存在意義をアピールするためには，原子力エネルギーの環境貢献性，価格貢献性そして安全保障貢献性をうったえる以外になく，その掛け声として「原子力ルネッサンス」という象徴的な言葉に飛びついたということである．しかし，「ルネッサンス」と呼んだことからして，既に原子力が下火となっていたことを認めていることになるのは皮肉である．2007年に東京電力柏崎刈羽原子力発電所が新潟中越沖地震によって甚大な影響を被った時点で今少し立ち止まる思慮があれば，というのは結果論的な言い方になるが，ともあれ，最終的には3.11と福島第一原発事故がこの「原子力ルネッサンス」を跡形もなく粉砕してしまったようである[6]．

この結果，2011年3月11日の東日本大震災と福島第一原発事故は，わが国の社会・経済のあり方に根本的な見直しを提起することになる．そのインパクトを無視する人はまずいないが，軽視する人は多い．震災と原発事故の被害から復旧すれば，元のわが国に戻れると善意から思っている人も多いであろう．しかしながら，3.11の前後を連続した映像として収めることは，そこにある大きな落差を意図的に捨象することによって初めて可能となるのではないだろうか．人々の生活を律する枠組みそのものが既に変化しつつあるにもかかわらず，依然として，経済成長論的，経済効率主義的主張が続けられるとするならば，それは現実にあえて目を向けないか，さもなければ，これまで依拠してきた自己の思想や理論が依然として正しく，むしろ現実が間違っていると断罪するような思考回路があるかのどちらかであろう．

　3.11以後，原子力に対する風当たりはかつてなく強く，原発の本格的商用化以来，はじめての全原発停止という事態を経験したわが国であったが，大飯原発の再稼働を含め原発を再び前面に押し出したい推進派は依然としてその勢力を保っているように見受けられる．しかし，既に指摘したように，現時点においては推進派の前線は相当に後退を余儀なくされた，と見るのが順当なところであろう．原発新設の見込みがなく，もんじゅの完成もほぼ絶望的であり，また六ヶ所村の再処理工場も計画通り進まないうえ，再処理後の核廃棄物の最終処分場が決まっていない等々，原発を維持していく技術的，設備的な枠組みは何ひとつ満足のいくものがないからである．そして，何よりも，福島原発事故を直接・間接に目の当たりにした国民が原発事業に挙手傍観することはないからである．原発がその運転を停止するのは時間の問題であり，廃炉事業や使用済み燃料の処理事業をいかに安全に遂行するかという問題が残されているとはいえ，「原発対再生可能エネルギー」の闘いそのものは既に勝負がついているのである．これまで見てきた経過から言えるのは，「原子力ルネッサンス」は原子力推進の立場からの期待表現以上のものではなく，むしろ，80年代にきっかけを与えられながらも，結局は原子力と石炭に押しつぶされてきた「再生可能エネルギー」が，3.11後に文字通り

復活を遂げつつあると言うべきであり,「再生可能エネルギー・ルネッサンス」と呼ぶべき事態が進行しているのである.もっとも,一度よい思いをした人間は,その味をなかなか忘れられないものであり,自らその権益を投げ出すことができない.当然,抵抗することになるが,歴史の流れを変えることはできない.

　市場主義にとって,財・サービスをいかに安く提供（購入）するかがもっとも大事な点である.したがって,本当の市場主義者であれば原発を推奨することはない.建設費,運転費,廃炉費用,バックエンド費用等々,総合的に見て原発がコスト的に他の電源に最終的に勝てる見込みは乏しいからである.補助金その他の補塡装置が働いて初めて原発は「競争的」となり得るだけである.つまり,国策あるいは国民の広い支持がなければ,原発が存続することはあり得ないのである.その意味では,原発は既に国民から見限られつつあるのであるから,これを電力会社が断念・放棄することは抵抗が少ないであろう.また,電力会社自身も,原子力を捨てることによって負担が軽くなり,化石エネルギー中心の新電力との競争も優位に展開できると踏んでいるようにも思われる.たとえば,各電力会社が原子力を保持するか見限るか,その選択はあくまでも経営判断によるべきであり,現状のような国策民営は望ましくない.場合によっては,国営でやるのが抜本的解決になる,と橘川氏は指摘している（橘川［2011a］146-9, 184-6ページ参照).

　原子力をひとまずおいたとして,既存電力会社同士が競争し,そして既存電力会社が新電力および再生可能電力と競争する姿を想定すると,新電力および再生可能電力が独占的な既存電力と戦う構図となり,それ故,前二者は既存電力に対して「共同戦線」を張ることになろう.一方は,もっぱら石炭・天然ガスによって,他方は再生可能エネルギーによって戦うという「武器」の違いはあれ,相手は共通である.こうした「共同戦線」のさしあたっての目標が「送電線開放」ということになる.ただ,第5章で見たように,それぞれの論者が,「送電線開放」をどのような実態のものと考えて発言しているのかは必ずしも明瞭でないことが問題である.既存電力会社から送電

終章　3.11と再生可能エネルギー・ルネッサンス　　　233

線を切り離し，発電事業者の誰でもが利用・接続できるようにすることが自然エネルギー等の普及にとって不可欠であると主張されることが一般的である．その場合，切り離された送電線は誰が所有し，誰が管理するのか，送電線を管理するとはどのような意味か，十分検討された上で意見表明する形にはなっていないのではないか，と筆者には思われる．橘川氏はこうした送配電分離には慎重である．着地点は別ではあるが，慎重であるべきだとする点は筆者と同じである．既に見てきたように，3.11後のわが国において，「送電線開放」あるいは「発送電分離」という用語が広く飛び交うようになってきた．この問題で国民的議論が起こること自体は歓迎されることであるが，議論の交通整理をしておかないと，成果が乏しいことになるのでは，と危惧するものである．この点で，公益事業学会政策研究会主催のシンポジウム「パラダイム転換期のエネルギー事業構造の再構築」2012年2月29日，於慶応義塾大学におけるパネラー（澤昭裕，八田達夫，南部鶴彦，飯田哲也，司会・井手秀樹）諸氏による討論が興味深い．いずれにしても，この議論に際しては，電気財の特殊性（現在進行形の物理現象それ自体が財であること）を前提にする必要があると言える．その意味で，南部編［2003］および飯島［2001］を参照したいところである[7]．

　筆者は，もちろん，3.11後の電気事業を含むエネルギー供給システムの再構築には賛成である．そして，再構築に向けて国民的な議論が求められていることも明らかである．その際，原子力や化石エネルギー，あるいは再生可能エネルギーに対してさまざまなスタンスが存在することを認めなければならないと考えている．また，既存の系統システムと地域に立脚した分散型システムの連系を再構築することがシステム設計上，最も重要なことと考えるものである．したがって，「送電線」を含めて，系統電力システムと地域分散型電力システムの有機的結合をいかに実現するかということが，今後の電力システムを考える際のキーポイントとなるものであり，「送電線」だけを分離して議論することに筆者は反対である．電力システム総体がインフラとしての公共空間であるという認識を欠く提案が真の改革に結びつくことはな

いと考えるからである．

　本章は，原子力と再生可能エネルギーの対抗関係を基軸に議論を展開したため，「再生可能エネルギー・ルネッサンス」という表現を用いた．しかし，わが国におけるエネルギー供給の現状からするならば，原子力が完全にフェードアウトし，再生可能エネルギーが供給の大宗を賄えるようになるまでの間，石油・石炭・天然ガス等に依拠する時代が，しばらくは続くことを冷静に見ておくべきであろう．その時間は，上述のエネルギー転換の達成スピード如何ということになる．したがって，これらの化石エネルギーの効率的利用の道を更に開くべきであるというのが筆者の考えである．また，ここに「コージェネレーション」の意義があるのであり，とりわけ都市エネルギー供給にとっては決定的な問題である．紙数のこともあり，この点十分議論できていない．他日を期したい．いずれにしても，これらの問題を考えるにあたっても，一般論から出発するのではなく，現在のわが国においては，福島県と福島県民の思いを出発点に議論をかみ合わせることが肝要であることを，最後に改めて指摘しておきたい[8]．

注

1) コージェネ導入をめぐる法的条件の整備問題については，アメリカやドイツとの比較も考慮した藤原淳一郎氏の一連の論考がある．藤原［1983；1986；1984；1985；1987a；1987b；1990］．なお，この問題を含め，氏の現時点でのエネルギー法研究の集大成として藤原［2010］がある．
2) この点について精力的な活動と提言を続けているのが飯田氏である．飯田・佐藤・河野［2011］，飯田［2011］参照．
3) 「自然エネルギー促進法」自体は成立を見なかったが，超党派の議員による運動を経産省・資源エネルギー庁も無視することはできず，2002年5月に「電気事業者による新エネルギー等の利用に関する特別措置法（新エネ利用特措法）」を施行することになる．しかし，飯田氏によれば，同法は自然エネルギーを普及・促進することを最初から考えていない「新エネルギー特別"阻止"法」であった．その後，後述の「原子力ルネサンス」が吹聴されるが，それにもかかわらず，自然エネルギー普及への幅広い取り組みが続けられ，2011年3月11日の午前中に「再生可能エネルギー全量買取法案」が閣議決定され，その後8月に国会で成立，2012年7月から施行されている．この間の，議員，官僚，学者，市民の生々しい

終章　3.11と再生可能エネルギー・ルネッサンス　　　235

やり取りについて，当事者でもあった飯田氏が詳しく紹介している（飯田［2011］128-58ページ参照）．
4)　この間の事情については，吉岡氏が詳しく分析しており，筆者も氏から多くを学んでいる（吉岡［2011］特に第6章を参照のこと）．
5)　橘川［2011b］第2章3，4参照．原子力を推進する立場ではあるが，この「原子力ルネッサンス」を意外と冷静に見ているのが鈴木達治郎氏である．氏は北米やヨーロッパはリプレース需要が見込まれるという点が「ルネッサンス」の内容であり，むしろ「生存競争」というべきである．現状のままでは原子力の貢献度は減少する可能性が高い．また，新規導入はアジアが中心となり，これをめぐる原子力産業の国際的再編が進んでいる，としている（鈴木［2008］）．
6)　2007年7月16日の新潟中越沖地震によって，東京電力柏崎刈羽原子力発電所2，3，4，7号機が停止した（1，5，6号機は定期検査中であった）．
7)　このシンポジウムの概要については，『公益事業研究』第64巻第1号，2012年7月所収参照．また，送電線問題について，丹念な研究を重ねている矢島正之氏の著作にも注目したい（矢島［2012］）．
8)　3.11後の福島県が既存エネルギーと再生可能エネルギーとの間で模索を続けている様子が大藤氏によって紹介されている（大藤［2012］参照）．

参考文献

明石昇二郎［2011］「福島取材で試される報道機関の存在理由」『朝日ジャーナル』緊急増刊号，6月

浅賀幸平［1974］「アメリカ電気事業と反トラスト問題―オッターテイル電力事件を例に―」『公益事業研究』第26巻第1号

荒井政治・内田星美・鳥羽欽一郎編［1982］『産業革命の技術』有斐閣

飯島昭彦［2001］『電力系統（ライフライン）崩壊―自由化への警鐘』エネルギーフォーラム

飯田哲也［2011］『エネルギー進化論―「第4の革命」が日本を変える』ちくま新書

飯田哲也・佐藤栄佐久・河野太郎［2011］『「原子力ムラ」を超えて―ポスト福島のエネルギー政策』NHKブックス

飯倉穣［2011］「発送電分離にメリットなし」『エネルギーフォーラム』10月号

稲葉振一郎［2008］『「公共性」論』NTT出版

井野博満編［2011］『福島原発事故はなぜ起きたか』藤原書店

井堀利宏［1996］『公共経済の理論』有斐閣

井堀利宏［1998］『公共経済学』新世社

植草益編［1994］『講座・公的規制と産業①電力』NTT出版

植田守昭［1990］「"石炭"多消費産業は同地球環境と調和できるか―エネ供給産業への可能性も含めて―」『エネルギーフォーラム』9月

後房雄［2009］『NPOは公共サービスを担えるか』法律文化社

内橋克人［2011］『日本の原発，どこで間違えたのか』朝日新聞出版

大泉英次・山田良治編［2003］『空間の社会経済学』日本経済評論社

大島堅一［2010］『再生可能エネルギーの政治経済学』東洋経済新報社

大島堅一［2011］『原発のコスト―エネルギー転換への視点』岩波新書

大藤建太［2012］「福島における震災前後のネルギー動向―既存電源の重要性と再生可能エネルギーへの期待―」『公益事業研究』第64巻第2号，11月

奥野信宏［1996］『公共経済学』岩波書店

奥村宏［2005］『最新版・法人資本主義の構造』岩波現代文庫

小野崎保［1990］「鉄鋼業におけるエネルギー消費動向」『エネルギー経済』第16巻第5号，5月

小野塚知二編著［2009］『自由と公共性―介入的自由主義とその思想的起点―』日本経済評論社

開沼博［2011］『「フクシマ」論　原子力ムラはなぜ生まれたか』青土社
片岡寛光［2002］『公共の哲学』早稲田大学出版部
上条勇［1987］『ヒルファディングと現代資本主義―社会化・組織資本主義・ファシズム―』梓出版社
川村泰治［1975］「電力問題―その技術と経済」日本科学者会議編『現代人の科学　第2巻　エネルギーの技術と経済』大月書店
岸井大太郎［2000］「電力改革と独占禁止法―託送と不可欠施設（エッセンシャル・ファシリティ）の法理―」『公益事業研究』第52巻第2号，12月
北原勇［1984］『現代資本主義における所有と決定』岩波書店
橘川武郎［2011a］『東京電力・失敗の本質―「解体と再生」のシナリオ―』東洋経済新報社
橘川武郎［2011b］『原子力発電をどうするか』名古屋大学出版会
木船久雄［2002］「海外事例から見た電力規制緩和"失敗の教訓"」『エネルギーフォーラム』3月号
熊木源次郎［2010］「失われた14年と9000億円　高速増殖炉"もんじゅ"の悲劇」『エネルギーフォーラム』5月号
倉田稔［1975］『金融資本論の成立―ヒルファディングと帝国主義論史―』青木書店
栗原東洋編［1964］『現代日本産業発達史　III 電力』現代日本産業発達史研究会
黒滝正昭［1995］『ルードルフ・ヒルファーディングの理論的遺産―「金融資本論」から遺稿まで―』近代文藝社
小出裕章［2011a］『原発はいらない』幻灯舎ルネッサンス新書
小出裕章［2011b］「ブラックアウトは何故起きたか」『世界』6月号
公益事業学会政策研究会シンポジウム［2012］「パラダイム転換期のエネルギー事業構造の再構築」『公益事業研究』第64巻第1号，7月
小坂直人［1999］『第三セクターと公益事業』日本経済評論社
小坂直人［2005］『公益と公共性』日本経済評論社
小坂直人［2009］「公益事業と公共性に関する一考察」北海学園大学『経済論集』第57巻第1号，6月
小坂直人［2011］「新しい『公共』の『新しさ』について」北海学園大学『経済論集』第58巻第4号，3月
小坂直人［2012］「共同体・国家および公共性について（研究ノート）」北海学園大学『経済論集』第60巻第2号，9月
ゴットシャルヒ，W.［1973］保住敏彦・西尾共子訳『ヒルファディング―帝国主義とドイツ・マルクス主義―』ミネルヴァ書房
小林圭二［2011］「遠のく高速増殖炉と無意味なプルサーマル」「科学」編集部編『原発と震災』岩波書店
小林健一［1994］『TVA 実験的地域政策の軌跡』御茶の水書房
齋藤純一［2000］『公共性』岩波書店

佐々木毅・金泰昌編［2001］『公と私の思想史』（公共哲学1）東京大学出版会
佐高信［2011］『原発文化人50人斬り』毎日新聞社
資源エネルギー庁編［1990］『石油代替エネルギー便覧』平成2年版
資源エネルギー庁長官官房企画調査課編［1988］『総合エネルギー統計』昭和63年度版
自治体問題研究所編［1998］『自治体の［市場化］』自治体研究社
信濃毎日新聞社編［1989］『エネルギー複合時代がやってくる』ダイヤモンド社
清水修二［1994］『差別としての原子力』リベルタ出版
清水修二［2011］『原発になお未来を託せるか』自治体研究社
清水修二［2012］『原発とは結局なんだったのか―いま福島で生きる意味―』東京新聞
陣野俊史［2011］『世界史の中のフクシマ―ナガサキから世界へ―』河出書房
鈴木達治郎［2008］「原子力ルネッサンスの光と影」東大原子力・システム量子工学専攻同窓会，第44回イブニングセミナー，11月12日
STOP-ROKKASHOプロジェクト［2007］『ロッカショ　2万4000年後の地球へのメッセージ』講談社
田代洋一［2008］「2007年度秋季学術大会共通論題趣旨説明」『歴史と経済』第199号，4月
田中重好［2010］『地域から生まれる公共性』ミネルヴァ書房
田渕直子［2009］『農村サードセクター論』日本経済評論社
田村信一［2011］「書評：小野塚知二編著『自由と公共性―介入的自由主義とその思想的起点―』日本経済評論社，2009年」『歴史と経済』第213号，10月
通産省編［1986］『エネルギー'86』電力新報社
都留重人［2006］『市場には心がない―成長なくて改革をこそ』岩波書店
電気事業講座編集委員会編［2007a］『電気事業講座第3巻　電気事業発達史』エネルギーフォーラム
電気事業講座編集委員会編［2007b］『電気事業講座第7巻　電力系統』エネルギーフォーラム
電気事業講座編集委員会編［2007c］『電気事業講座第15巻　海外の電気事業』エネルギーフォーラム
電気事業連合会統計委員会編［2010］経済産業省資源エネルギー庁電力・ガス事業部監修『電気事業便覧（平成22年版）』オーム社
電気新聞編［2003］『電力自由化―そこが知りたいQ&A　新制度の徹底解説』（社）日本電気協会新聞部
東京電力社史編集委員会編［1983］『東京電力三十年史』東京電力
豊福裕二［2012］「書評：山田良治著『私的空間と公共性―『資本論』から現代をみる―』」『歴史と経済』第215号，4月
中嶋信［2007］『新しい［公共］をつくる―参加型地域づくりの可能性』自治体研究

社
中村太和［2001］『自然エネルギー戦略―"エネルギー自給圏"の形成と市民自治』自治体研究社
中村太和［2010］『環境・自然エネルギー革命―食料・エネルギー・水の地域自給』日本経済評論社
西廣泰輝［1990］「コージェネはなぜ普及しないのか―不毛な制度論議を越えて―」『エネルギーフォーラム』9月
日本エネルギー経済研究所編［1982］『日本エネルギー読本』第2版，東洋経済新報社
日本エネルギー経済研究所計量分析ユニット編［2011］『エネルギー・経済統計要覧(2011年版)』
日本鉄鋼連盟［1984］『日本の鉄鋼業』昭和59年版
沼尻晃伸［2009］「2008年度秋季学術大会共通論題問題提起」『歴史と経済』203号，4月
長谷川公一［2011］『脱原子力社会へ』岩波新書
原田三郎編［1975］『資本主義と国家』ミネルヴァ書房
樋口陽一［1994］『近代国民国家の憲法構造』東京大学出版会
久道義明［2009］「公共的な社会を構築するための基本的な視座―西欧社会思想史にみる公共性の概念―」北海学園大学『経済論集』第57巻第2号，9月
久道義明［2010］「公共的な社会の構築に関する一考察―ゲーム理論及び行動経済学からのアプローチ―」北海学園大学『経済論集』第57巻第3号，12月
平田賢［1990a］「コージェネレーションのすすめ―エネルギーの総合利用システムとは―」エネルギー資源研究会編『エネルギーと未来社会』(財)省エネルギーセンター
平田賢［1990b］「新エネルギー普及への政策課題を提起する―電力負荷平準化のためにも分散電源利用を！―」『エネルギーフォーラム』8月
藤田祐幸［2011］『もう原発にはだまされない―放射能汚染国家・日本　絶望から希望へ』青志社
藤原淳一郎［1983］「地域分散型石油代替エネルギー導入の法的問題―電気事業法・ガス事業法への影響を中心として―」『公益事業研究』第35巻第1号，9月
藤原淳一郎［1984］「電気事業の多角経営化と電気事業法」『エネルギーフォーラム』1月
藤原淳一郎［1985］「西独・電気事業と自家発との協定」『エネルギーフォーラム』8月
藤原淳一郎［1986］「電気事業における独占と競争―熱電併給自家発の日独法比較―」『公益事業研究』第38巻第1号，9月
藤原淳一郎［1987a］「エネルギー競合の進展と『供給責任』」『エネルギーフォーラム』3月

藤原淳一郎［1987b］「コージェネレーション法制度の今後の課題」『エネルギーフォーラム』12月
藤原淳一郎［1990］「西独における自家発と電気事業者の関係」『エネルギーフォーラム』10月
藤原淳一郎［2001a］「法・制度面からカリフォルニア電力危機に学ぶ＝組織を分離すれば後戻りできない，慎重かつ安全弁備えた制度設計を」『月刊エネルギー』3月
藤原淳一郎［2001b］「欧州におけるエッセンシャル・ファシリティ論の継受(1)(2)」慶応大学『法学研究』第74巻第2, 3号, 2, 3月
藤原淳一郎［2010］『エネルギー法研究―政府規制の法と政策を中心として―』日本評論社
保住敏彦［1984］『ヒルファディングの経済理論―金融資本・帝国主義・組織資本主義を巡って―』梓出版社
北海道経済産業局・資源エネルギー環境部電力事業課［2010］『平成21年度北海道電力需給概況』第62号, 6月
北海道経済産業局・資源エネルギー環境部電力事業課［2011］『平成22年度北海道電力需給実績（確報）』, 8月
松下啓一［2002］『新しい公共と自治体』信山社
松葉正文［2006］『現代日本経済論―市民社会と企業社会の間―』晃洋書房
間宮陽介［1997］「公共空間こそが市場を制御する」内橋克人編『経済学はだれのためにあるのか』岩波書店
間宮陽介［2002］「経済学の観点から見た公私問題」『公と私の社会科学』（公共哲学2）東京大学出版会
丸山真弘［1997］「ネットワークへの第三者アクセスに伴う法的問題の検討―いわゆるエッセンシャル・ファシリティの法理を中心に―」『公益事業研究』第49巻第1号, 10月．
丸山真弘［1998］「ネットワークへの第三者アクセスに対する事業法からの規制の整理―アメリカの事例を中心として―」『公益事業研究』第50巻第1号, 10月
みずほ総合研究所［2011］「製造業の海外展開について―日本の製造業は『空洞化』しているのか」『みずほリポート』, 3月
三橋良士明・榊原秀訓編著［2006］『行政民間化の公共性分析』日本評論社
宮本憲一［1967］『社会資本論』有斐閣
村岡俊三［2010］『グローバリゼーションをマルクスの目で読み解く』新日本出版社
室田武［1993］『電力自由化の経済学』宝島社
森岡孝二［2005］『働きすぎの時代』岩波新書
森反章夫［1999］「公共性へのもう一つの視点」日本経済評論社『評論』8月．
森宜人［2009］『ドイツ近代都市社会経済史』日本経済評論社
矢島正之編［1999］『世界の電力ビッグバン―世界の電力経営を展望する―』東洋経済新報社

矢島正之［2003a］「電力自由化が設備形成に及ぼす影響」『エネルギーフォーラム』10月号
矢島正之［2003b］「電力自由化モデルの諸類型とその評価」『公益事業研究』第55巻第2号，12月
矢島正之［2007］「電力市場の自由化」藤原淳一郎・矢島正之監修『市場自由化と公益事業―市場自由化を水平的に比較する―』白桃書房
矢島正之［2012］『電力政策再考―エネルギーの市場自由化・環境問題の解決・供給保障の整合性確保のために―』産経新聞社
矢島正之，ロバート・グラニア［2003］「大幅に後退する米国電力自由化事情」『エネルギーフォーラム』6月号
山口定・佐藤春吉・中嶋茂樹・小関素明編［2003］『新しい公共性―そのフロンティア―』有斐閣
山崎怜・多田憲一郎編［2006］『新しい公共性と地域の再編―持続可能な分権型社会への道』昭和堂
山田良治［2010］『私的空間と公共性―『資本論』から現代をみる―』日本経済評論社
山脇直司・押村高編［2010］『アクセス公共学』日本経済評論社
山脇直司［2011］『公共哲学からの応答― 3.11 の衝撃の後で』筑摩書房
吉岡斉［2011］『新版原子力の社会史―その日本的展開―』朝日新聞出版
吉田文和［2011］『グリーン・エコノミー』中公新書
吉田文和［2012］『脱原発時代の北海道』北海道新聞社

Berle, A.A. and G.C. Means [1932] The Modern Corporation and Private Property, New York（北島忠男訳『近代株式会社と私有財産』文雅堂書店，1958年）
Harbermas, Jürgen [1990] Strukturwandel der Öffentlichkeit, Suhrkamp（ハーバーマス［1994］細谷貞夫・山田正行訳『公共性の構造転換』未来社）

「原発と人間」［2001］『朝日ジャーナル』緊急増刊号，6月
「特集・原発」［2011］『週刊ダイヤモンド』5月

あとがき

　本書の叙述を終えるにあたって，一方で，一抹の無力さを感じざるを得ないというのが，筆者としての率直な気持ちであるが，他方で，だからこそ，「公共性」の論議をさらに深めなければならないという思いも一層強くなっている．わが国のエネルギー政策をめぐって「原子力か再生可能エネルギーか」という選択が争点であるかのように議論が紹介されているが，既に述べたように，筆者はこの点はもはや争点ではなく，意図的に「争点化」されているにすぎないと考えている．少なくとも，生命活動と調和が困難な核エネルギーの本質と現状の技術水準から考えて，原子力が近未来の基幹エネルギー足り得ないことは明瞭だからである．したがって，肝心要の問題は，むしろ再生可能エネルギーの普及のためにいかに資金や技術等を振り向ける社会システムを作り上げることができるか，また，その社会システムが地域社会の持続可能性と有機的に結びついているかどうかという点にある．さらに言うと，このシステムが構築されるまでの間に，なお依拠し続けなければならない化石エネルギーの効率的利用システムの構築という点をなおざりにしないことが重要であろう．

　本書は，筆者がこの間執筆してきた論考を基礎にして，若干の補正を行ったうえで，まとめたものである．参考までに，初出を示すならば，以下のとおりである．

序　章　東日本大震災と福島原発事故が問うもの（書き下ろし）
第1章　経済から見る公共性（「新しい「公共」の「新しさ」について」北海学園大学『経済論集』第58巻第4号，2011年3月）
第2章　共同体・国家および公共性（「共同体・国家および公共性について」北海学園大学『経済論集』第60巻第2号，2012年9月）

第3章 私的空間と公共性（「公共性は私的空間をいかに取り込むか」北海学園大学『経済論集』第60巻第4号，2013年3月）
第4章 福島原発事故と日本のエネルギー政策（「福島第1原発事故と日本のエネルギー政策の論点」北海学園大学『開発論集』第89号，2012年3月）
第5章 福島県と電源立地問題（「福島県と送電線問題」北海学園大学『経済論集』第59巻第4号，2012年3月）
終　章 3.11と自然エネルギー・ルネッサンス（「3.11と自然エネルギー・ルネッサンス」北海学園大学『経済論集』第60巻第4号，2013年3月．ただし，一部「省エネルギー経済についての予備的考察」北海学園大学『経済論集』第38巻第4号，1991年3月を利用）

　第1章から第3章までと第4章から終章までの部分は性格が異なる．前者は経済学を論ずる際に「公共性」をどのように位置づけるべきかを考察したものであり，後者は福島原発事故を受けて活発化している電気事業の再構築をめぐる議論をこの「公共性」視角から捉えなおす試みである．筆者の意図がどこまで実現できているか，読者の判断を待ちたいが，あえて両者を一書に取り込んだ意図を汲んでいただければ幸いである．

　2012年7月から始まった再生可能エネルギーの「固定価格買取制度」によってメガソーラーの設置申請が急拡大する状況の中で，家庭用など小規模ソーラーの設置は今一つ伸びを欠いている．また，風力など，その他の再生可能エネルギーの開発は，残念ながら遅れている状況である．この現行制度は当面は続く見とおしのようであるが，地域エネルギーの「地産地消」型システムとの連動はまだ先のことになりそうな気配である．
　このことに加えて，筆者が懸念しているのは3.11の希薄化の問題である．終章で紹介した著書のあとがきで清水修二氏は次のように述べている．

　一体「ふくしま」はこれからどうなっていくのか．国民の記憶は，放射能よりもはるかに短い半減期でどんどん希薄になっていきそうだ．とどのつまり「そして何も変わらなかった」という結末になるとしたら，福島の犠牲に何の意味があ

るだろう.

　しかしここ福島では「帰還」に向けた長い苦悶が始まっている. 除染しなければ5年経っても戻れない地域の住民数は2万8000人に上るとの予測が政府から出された. 全国46都道府県に離散した6万人の県民は, 果たしていつ戻ってこられるのか. 被災者の「棄民化」を確実に避けられる保証はあるのか. ……
　「ふくしま」と「その他にっぽん」との亀裂や溝が, どんどん広がっていくしかないと考えたくない. 何とかして,「福島」を国づくりの共通のテーマにしたい. 福島の復興・再生にしても, 原子力発電にしても, すべては「これから」だ.
　私は本書のタイトルを, あえて過去形の表現にした. 原発とは何なのか. 私にはもう, その答えは出ていると思えるからだ. 原発震災による福島の惨禍は, 日本国民に明確な選択を迫っていると私には思える. それが結局なされないで終わるとなれば, それこそ「第二の人災」と言うしかない (清水 [2012] 218-9 ページ).

　筆者が感じる無力さは, 清水氏が指摘する「第二の人災」が起きる可能性があながち杞憂とは言えない事柄が相次いでいることからくるのかもしれない. しかしながら, ここでまた, 人間に対する信頼と対話を続ける立場を保持することが, 筆者が意図する「公共性」を発展させる道につながっており, 福島県民と問題を共有しようとするあり方だと筆者は考えるものである. すべては「これから」(清水) なのである.

　本書の執筆にあたっては, 多くのかたがたからご協力をいただいた. とりわけ, 小田清北海学園大学経済学部教授をはじめとする同僚のみなさん, さらに筆者の所属する公益事業学会の会員のみなさんからは貴重なご助言やご協力をいただいた. 厚くお礼申し上げたい. また, 前著に続いて, 出版の労をお取りいただいた日本経済評論社代表取締役社長栗原哲也氏, そして筆者の悪文に最後までお付き合いいただいた同社の清達二氏に対して深く感謝申し上げる次第である.

2013年6月

筆者

索引

[欧文]

BNFL ⇒英国核燃料公社
CIF 価格　210
DNA　131
EU 地域振興政策　50
EU 統合　50
GE　227
go public（株式公開）　14, 24
IAEA　⇒国際原子力機関
ICANN（アイキャン）　16, 23
IEA（国際エネルギー機関）　209
IETF（インターネット技術タスクフォース）　16
ISO　⇒独立系統運用者
ITU（国際電気通信連合）　16
LEADER「農村経済発展の行動連携」プログラム　45, 50
LPG　219
LRT　101
MOX 燃料　222
NGO　15
NOX　219
NPM　12
NPO　15, 25, 35-7
　——法人　34-5
ODA　228
OPEC　208
PFI　12
PKO（政府による株価維持政策）　28
PPP　12
PPS（特定規模電気事業者）　172
SOX　219
TVA　184

[あ]

アーバンルネッサンス　113
アーレント　29, 70
青森県検証委員会　132
安積疏水　165, 169
浅草集中火力発電所　163
芦浜原発計画　222
アスファルト固化施設　222
アソシエーション（非制度的公共性）　51
新しい公共　iii, 13, 34-5, 37, 93
厚真火力発電所　4
アメリカ同時多発テロ　202
アレバ・グループ　227
安全神話　119-20, 170, 203
安全網　15

[い]

飯舘村　136
育児手当　18-9
依存の文化　63
一物一価　110
一貫メーカー　216
一般的利益　30
移動不可能性　78
伊東光晴　102
猪苗代湖　162
猪苗代水電　165
入会地　28
医療・福祉の営利化　36
インターネット空間　16
インフラストラクチャー　82-3

[う]

ウエスチング・ハウス社（WH）　227
ウェルフェア・キャピタリズム　53

有珠山噴火　3
ウラン燃料　222
　　――加工会社（JCO）　203, 221

［え］

英国核燃料公社　222, 227
営利法人　36
エッセンシャル・ファシリティ論（不可欠施設論）　175, 180
エネルギーベストミックス論　5
エネルギー安全保障（論）　5, 208
エネルギー消費原単位　214
エネルギー多消費型　213
遠距離送電　158, 164, 186

［お］

大塚久雄　44
大野調整池　164
オープン・アクセス化　175
オール・コークス操業　214
オキュパイ（占拠）運動　iii
奥只見ダム　170
オスプレイ配備　9
オッターテイル事件　178
女川原発　119
女川町　119
オバマ大統領　iii
帯広市　7
卸供給入札制度　223
卸電気事業者　3, 142, 173
オンサイト型エネルギー供給　219

［か］

外郭団体　35
会計分離　191
介護保険制度　36
会社本位主義　94
介入的自由主義　45, 52-4, 64
懐妊期間　82, 84
開発途上国　82
開発利益　90, 108
開発論　78
外部委託　35

外部経済　95
外部効果　95
価格　86
格差社会　44, 59
革新的エネルギー・環境戦略　7
核燃料サイクル　128, 136, 138, 148
　　――事業　211
核燃料税　223
ガス・タービン・コンバインドサイクル　216
化石エネルギー　118, 206, 232
仮設住宅　vi, 117
価値　79, 86
　　――財　21, 28
桂川水系　163
家庭用部門　213
稼働率　4
加熱炉　215
株式会社　91
株主代表訴訟　92
株主民主主義論　93
仮置き場　7
刈羽原子力発電所　139
ガルブレイス　95
環境保全　216
環境モデル都市　7
関西電力大飯原発　1
観賞性　81
間接的消費手段　80, 83
間接的労働手段　80
完全雇用　28

［き］

基幹性　95
企業権力　25
企業社会　25, 93
企業内教育　66
企業の社会的責任（CSR）　19, 24, 92
希少性　78
北本連系　3
基地社会　v
鬼怒川水力　166
機能性　81

機能分離　191
棄民政策　8
義務宣言　56
逆選択　18
九州電力玄海原子力発電所　140, 230
給電連絡指令所　179
給付行政　69
供給義務　190
供給予備率　1, 142
教区　84
京極水力（揚水）　5
共済機能　53
共済・互助組織　53
行政の民間化　36
行政改革委員会・官民活動分担小委員会　17
競争制限　87
共通善　58
協同　45, 48
共同火力　216
共同消費　106
共同性　73, 104, 108-9, 111
共同占有　77-8
共同体　44
京都会議　223
京都議定書　229
漁業権　118, 160
漁業補償問題　160
緊急設置電源　2
緊急炉心冷却装置　129

【く】

グリーンエネルギー革命　7
グレンジャー運動　184
グローバリゼーション　96
黒瀬川広発電所　169
郡是　46, 66

【け】

経営・財務調査委員会　126
計画外停止　4
計画調整契約　3
計画停電　1-3, 5, 121, 149, 158, 172, 174, 194
景観法　113

経済人（homo oeconmicus）　53
警察権　15
系統電力　219
契約論的社会観　56
ケインズ　21, 103
　——主義　53
　——政策　83
ゲームの理論　30
原型炉「もんじゅ」　136
原子核工学科　171
原子力安全研究協会　132
原子力エネルギー　207
原子力工学科　171
原子力政策大綱　229
原子力損害賠償
　——支援機構　136
　——責任保険　133
　——補償契約　133
　——法　133
原子力の平和利用　143, 170
原子力村　5, 120, 206
原子力立国計画　230
原子力立地地域振興法案　224
原子力ルネッサンス　187, 207, 221, 230
建造物　79
建築基準法　90, 100
建築自由の原則　100
建築地代　89
建築不自由の原則　98, 100-1, 110-1
原発依存度　6
原発収束技術　171
原発体制　120-1
原発マネー　120
建蔽率　90
権利宣言　56
減量経営　207

【こ】

構造改革　12
広域連系　3, 173
公益事業　iv, 17, 178, 180
　——会社　190
　——規制　219

――論　43
公益独占　180
公益法人　35
公共空間　v, 15, 24, 33, 49, 70, 77, 189
公共経済学　20, 22, 31, 33, 43
公共圏　11, 49, 67
公共債務　35-7
公共財　21, 24, 28, 31-2, 75-6, 194
公共事業　82
公共性の空間　48
公共団体　12, 35
公共哲学　26, 47, 202
公共投資　82-3, 106
公共の電波（周波数帯域）　15
公衆への送信　15
厚生経済学　95
厚生年金　18
構造分離論　173
高速増殖炉　136, 138
交通・運輸手段　81
公的規制　100
公的年金　18
公的扶助　60
行動経済学　30
後半体系　21
公法学会　13
公有化　96
合理的期待形成学派　27
高炉炉頂圧発電設備（TRT）　215
公論　67
コークス乾式消火設備（CDQ）　215
コークス比　214
コージェネ　186, 216, 218-9
コージェネ・システム　179
コージェネレーション＝熱電併給　⇨コージェネ
コーポレートガバナンス　19
郡山絹糸紡績　165, 169
国益　58
国際原子力機関（IAEA）　125, 227
国際放射線防護委員会　121
国策民営　188
『国富論』　26

国有化　96
50ヘルツ地域　179
個人情報保護法　16
個人的所有　77
個人的消費　80
国家資本主義　78
国家的公共性　71
国家福祉政策　57
固定価格買取制度　172
固定資本　81, 85
古典的自由主義　52-3, 58
孤独死　v
個別的価値　87
駒橋　164
コミュニケーション行為　51
コムスン　36
コモン・キャリア　175
コモンズ　28
コルヴェ（賦役労働）　85
混合財　75
コンテンツ（情報の内容）規制　15
コント　61
コンパクトシティ　101

[さ]

再稼働　1-2, 5, 7, 142, 206
財産権　98
最終処分地（場）　8, 231
最小規制国家　58
最小国家　58
再処理工場　123
再生可能エネルギー　6, 118, 206-7, 220
　　――・ルネッサンス　207, 232
最大電力　2-3, 142
裁判員制度　15
財物賠償基準　7
再保険　17, 22
差額地代　87
サッチャー　63
3.11関連死　v
産業の空洞化　140
産業部門　213
残渣油　223

3相交流　163
三電競争　165, 167
三電協定　166

[し]

ジェヴォンズ　27
市街化区域　100
市街化調整区域　100
鹿追町バイオガスプラント　7
志賀原子力発電所　228
自家用電源　5
資源エネルギー庁　5
四国電力伊方原子力発電所　230
事故収束宣言　7
自主開発原油　208
市場原理　16, 21
　　──主義　21-2
市場財　32
市場支配力　87
市場の失敗　17-8, 23, 33, 98
自然エネルギー　5, 206
　　──促進議員連盟　224
　　──促進法案　224
自然人　iv, 25
慈善組織協会　62
自然的連帯　55
自然独占性　175
自治体電気事業者　184
失業保険　68
実証主義　61
私的空間　76-9, 90, 103, 112, 115
私的所有　77
私的独占　180
私的排他的消費手段　81
私保険　53
資本循環　84
資本蓄積　81
資本の回転期間　81
資本輸出　82
『資本論』　75, 78
市民　iv
　　──社会　25, 32, 62, 93-4
市民的公共性　45, 49, 71

社会化　63
社会経済学　75
『社会契約論』　55
社会権　57, 60
社会国家　44, 47, 69
社会資本　22, 76, 82-4, 106, 108
『社会資本論』　75
社会主義　55
　　──体制　iii
社会正義　55
社会政策　27, 68
社会的一般労働手段　76, 106
社会的価値　86
社会的規制　91, 97-8, 104
社会的義務　56, 62
社会的共通消費手段　81, 95, 107, 110-1
社会的共通利益性　91, 95, 98-9, 103, 112, 114
社会的共同消費手段　76, 106-7
社会的協同組合　45, 50
社会的経済　45, 50
社会的債務　56
社会的所有　91
社会的排除　50, 63
社会的分業　111
社会的欲望　86
社会(的)連帯　53, 55
社会都市　69
社会の公器　19
社会保険制度　68
社会保険料　57
社会保障制度　48, 53
社会民主党　68
シャッター街　113
シャドー・フリッカー　7
自由競争　86
自由権　57
集合空間　77-8, 91, 98-9, 103, 109, 112, 115
自由主義　55
重商主義　26
囚人のジレンマ　30
終身年金　18
集積不利益　107
住宅問題　98

集中火力方式　163
周波数変換所　173, 179
自由放任　57
重油比　214
自由労働組合　68
出産一時金　19
シュムペーター　100
準契約　56
省エネルギー　207
使用価値　78
小規模分散型電源　218
償却期間　82, 84
商業社会　61
商業地代　89
条件不利地域　45
省コスト　207, 209
省資源　216
使用済み核燃料　8, 123, 143, 148
省石油　208
上的公共性　35
消費の共同性　21
情報の非対称性　18, 23
「植民地的」公共性　49
食料自給率　112
除染　7, 147
所得再分配　18
所有と経営の分離　92
所有独占　97-8
所有分離　191
進化論　62
新救貧法　61-2
人口移動報告　6
新・国家エネルギー戦略　230
新古典派　21, 27
新自由主義　33, 52-3, 57, 60, 96
(新)都市計画法　100
親密圏　50
人民予算　59
慎慮の徳　31, 33
新歴史学派　53

[す]

随時調整契約　3

水密扉　7
水利権　167
スクラップ＆ビルド　100
寿都町　7
ストレステスト　141
スミス，アダム　26
スラム　107
スリーマイル島原発事故　129-30

[せ]

生活手段　80
生活世界の植民地化　51
生産価格　86
生産過程　80
生産的消費　80
政治経済学・経済史学会　43
精神のがれき　132
製銑工程　214
生存配慮　46, 69
製品の高級化　216
政府エネルギー・環境会議　7
政府の失敗　23
石炭液化・ガス化　211-2
石油依存度　212
石油危機　8, 206
　　第一次——　207
石油代替エネルギー　208-9
　　——の開発及び導入の促進に関する法律　210
石油備蓄　208
瀬棚町　7
積極的労働政策　51
設備利用率　123, 140
セルフ・インタレスト　26
千住火力　163
戦争国家　58

[そ]

総合エネルギー調査会　128
　　——需給部会　224
　　——総合部会　224
総合資源エネルギー調査会　123
創造的破壊　100

索引　253

送電線開放　158, 172-4, 182, 187, 189, 194, 232
送電ロス　217
ソーシャル・キャピタル論　31, 49
ソーラーシステム　210-1
素材型　213
組織資本主義論　93
ソフト・エネルギー　206
ソ連・東欧型社会主義　54

[た]

大規模小売店舗法　101
大規模小売店舗立地法　101
第三セクター　75
第二帝政期ドイツ　46
太陽光発電　5
託送料金　175
田子倉ダム　170
多重防護　129
只見川　170
脱石油　208
ダム式　164
単相交流　163

[ち]

地域空間　77
地域送電機関（RTO）　181
地域独占　172, 219
地域熱供給事業　218
小さな政府　26, 96
チェルノブイリ原発事故　129-31
地球温暖化問題　202
（財）地球環境産業技術研究機構　127
地産地消（型）　185, 220
地層処分研究施設　8
地代・地価　81
地代・土地所有論　78
地方自治　37
地方分権　37
中央給電連絡会議　173
中央給電連絡指令所　173, 179
中間貯蔵施設　7, 148
中間領域　24-5

中山間地域　49
中心市街地活性化法　101
中東有事　208
中部電力浜岡原発　140
長期エネルギー需給見通し　224
使用済み燃料再処理積立・管理法　230
徴税権　15
直接的地域社会　181
直接投資　83
直流式電気炉　216
著作権　16
賃貸借方式　82

[つ]

積み立て方式　18, 23

[て]

ディーゼル発電機（車）　7
定期検査　2
デジタルデバイド　16
デプレ　169
電気事業連合会　125
電気メッキ鋼板　216
でんき予報　141
電源開発(株)　170
電源開発大間原発　132
電灯局　163
天然性　78
電波利用料　16
転用規制　113
電力系統利用協議会　173, 179, 192
電力自由化　173, 187-8
電力制度改革の論点整理　191
電力取引所　173
電力融通　172, 179
転炉ガス　215

[と]

ドイツ・アルゲマイネ社　163
ドイツ社会政策学会　53, 64
東欧革命　11
東海発電所　126
東京市　166-7

東京市街鉄道　163
東京電燈　162, 167
投資の埋没性　85
東芝　227
動燃東海事業所　222
東北電力　168
　　──巻原発　223
　　──東通り原発　7
トーメン　225
独占価格　86, 89
独占禁止法　180
独占地代　88-9
特定規模電気事業者　172, 216
特定供給制度　185
特定電気事業制度　185
特別剰余価値　87
独立系統運用者（ISO）　180-2, 189, 192-3
独立系統運用組織　176
独立宣言　iii
都市給付行政　68
都市空間　108-9
都市計画　78
　　──法（日本）　90
都市社会主義　68
都市熱需要計画　218
都市・農村計画法（イギリス）　90, 100, 112
都市法　105
土地資本　81, 83, 85, 90
　　──論　76
土地集約度　89
土地投機　97, 110
土地の豊度　87
ドメイン名　16

[な]

内閣府原子力委員会　125, 128
名古屋高裁金沢支部　222
ナポレオン戦争　57
縄田栄次郎　181

[に]

新潟中越沖地震　230
ニクソンショック　8

二項対立的図式　32
二次圧延　216
二次精錬　216
日米構造協議　101
日本エネルギー経済研究所　140
日本経済研究センター　127
日本原子力保険プール　135
日本原電　222
日本水力電気　168
日本電燈　166-7
㈱日本発送電　189
ニューディール　53
ニュー・リベラリズム　45

[ぬ]

沼上発電所　165

[ね]

ネオ・リベラリズム（Neo-Liberalism）　57
熱交換ロス　219
熱電比　217
ネット社会　23
ネット倫理　16
燃料電池　211

[の]

農業法（イギリス）　112
農村電化法　184
農地法　101, 111-2

[は]

バードストライク　7
ハーバーマス　iv, 11, 29, 47, 49, 51, 67, 70
廃棄物発電　224
配偶者控除　18
配電局　163
廃炉　v, 125, 231-2
バックエンド費用　127-8
発送電分離　174, 233
パットナム　31
バブル経済　207
浜岡原発　6
原田純孝　104

阪神淡路大震災　v

[ひ]

ピーク供給力　3
ピーク需要　3
非営利組織　23
東日本大震災　117, 201
非競合性　28
ピグー　95
非常用電源　7
非正規雇用　48, 63
日立製作所　227
避難格差　7
非排除性　21, 28
微粉炭比　214
非利用独占（多数者への開放）　109
広島水力電気(株)　169

[ふ]

「ファシズム的」公共性　49
フィスカルポリシー　83
封鎖的地域社会　181
風力発電　5
フェビアン協会　62
不可欠施設論　175
賦課方式　18, 23
不朽性　79
福祉国家　44, 47, 53, 55, 58, 62-3
　――論　21
福祉法人　36
福島原発事故　⇒次項
福島第一原子力発電所事故　117, 202
富士五湖　164
復興住宅　v-vi
復興特区　118
普天間　9
不動産の証券化　111
不変資本(C)　80
プラザ合意　14
フランクフルト国際電気技術博覧会　169
フランス革命　56
フリーライダー　31
プルサーマル　138, 230

プルトニウム　136, 148
分散型電源システム　179

[へ]

ベヴァリッジ　62
ベース電源　141, 158
ベルリンの壁崩壊　202

[ほ]

包括エネルギー政策法　229
放射性廃棄物　222
放射線管理区域　v, 121
放射線恐怖症（ラジオフォビア）　131
法人資本主義　94
法人制度　iv
法的分離　191
北陸電力　228
保護主義　27
北海道電力泊原発　1
ボランタリー組織　iii
幌延町　8

[ま]

マイノリティ　47
マルクス　21

[み]

ミーイズム　29
見上崇洋　102
ミシャン　95
瑞浪市　8
三菱重工　227
宮本憲一　75
民間財　75
民生部門　213
みんなの空間　77

[め]

迷惑施設　119
メガソーラー　220
メジャー（国際石油資本）　208
メルトダウン　203
メンガー　27

[も]

モラル科学　62
もんじゅ　138

[や]

屋久島電工　185
八ツ沢発電所　164
山中湖　164

[ゆ]

有機体論　61
　——的社会観　56
有効需要創出　21
有効貯水量　164
有料道路組合　85
有料道路条例　85
油上の楼閣　208
ユニバーサル・サービス性　95
ユビキタス社会　16

[よ]

洋上風力発電　7
揚水発電所　126
容積率　102
予備電力　3

[り]

リース　82
リーマン・ショック　67
リカード　27
リスト，フリードリッヒ　27
リストラクチュアリング　25
リゾート　113
リバタリアン　58
リベラル・リフォーム　57
流域変更　169
流通過程　81
利用独占　87, 97-8, 109-10
領有法則の展開　77
臨界事故　203, 221

[る]

累進所得税　57
ルソー　55
歴史学派　27

[れ]

レッセ・フェール　57
劣等処遇　62
連続鋳造設備　214
連帯主義　55

[ろ]

ローカルエネルギー　210-1
労働者保険制度　48
労働手段　80
労働生産物　79
労働党　63
60ヘルツ地域　179
炉心溶融　125
六ヶ所村　123
ロック　77

[わ]

ワーキング・プア　45, 48
ワルラス　27

著者紹介

小坂　直人（こさか　なおと）

北海学園大学経済学部教授．1949年生まれ．北海道大学経済学部卒，東北大学大学院経済学研究科博士課程単位取得退学．東北大学経済学部助手を経て現職．
主著：
『揺れ動く現代世界の経済政策』（共編著）日本経済評論社，1995年
『第三セクターと公益事業』日本経済評論社，1999年
『新版・現代工業経済論』（共著）創風社，2000年
『ネットワーク・ビジネスの新展開』（共著）八千代出版，2004年
『公益と公共性』日本経済評論社，2005年
『なぜ巨大開発は破綻したか』（共著）日本経済評論社，2006年

経済学にとって公共性とはなにか
公益事業とインフラの経済学　　シリーズ　社会・経済を学ぶ

2013年6月25日　第1刷発行

定価（本体3000円＋税）

著　者　　小　坂　直　人
発行者　　栗　原　哲　也
発行所　　株式会社　日本経済評論社

〒101-0051　東京都千代田区神田神保町3-2
電話 03-3230-1661／FAX 03-3265-2993
E-mail: info8188@nikkeihyo.co.jp
振替 00130-3-157198

装丁＊渡辺美知子　　　　　太平印刷社／根本製本

落丁本・乱丁本はお取替いたします　　Printed in Japan

© KOSAKA Naoto 2013
ISBN978-4-8188-2274-0

・本書の複製権・翻訳権・上映権・譲渡権・公衆送信権（送信可能化権を含む）は，㈳日本経済評論社が保有します．

[JCOPY]〈㈳出版者著作権管理機構　委託出版物〉
本書の無断複写は著作権法上での例外を除き禁じられています．複写される場合は，そのつど事前に，㈳出版者著作権管理機構（電話 03-3513-6969, FAX 03-3513-6979, e-mail: info@jcopy.or.jp）の許諾を得てください．

シリーズ社会・経済を学ぶ
（全12冊）

価格表示は既刊

木村和範　格差は「見かけ上」か　所得分布の統計解析
所得格差の拡大を「見かけ上」とする見解の世論支持率は小さくない．この見解を考察する本書では，全国消費実態調査結果（ミクロデータ）を利用して，所得格差の統計的計測にかんする方法論の具体化を試みる．
●本体3000円

古林英一　現代社会は持続可能か　基本からの環境経済学
環境問題の解決なくして人類の将来はない．環境問題の歴史と環境経済学の理論を概説し，実施されている政策と現状を環境問題の諸領域別に幅広く解説する．
●本体3000円

小坂直人　経済学にとって公共性とはなにか　公益事業とインフラの経済学
インフラの本質は公共性にある．公益事業と公共性の接点を探りつつ，福島原発事故をきっかけに浮上する電力システムにおける公共空間の解明を通じて，公共性を考える．
●本体3000円

小田　清　地域問題をどう解決するのか　地域開発政策概論
わが国の国土総合開発計画は，地域の均衡ある発展を目標として策定されてきたが，近年，地域間格差はますます拡大してきている．格差は是正不可能なのか．地域問題の本質解明から是正のあり方を明らかにする．

佐藤　信　明日の協同を担うのは誰か　非営利・協同組織と地域経済
非営利・協同組織は多様に存在し，そのアプローチ方法や理論も様々である．本書では「協同の担い手」に焦点をあて，資本制経済の発展と地域経済の変貌に伴う「協同の担い手」の性格変化を明らかにし，展望を示す．

奥田　仁　地域の未来を考える　北海道経済概論
日本の地方地域は先進国でも例外的に激しい過疎化が進み，北海道はとりわけ深刻な状況にある．これに対して，地域の特質を形成した歴史的経過を踏まえつつ，ポスト工業化時代に対応した地域発展の展望を試みる．

野崎久和　通貨・貿易の問題を考える　現代国際経済システム入門
国際通貨貿易システムの戦後の変遷をたどり，現在どのような通貨貿易問題が生じているのかを，特に通貨危機，通貨戦争，世界貿易機関，自由貿易協定などに焦点をあてて詳説する．

越後　修　企業はなぜ海外へ出てゆくのか　多国籍企業論への階梯
多国籍企業論は，経済学・経営学の諸分野をさらに派生させた研究領域である．それゆえ，これを学ぶためには，基礎事項の深い理解が欠かせない．企業の最新動向の紹介・解説は類書に任せ，本書は読者の基礎事項の理解促進を目指す．

板垣　暁　日本経済はどのように歩んできたのか　現代日本経済史入門
戦後の日本経済は，戦災からの復興，高度成長，バブル経済，長期不況など，波瀾万丈の歩みを進めてきた．その変化はどのようにして生じたのか．それにより日本社会はどう変化したのか．その成長要因・衰退要因に着目しながら振り返る．

笠嶋修次　貿易自由化の効果を考える　国際貿易論入門
貿易と投資の自由化は一国の経済発展のため必要だが，反面，自由化は産業部門間，生産要素間および企業間で貿易利益享受の格差も生み出す．本書は主要な貿易パターンとその経済効果につき，最新の貿易理論を含む国際貿易・直接投資理論により平易に解説する．

市川大祐　歴史はくり返すか　近代日本経済史入門
幕末開港から昭和戦前期までの日本は，革新と欧米技術受容の時代であると同時に，国際競争やデフレなど様々な困難に直面しつつ成長をとげてきた．それぞれの歴史的事象について光と陰の両面にわたり，具体的に掘り下げることで考えたい．

徐　涛　中国の資本主義をどうみるのか　国家資本・国内私的資本・外資「鼎立」の実証分析
国有・私有・外資企業の成長史を整理し，鉱工業集計などのマクロ統計，ならびに延べ約1000万社規模の鉱工業・経済センサス個票データベースを用いて，国家資本，国内私的資本と外資の「攻防」を実証分析する．